통합 종교교육론

이 재 영 지음

선문대학교

책머리에

필자는 통일신학교에서 5년, 선문대학교에서 22년, 지금까지 27년간 교직을 천직으로 알고 교육, 연구, 봉사에 나름대로 충실하게 봉직해왔다. 학교의 주요보직을 수행하면서도 연구의 열정을 식히지 않으려고 매일 새벽 한두 시간 이상 글을 써 오다보니 몇 년이 지나면 책 한권씩 나오게 되었다. 종교교육 분야의 저서로서는 1989년도 『심정교육론 연구』를 출간하였고, 그 이후 학회, 교내 등의 학술지에 게재하였던 종교교육 분야 논문을 정리하여 이번에 『통합 종교교육론』이라는 책을 세상에 내놓게 되었다.

필자는 실천신학 교수로 석사과정에서 종교교육학을 전공하였고, 박사과정에서는 예배학을 전공하였으며, 현재는 서울불교대학원대학에서 명상학 전공 박사과정을 이수하고 하고 있다. 필자가 지금까지 교육과 연구를 하면서 일관되게 주장해 온 논지는 통전과 통합이다. 대극적이고, 흑

백논리의 갈등이 팽배한 현대 사회에서 통전과 통합을 이야기 한다는 것은 지조가 없고 색깔 없는 교수라는 소리를 들을 수도 있다. 그러나 갈등 구조로 되어 있는 오늘의 세계에서 통전과 통합의 길만이 평화의 길을 열 수 있다는 필자의 생각은 변함이 없다.

학자들은 현대를 포스트모던 시대라고 하는데 필자는 포스트모더니즘을 우리말로 근대화를 벗어나다는 의미의 탈근대화라고 보지 않는다. 근대화를 이어간다는 의미의 후기 근대화라고 해석해야 옳을 것이다. 탈전근대에서 근대를 맞이할 수 없고, 탈근대에서 현대를 맞이할 수 없다. 과거를 부정한 현재는 없고 현재를 부정한 미래가 없기 때문이다. 과거와 현재와 미래를 아우르는 진리만이 현대의 갈등 사회를 통합할 수가 있을 것이다. "과학적 진리가 절대적이었던 시절은 없다."는 토마스 쿤의 말이 있다. 필자는 과학적 진리는 결코 흑백논리가 아닌 통전과 통합의 길로 가야한다고 생각한다.

이번에 출간하는 『통합 종교교육론』은 통전과 통합이라는 일관된 논지를 가지고 집필한 종교교육 분야 논문들을 묶은 것이다. 전근대와 근대, 자유주의와 신정통주의, 보수와 진보, 자유주의와 신자유주의의, 기독교의 영성과 불교의 영성, 이러한 주의(主義)나 사상을 통전하고 통합을 시도한 교육적 구조로 전개된 종교교육론이기 때문에 본서에 『통합 종교교육론』이라는 책이름을 붙인 것이다. 졸저이지만 독자들과 후학들이 종교교육론을 이해하고 연구하는 데 작은 디딤돌이 되었으면 한다.

그동안 이 책이 세상에 나올 수 있도록 도와주신 여러분에게 감사드립니다. 나의 정신적 지주가 되어주는 나의 아내와 아이들, 교정을 도와주신 국문학과 김병균 교수님, 그리고 이 책의 출판을 위해 도와주신 선문대학교 언론 출판부 여러분들에게 감사를 드립니다.

2010년 5월

이 재 영

| 차례 |

제2부 : 종교교육의 과정(過程)

제1부 종교교육의 구조

제1장

종교교육과정으로서의 심정화(心情化)

I. 머리말

인간은 타락의 후예들로서 구원이 필요한 존재다. 이 타락인간의 구원사역을 담당하기 위해 종교가 세워졌다. 따라서 종교는 구원을 통해 완성할 이상형의 인간상과 세계상을 제시하고 있다. 통일교도 마찬가지로 교리에서 창조본연의 인간상을 제시하고 창조본연의 이상세계를 제시한다. 『원리강론』 에서 제시하는 타락인간의 구원과정은 다음과 같다.

> 인간은 사탄분립의 노정을 통하여 아담과 해와가 성장했던 기준, 즉 장성기 완성급까지 복귀한 형을 갖춘 터 위에서 메시아를 맞아 중생함으로써, 아담과 해와의 타락 이전의 입장으로 복귀한 후에 메시아를 따라 더욱 성장하여, 창조목적을 완성하는 자리에 이르게 된다.[1)]

위 인간의 구원과정에서 가장 핵심적인 내용은 타락성을 벗는 일이다. 인간시조의 타락으로 인해 인간에게 유전된 타락성을 벗는 일이 곧 창조본연의 인간 회복을 위한 첫걸음이기 때문이다. 타락성은 타락인간의 본성이다. 타락인간은 창조본성을 상실하게 되면서 타락성을 갖게 되었다. 여기서 타락성을 벗는다는 것은 곧 창조본성인 심정을 회복하는 것을 말한다.

말씀에 의하면 "심정적인 감각으로 실생활에서 사무치게 느껴서 생활하는 자가 아니면 타락성을 벗을 수 없다."[2]고 했다. 심정적 생활을 통하여 타락성을 벗을 수 있다는 말이다. 심정이란 '사랑하고자 기쁘고자 하는 충동'을 말하고 심정적 생활이란 사랑하고자 하는 생활, 기쁨을 주고자 하는 생활을 말한다.

통일교가 추구하는 궁극적 세계는 하나님의 창조목적을 완성하는 것이다. 창조목적은 하나님이 피조세계를 창조하신 후 인간에게 부여한 3대축복 완성을 말한다. 3대축복은 3대 관계, 즉 하나님과 인간, 인간과 인간, 인간과 만물의 관계의 완성이다. 여기서 관계의 완성이란 심정적 관계를 완성하는 것으로 하나님과 인간, 인간과 인간, 인간과 만물의 심정적 관계의 완성을 말한다.

말씀에 "끝날에 있어 종교는 심정종교, 철학은 심정철학, 주의(主義)는 심정주의, 사상은 심정사상으로 해명해야 한다."[3]고 했다. 곧, 심정문화세계의 창건이 통일교회 사역의 궁극적 목표이다. 우리 통일교회가 실현하고자 하는 천일국의 이상은 사랑과 기쁨이 충만한 심정문화세계를 창

---

1) 세계기독교통일신령협회 편, 『원리강론』(서울 : 성화사, 1980), 227쪽

2) 세계기독교통일신령협회 편, 『뜻길』(서울 : 성화사, 1976), 220쪽.

3) 위의 책, 220쪽.

건하는 것이다.

종교교육은 구원사역의 보충적 기능을 한다고 할 수 있다. 종교교육은 인간 구원을 위한 보충적 기능이면서 필요조건이 된다. 종교교육은 인간 구원을 위한 실천의 중심과정이 되는 것이다. 인간 완성의 목표가 심정적 인간의 완성이고, 천일국의 궁극적 목표가 심정문화세계라고 한다면 구원의 필요조건이 되는 종교교육의 목적, 내용, 방법은 심정교육이 되어야 한다. 이 종교교육의 궁극적 목적을 실천하는 과정을 심정화(心情化)라고 한다.

Ⅱ. 심정교육이란?

심정교육이란 심정을 교육한다는 의미와 교육을 심정적으로 해야 한다는 의미를 포함한다. 말씀에 보면 "진리의 말씀은 마음의 문을 여는 것이고 그 다음 심정으로 길러주어라"[4]고 했다. 교육(敎育), 즉 가르침(敎)의 내용은 진리이고 길러줌(育)은 심정으로 해야 한다는 말씀이다. 진리란 심정의 주체이신 하나님을 일컫는 말이기 때문에 진리를 교육하는 종교교육의 목적은 심정이고, 내용과 방법도 심정이 된다.

심정교육을 정의하기 전에 먼저 심정이란 말의 의미를 새겨보자. 말씀에 "심정을 알려면 같이 사랑하며 살아 보아야 한다."[5]고 하였다. 심정이란 말은 단순히 개념 언어가 아니며 체험을 통해서 알 수 있는 관계언어

---

4) 위의 책, 216쪽.
5) 위의 책, 231쪽.

라는 말이다. 심정이란 말은 개념 설명으로 이해할 수 있는 말이 아니다. 하나님과 인간, 인간과 인간, 인간과 자연의 관계 안에서 의미를 느끼고 이해 할 수 있는 "관계언어"[6]다.

통일원리에서 심정이라는 말은 하나님의 인격적 측면을 대표하는 속성이다. 하나님은 심정을 가지고 계시기 때문에 심정의 대상으로 인간을 창조하신 것이다. 인간은 하나님을 닮은 실체 대상으로 창조되었기 때문에 심정은 인간의 본질적인 속성이 된다. 심정은 "사랑하면서 기뻐하려는 정적인 충동"[7]으로 하나님은 이 충동에 대하여 반응할 수 있는 존재로 인간을 창조하셨다.

그러나 인간 조상의 타락으로 인간과 하나님의 관계가 단절되었고, 인간은 하나님의 심정에 대하여 감응하지 못하는 존재가 되었다. 인간이 하나님의 심정에 대하여 감응하지 못하는 것은 타락으로 인하여 심정에 대한 무지와 무감각 상태로 떨어졌기 때문이다. 타락 인간은 자기중심적 인간이 되어 마음을 열어놓지 않음으로 하나님의 심정에 대하여 무지하고 무감각 한 상태로 떨어진 것이다.

우리가 신앙생활을 하는 이유는 자기중심성을 버리고 심정을 회복하기 위함이다. 하나님의 심정을 알고 그 심정에 대하여 반응하는 인간이 되기 위함이다. 신앙생활을 통하여 구원에 이른다는 것은 하나님의 심정과 일체된 인간이 된다는 것을 의미한다. 성경에 "마음이 청결한 자는 하나님을 볼 것이요"(마태복음 5장 8절)라고 한 것은 자기중심성을 버리고 하나

---

6) 기독교교육학자 Randolf Miller가 사용한 개념으로 하나님과 인간의 관계는 신학의 주제가 되는 내용과 관계언어 사이의 상호작용 속에서 이어져 간다고 말한다. Randolf Miller, *The Clue to Christian Education*, pp. 8-17 참조.

7) 통일사상연구원 편, 『통일사상요강』(서울 : 성화출판사, 1993), 58쪽.

님의 심정과 일체되어야 함을 말한다.

종교교육이 인간을 구원하기 위한 실천과정이라고 볼 때 심정교육이란 하나님과 인간의 심정적 관계회복을 위한 의도적이고 구조적인 과정이라고 할 수 있다. 심정교육의 목적은 하나님과 인간의 심정일체가 되는 것이며, 교육의 내용은 하나님의 심정이고, 교육의 방법은 심정으로 하는 것을 말한다.

Ⅲ. 교육과정으로서의 심정화(心情化)

심정적 인간을 형성하는 전 과정을 심정화라고 한다. 하나님과 심정일체를 교육목적으로 진술하고, 이 교육목적을 달성하기 위하여 심정적으로 교육하는 전 과정을 말한다. 인간이 심정화가 되기 위해서는 인간의 본성이 심정을 기반으로 해서 작용해야 한다. 즉 지정의(知情意)의 마음작용이 심정을 기반으로 하여 균형 있게 발현하는 것을 인간의 심정화라고 한다. 교육과정의 심정화를 진술하면 다음과 같다.

1. 심정교육론의 목적

심정교육의 교육목적은 심정적 인간을 형성하는 것이다. 따라서 교육목적을 진술하기 위해서는 인간에 대한 이해가 전제되어야 하며, 어떤 인간으로 변화시킬 것인가에 대한 목표가 설정되어야 한다. 통일원리에서의 인간 이해에 대한 진술을 보면 다음과 같다.

"인간은 하나님의 심정이 동기가 되어 창조되었다." "인간은 타락으로 하나님과 심정적으로 일체가 되지 못하였다." "타락한 인간의 소생, 장성, 완성의 단계를 통하여 복귀된다." "인간의 구원은 하나님의 뜻과 인간의 책임분담으로 이루어진다." "타락 인간은 참부모로 오시는 메시아를 맞아 참자녀로 중생되어야 한다."

인간은 심정적 인간이며, 타락으로 인하여 타락성을 가진 존재라고 할 수 있다. 인간은 본래 하나님의 심정의 대상으로 창조되었으나 인간 조상의 타락으로 심정을 상실하게 되었다. 이 심정에 대하여 무지하고 무감각한 인간은 메시아를 통해서만 심정적 인간으로 회복할 수 있다. 메시아를 통해서 하나님의 심정을 상속받아 하나님과 심정일체를 이루는 인간이 될 수 있다.

통일사상에서는 교육론의 근거로 3대축복을 말하고 있다.[8] 개성완성, 가정완성, 주관성완성을 근거로 심정교육, 규범교육, 기술교육을 교육목적으로 삼는다. 3대축복 완성은 곧 인간의 본질적 관계인 하나님과 인간, 인간과 인간, 인간과 만물의 3대관계 완성을 말한다. 이 3대관계의 완성은 심정을 기반으로 완성된다. 심정은 관계의 동기이며, 관계를 가능하게 하는 동력이 된다. 하나님과 인간의 관계는 모든 관계의 근원적인 관계이고, 모든 관계를 가능하게 하는 원동력이 된다.

하나님의 창조목적이며 인간의 존재목적인 3대축복은 심정교육론의 목적이 된다. 심정교육의 목적은 타락 인간으로 하여금 하나님의 심정을 이해하고 체휼하도록 하여 하나님과 심정적 일체가 되는 인간으로 이끌어 주는 것이라고 할 수 있다.

---

8) 위의 책, 345쪽.

2. 심정교육론의 내용

심정교육의 내용은 3대축복을 기본 구조로 해야 한다. 3대축복은 하나님의 창조목적이며 인간 구원의 목표이기 때문이다. 복귀된 인간의 모습은 바로 3대축복을 완성한 모습이다. 종교교육은 인간의 구원을 위한 기능을 가지고 있기 때문에 인간의 심정화 과정은 3대축복의 이상을 내면화하고, 인간의 삶의 양식이 3대축복으로 나타나야 한다.

심정화란 3대축복이 내면화되고 삶의 양식으로 나타나는 과정을 말하는데, 그 과정을 통일신학적 관점으로 보면, 1)하나님의 심정에 대한 이해와 체휼, 2)참부모 되시는 메시아를 만나서 타락성 해탈, 3)인간관계에서 심정적 관계 형성, 4)심정문화세계 창건을 위한 참여 등으로 이루어진다.[9]

심정화 과정에서 다루어져야 할 교육의 범위와 내용은 다음과 같다.

1)하나님과 인간 – 하나님에 대한 이해, 하나님과 인간의 관계, 하나님이 피조세계를 창조하신 목적과 과정, 인간과 만물의 관계 등 3대축복과 3대관계 완성을 이해하게 한다.

2)참부모와 나 – 인간이 타락한 인간임을 알고 타락한 인간의 구원은 참부모 되시는 메시아를 맞이하여 모시는 길임을 알며 메시아를 통하여 중생하는 길을 알고 실천하게 한다.

3)새로운 공동체 – 인간은 한 하나님 아래 한 형제임을 알고 참사랑을 나누게 하며, 가정의 소중함을 알고 행복한 가정을 이루도록 하며, 확대된 가정공동체인 교회 안에서 천국생활을 경험하게 한다.

---

9) 이재영, 『심정교육론 연구』(서울 : 성화사, 1989), 17쪽.

4)새역사 창조 – 새로운 공동체에 부름을 받은 사람으로서 새역사 창조의 전위대가 되게 하며 가정과 사회 직장에서 심정문화세계를 이루는 주역이 되게 한다.

3. 심정교육의 방법

종교교육은 심정을 구조로 한 교육이기 때문에 학교교육과 같을 수 없다. 학교교육은 지식을 이해하고 축적하는 것을 목적으로 하고 있지만 종교교육은 진리를 이해하고 축적하는 것으로 끝나는 것이 아니라 진리를 이해하고, 결단하고, 참여하는 과정으로 이루어진다. 종교교육은 인간을 구원하기 위한 기능을 갖고 있기 때문이다.

심정화는 하나님의 심정을 이해하고 심정적 일체를 이루는 인간을 형성하는 과정이기 때문에 그 교육방법은 심정을 유발하기 위한 의도적이고 계획적인 교육적 행위를 말한다. 통일신학적 관점에서 심정교육의 방법은 다음과 같다.

1) 성장기간에 따른 종교교육

어떤 교육방법이라도 모든 연령층, 모든 신앙인에게 일률적으로 적용할 수 없다. 그러므로 연령, 지적 발달 정도, 신앙발달 정도에 따라 교육방법의 적용이 달라져야 한다. 통일원리에 의하면 인간은 성장단계를 거쳐 완성한다고 한다.[10) 즉 소생기, 장성기, 완성기 3단계 과정을 통하여 완

10) 『원리강론』, 앞의 책, 181–183쪽.

성한다. 각 단계의 성장기에 따른 교육방법을 고찰해 보자

소생기는 율법적 신앙발달 단계로써 행의시대(行義時代)다. 이 단계에서는 타락성 해탈을 위하여 자기를 부정하고, 자기중심의 생활을 벗어나는 단계다. 신앙생활에서 본받을 수 있는 아벨적 인물이 필요하며, 아벨적 인물에게 순종해야 타락성을 벗을 수 있다. 율법적 신앙단계로서 '하라', '하지마라' 등 율법과 원리에 따른 신앙생활을 해야 한다.

장성기는 믿음과 약속에 의한 신앙발달 단계로써 신의시대(信義時代)다. 약속과 신뢰에 의해 하나님과 인간의 관계가 형성되는 단계이므로 하나님과의 관계를 위해 믿음의 조건이 필요하다. 소생기의 신앙이 타율(他律)에 의해 성장하는 단계라면, 장성기는 자율적 책임에 의해 신앙이 성장하는 단계다.

완성기는 모심으로 구원받는 시의시대(侍義時代)다. 이 시기는 하나님과 심정일체를 이루는 신앙단계로써 하나님의 사랑과 기쁨의 대상이 되는 단계다. 하나님의 직접적인 주관을 받는 신율(神律)의 단계에 해당한다. 완성기 신앙단계에 있는 신앙인은 하나님과 심정적으로 일체된 인간으로 하나님의 참사랑을 실천하는 삶을 사는 사람이다.

위의 3단계 신앙성장에서 각 단계마다 정해진 기간은 없다. 사람에 따라 일생동안 소생기에 머물러 있는 사람도 있고, 어떤 사람은 소생기 신앙에서 바로 완성기 신앙으로 성장하는 사람도 있다. 사람에 따라서 완성기의 신앙에서 소생기 신앙으로 후퇴하는 경우도 있을 것이다. 그렇기 때문에 종교교육은 사람들의 신앙생활에서 심정을 기반으로 한 지정의(知情意)의 균형 있는 발전을 이끌어가야 할 역할이 있다.

2) 심정체휼을 위한 교육

심정화 과정은 하나님의 심정을 이해하고, 느끼고, 실천하여 하나님과 심정적 일체가 되는 과정을 말한다. 하나님의 심정을 체휼하게 하는 과정은 아래와 같다.

(1) 하나님의 창조와 복귀섭리를 이해하므로 하나님의 창조와 복귀의 과정에서 가지셨던 소망의 심정, 슬픔의 심정, 고통의 심정을 이해하고 느끼게 한다.

(2) 복귀섭리역사에서 중심인물들의 신앙노정을 통하여 하나님과 중심인물의 관계에서 하나님의 심정을 느끼게 한다.

(3) 참부모님의 가르침을 깨닫고 인류구원 사역에 동참하여 하나님의 심정을 느끼도록 한다.

(4) 사람들과의 관계에서 사랑하고 위하는 삶의 실천을 통해 심정적 감성을 풍성하게 한다.

3) 참여와 대화를 통한 교육

종교교육은 인격과 인격의 만남을 통하여 영향을 미치는 교육으로 단순히 지식을 전달하고 진리를 소개하는 것이 아니다. 종교교육은 진리를 이해하고, 믿고, 실천하도록 해야 하기 때문에 학교교육과 같이 학생의 머리에 지식을 축적하는 교육이 되어서는 안 된다.

종교교육의 교사는 단순히 지식을 전달하는 사람이 아니다. 그는 인격적 영향을 미치는 모범자로서의 위치에 있어야 한다. 교사는 학생과 더불어 인간 구원의 사역에 참여하는 사람으로 메시아적 사명을 갖는다. 학생으로 하여금 하나님의 심정을 느끼게 해주는 중보자다. 그는 자신의 지식을 주입하는 것이 아니라 자신을 통하여 진리를 전달하는 자이다.

진리는 대화의 방법을 통해서 전달해야 한다. 일방적으로 주입하는 것이 아니라 대화를 통해서 학생들 스스로 진리를 이해하고 느끼도록 해야 한다. 그러므로 종교교육 교사는 하나님과 학생이 대화가 가능하도록 돕는 역할을 해야 한다.

심정화 과정에서 교육의 방법은 대화의 방법이 되어야 한다. 교사가 심정을 개념적으로 설명하는 것이 아니라 교사와의 대화를 통해서 심정을 느끼도록 해야 한다. 교사의 신앙생활도 학생들에게 영향을 미치는 무언의 대화가 된다. 대화가 인간의 관계를 만들어 나가듯이 교사와 학생과의 대화를 통하여 학생들은 하나님과의 심정적 관계를 맺는다.

Ⅳ. 맺음말

심정신학의 근거가 되는 신학이 심정신학이며, 심정신학을 근거로 한 교육론이 심정교육론이다. 심정교육론의 교육목적은 하나님과 인간의 심정적 관계 회복이고 이 관계회복의 교육의 과정(process)이 심정화다.

심정화 과정은 하나님과 인간의 심정적 관계회복을 위한 의도적이고 구조적인 과정으로 하나님과 심정적 일체가 되어 하나님의 참자녀가 되는 것을 말한다. 본 글에서는 심정화 방법으로 성장단계에 따른 교육방법, 심정을 체휼하는 방법, 대화와 참여의 방법을 제시하였다.

심정화를 위한 교육의 장과 교육의 주체에 대해서는 본 장에서 상술하지 못하였고 교육의 주체로서 부모, 교사, 그리고 목회자의 역할도 심도 있게 다루지 못했다. 심정교육의 장으로서 가정은 절대적 영향력을 가지고 있기 때문에 심정교육을 위한 가정의 역할에 대하여는 다음의 연구과제로 남겨 놓았다.

<부록>

교육과정의 비교

교육과정	사회화	인간화	기독화	심정화
신학	자유주의 신학	선교신학, 해방신학	정통주의 신학, 신정통주의 신학	통일신학, 심정신학
하나님	신의 내재성, 우주적 힘	행동하는 주체	초월적 존재, 절대 타자	심정의 하나님
인간	생성하는 가능적 인간	역사의 주체	타락한 죄인	복귀과정의 인간
메시아	완성한 인간의 모델	해방자	신이며 구세주	참부모
교육목표	신의 민주주의	자유와 주체적 인간	그리스도의 제자화	하나님과 심정 일체
교육내용	인간의 상호작용	의식화, 인간의 주체화	하나님의 말씀	하나님의 심정, 3대축복
교육방법	상호작용	프락시스, 참여	강의, 만남, 관계	심정교육, 규범교육, 기술교육
교육의 장	사회화가 이루어지는 곳	선교의 현장, 사건의 현장	교회, 가정	가정, 교회, 자연

<참고문헌>

세계기독교통일신령협회, 『원리강론』, 서울: 성화사, 1980.
통일사상연구원편, 『통일사상요강』, 서울: 성화출판사, 1993.
세계기독교통일신령협회, 『뜻길』, 서울: 성화사, 220쪽.
은준관, 『교육신학』, 서울: 대한 기독교 서회, 1978.
Miller, Randolf. *The Clue to Christian Education.* New York: Charles Scribner's Son, 1956.

제2장

관계신학으로 본 통일신학

Ⅰ. 머리말

오늘날 '신학'을 규정하는 말이 '신학' 앞에 다양하게 놓이게 되면서 여러 갈래의 신학이 형성되었다. 근본주의신학, 정통주의신학, 자유주의신학, 신정통주의신학, 문화신학, 초월신학, 정치신학, 해방신학, 민중신학 등 다양한 신학의 갈래가 있다. 이렇게 신학이 다양하게 나누어지는 것은 몰트만(Jürgen Moltmann)의 진술처럼 신학은 "매개 신학"으로써의 본질을 갖기 때문이다.[1] 신학은 기독교에서 전승되어 온 진리를 당시대의 소리로 사람들의 이해의 지평에 매개해 준다.

19세기 말에 태동된 자유주의 신학은 그 당시 근본주의 신학 하에서 인

1) Jürgen Moltman, 차승옥 역, 『오늘의 신학 무엇인가?』 (서울 : 한국신학연구소, 1989), 63쪽.

간의 자유와 가치가 무시당하게 될 때 인간의 자유와 존엄성을 강조한 신학이다. 그리고 70-80년대 유행하였던 해방신학과 민중신학은 제 3세계 독제정권 하에서 인권이 짓밟힐 때 인간의 해방과 인간의 주체성 회복을 들고 나온 신학이다.

이렇듯 신학은 상황에 따라 그 시대의 문제를 풀기 위한 시대의 산물이기 때문에 신학 자체를 절대적 진리라고 말할 수 없다. 즉 신학은 진리를 시대에 매개시켜 설명하는 것이지 진리 자체가 아니다. 신학은 또한 교리(Doctrine)와도 구분된다. 교리는 믿고 순종해야 할 신앙고백이지만, 신학은 비판하고 성찰해야 할 학문의 한 갈래다.

신학은 교회에 봉사하는 학문이다. 교회에 대한 안내자요, 파수꾼으로서의 역할을 갖고 있다. 그러나 신학은 시대의 산물로 역사성을 초월하고 보편성을 갖는 진리가 아니기 때문에 시대에 따라 받아드리는 정도가 다르다. 시대와 지역에 따라 어떤 특정한 신학을 수용하거나 거부한다.

본 논문은 역사와 지역을 초월해 교회의 안내자, 파수꾼으로서의 자리를 지킬 수 있는 신학을 모색하는데 그 목적이 있다. 전 시대와 전 세계에 걸쳐 인간 삶 전체에 대한 관심과 교회의 길을 안내하는 보편적 신학을 모색하고자 한다. 필자는 위의 물음에 대한 실마리를 관계신학에서 찾을 수 있다고 본다.

지금까지 일부 신학자에 의해 관계신학이라는 말이 사용되었지만 관계신학은 신학의 한 갈래로서 자리를 차지하거나 독자적 신학체계를 갖추지 못하였다. 그것은 '관계'라는 말 자체가 인간 실존의 전부를 표현하는 말이고, 인간은 '관계적 존재'라는 당위성 때문에 관계신학이라는 말이 고유명사가 아닌 보통명사로 사용되었다고 할 수 있다.

신학은 초월적이고 비역사적인 것을 다루는 것이 아니기 때문에 현실의 세계와 역사성 위에서 인간의 실천을 이끌어 가는 학문이다. 따라서 오늘날과 같이 인간과 세계가 분리와 단절된 시대에 있어서 인간 실존의 전 모습을 대표하는 인간의 관계성은 신학의 가장 중요한 주제가 되어야 마땅하다.

기존의 신학들 역시 인간의 관계성에 대한 진술이다. 그러나 기존의 신학은 인간의 전 삶을 포괄하는 관계성을 진술하지 못하고 있다는 한계를 지니고 있다. 편협하고 종속적인 인간의 관계를 말하는, 이를테면 인간을 타락한 죄인으로만 보거나, 아니면 낙관적인 인간관을 설명하는 신학이 주류를 이루었다.

Ⅱ. 관계신학의 자원

관계신학은 독자적으로 체계화되거나 신학의 한 갈래를 형성하고 있는 것은 아니다. 기독교 교육신학의 한 근거(source)로 관계신학이라는 개념이 형성되어 교육신학의 구조를 뒷받침하고 있다. 관계신학을 교육신학의 구조로 삼은 학자는 기독교 교육신학자 밀러(Randolf Miller)다.[2] 밀러는 폴 틸리히의 '상관관계의 방법', 부버의 '나와 너' 등의 사상에 영향을 받아 관계신학을 구조로 한 기독교 교육론을 전개하였다. 본 글에서는 이들이 말하는 관계에 대한 사상적 진술을 고찰하고, 성서에서 관계신

2) R. Miller, *The Clue to Christian Education*(N. Y. : Charles Scribner's Son, 1950)

학의 전거(典據)를 고찰하고자 한다.

1. 관계신학의 신학적 기초

1) 밀러의 관계신학

앞에서 언급한 것처럼 관계신학을 기독교 교육신학적 구조로 사용한 신학자는 랜돌프 밀러다. 그는 관계신학의 원천이 되는 성서를 관계론적 구조로 이해하고 있다. 밀러에 의하면 성서 66권의 책을 꿰뚫고 있는 중심적 주제는 신과 인간의 관계를 말하는 것이고, 그 관계 속에서 펼치고 있는 신과 인간의 구속 드라마가 성서 이야기라는 것이다. "성서는 역사 속에서 역사(役事)하시는 하나님의 드라마를 증언하고 있으며, 동시에 하나님의 계시적 행위에 대한 인간의 응답의 모습을 증언하고 있다."고 본다.[3)]

밀러의 관계신학은 틸리히의 상관관계신학의 영향을 받았다. 틸리히는 신학은 인간의 실존 물음에 대한 해답을 제공하며 구속공동체의 장(場)인 교회를 장으로 하여 인간을 구속하시는 하나님과의 관계를 인도하는 진리라고 말한다. 이런 그의 신학에 대한 이해에서 그는 신학이란 "신과 인간 사이의 관계에 대한 진리"[4)]라고 정의하고 있다.

밀러는 이러한 관계신학을 기초로 해서 그의 기독교교육론을 전개하고 있다. 그는 신과 인간의 관계를 모든 종교교육의 중심에 놓아야 한다고

---

3) R. Miller, *Bibical Theology and Christian Education*(Charles Scribner's Son, 1956), p.11.

4) R. Miller, *The Clue to Christian Education*, op.cit. p.5.

언급하면서 인간을 하나님의 관계 안으로 끌어들이는 것이 기독교교육의 목표가 된다고 주장한다.5) 이처럼 밀러가 성서를 신과 인간 사이에 펼쳐진 구속적 관계로 보았다는 것, 그리고 신학을 신과 인간과의 관계에 대한 진리라고 진술하여 관계신학적 초석을 놓았다는 점에서 큰 공헌을 했다고 볼 수 있다.

그러나 밀러의 관계신학의 체계는 독립된 신학체계가 아니고 교육신학의 근거로 정리하였기 때문에 구체성이 결여되어 있다. 그가 말한 관계신학은 신과 인간의 관계를 정립하는데 머물러 인간과 신과의 관계 단절의 원인과 관계 회복을 위한 구체적 방법의 진술까지는 나아가지 못했다.

2) 폴 틸리히의 상호관계법

폴 틸리히의 상호관계법을 근거로 그의 조직신학을 전개하고 있다. 그는 상호관계의 의미를 세 가지로 진술한다. 첫째는 종교적 지식의 문제로 실존은 물음이고 신학은 대답이라는 상호관계이고, 둘째로 하나님과 세계에 대한 상호관계적 이해, 셋째로 종교적 체험 안의 하나님과 인간의 관계다.6)

위 세 번째의 하나님-인간의 상호관계는 틸리히의 신인식에 대한 방법이다. 그는 하나님이 인간에게 의존되어 계시지는 않지만 그의 계시를 인간에게 받아들이게 하기 위해서는 인간의 방법에 의존하지 않을 수 없음을 말하고 있다. 그는 하나님과 인간의 관계를 '우리를 위한 하나님', '하

5) Ibid, p.8.

6) Paul Tillich, *Systematic Theology -Volums I* (Chicao : The University of Chicao Press, 1967) pp. 60-61.

나님을 위한 우리'의 상호의존성의 관계로 이해하며, 이 상호관계는 하나님과 인간을 위하여 무엇인가 진실의 관계를 말한다고 한다.[7]

틸리히의 이러한 신인식은 당시의 칼 바르트의 추종자들에게 신을 인간에게 의존되게 만든다는 비난을 받았다. 그러나 틸리히가 하나님과 인간의 상호의존적 관계 안에서 인간의 실존을 이해하려고 한 것과 지금까지의 초자연적이고 절대 타자로 이해되었던 신을 인간 실존의 궁극적 터전이 되는 신으로 이해한 점은 상호관계 안에서의 신과 인간의 본질을 새롭게 이해하는 전기(轉機)가 되었다.

틸리히가 신을 인간의 궁극적 관심, 궁극적 터전으로 이해한 것은 신을 인간의 모든 관계의 중심에 놓았기 때문이라고 할 수 있다. 신은 인간 실존의 물음에 대한 대답의 근거가 되시며, 유한하고 비참한 상황에서 실존의 불안을 느끼는 인간에게 무한한 용기의 터전이 되시는 것이다. 그러나 틸리히의 상호관계 신학은 실존 인간의 구원을 위한 응답의 구체적인 방법은 무엇이며 그 응답의 한계가 무엇인가를 밝히는 데는 부족하다고 할 수 있다.

3) 부버의 나와 너(I and Thou)

부버는 인간의 존재를 말하는 두 근원어를 말한다. 즉 나와 너(I and Thou)의 근원어와 나와 그것(I and It)의 근원어의 복합관계어를 말하고 있다.[8] 부버가 말하는 나와 너의 관계는 나와 하나님과의 관계, 나와 인

7) Ibid.
8) Martin Buber, *Ich und Du,* 김천배 역, 『나와 너』(서울 : 대한기독교서회, 1982), 11쪽.

간(공동체 포함), 나와 자연과의 관계어를 말한다. 그는 이 관계에서 나와 하나님과의 관계를 가장 본원적인 관계라고 본다.

나와 너의 관계는 목적이나 대상, 감정, 제도 등이 개재할 수 없는 직접적인 인간관계이다. 이 직접적인 관계에 있어서는 나가 너에게 접근하려는 결단이 있을 뿐이다. 나와 너는 상호적인 관계로 나가 너에게 응답하므로 관계를 맺듯이 너도 나에게 영향을 미친다. 여기서 너는 영원한 하나님을 말한다. 너는 시간과 공간을 초월해 존재하는 자존자이신데, 나가 너에게 전존재를 받쳐서 그에게 다가 설 때 너와의 관계에서의 나가 된다. 그러므로 나와 너의 관계는 결국 선택하는 것이며, 동시에 선택을 받는 것이다.9)

인간은 선택될 때 인격자가 되고 영원한 생명을 느끼며 실존할 수 있게 된다. 따라서 인간과 인간과의 관계에서 나도 영원자 너와의 관계처럼 직접적이고 상호적이요 사랑과 선택의 관계여야 한다. 부버는 인간과 인간의 관계는 영원자 너와의 관계를 맺기 위한 것으로 인간과 인간의 관계없이는 너와의 관계 또한 맺을 수 없다고 본다.

부버는 또 다른 근원어로써 나와 그것의 관계를 말한다. 인간은 태어나면서부터 나와 그것의 관계가 되는데, 이는 분리를 의미한다. 그리고 인간이 나와 그것의 관계를 위해 노력할 때 삶의 의미를 갖게 되는 것이다.10)

부버는 하나님을 초월적이거나 신비적인 존재로 이해하지 않는다. 하나님은 우리가 추구하기 위해 존재하는 분이 아니라 인간에게 가장 가깝

9) 위의 책, 22쪽.
10) 위의 책, 69쪽.

고 영속적인 존재로 나보다 나에 더 가까운 분이시다. 나는 영원자 너를 받아들여야 인격자가 되고 영원한 생명을 느끼며 실존하게 된다고 본 점, 이 나와의 관계를 위하여 인간과 인간의 관계가 없이 영원한 너와의 관계를 맺을 수 없다는 부버의 주장은 관계신학을 성립시키는 기초가 될 수 있다.

그러나 부버는 실존 인간이 나와 영원자 너와의 관계를 맺지 못하고 나와 그것의 관계로 머물러서 분리와 소외의 상태로 놓여있는가에 대하여 설명을 하고 있지 못한다는 한계점을 지적할 수 있다.

2. 관계신학의 성서적 기초

1) 창세기와 관계신학

성서 창세기에 의하면 "태초에 하나님이 천지를 창조하시니"라고 했고 6일 간에 피조세계를 창조하시고 마지막 날에 "하나님이 자기 형상대로 사람을 창조하셨다"고 하였다. 여기서 인간이 하나님의 형상대로 창조되었다는 것은 하나님과 인간의 관계의 본질을 의미한다.

하나님의 형상이 무엇인가 하는 문제는 기독교 신학에서 중요한 논제였다. 신학자 부루너와 칼 바르트는 학자들이 하나님의 형상을 존재 유비로써 이해한 것을 비판하고 관계론적 유비로 이해한 것은 설득력 있는 신학적 진술이라 할 수 있다.[11]

11) Millard J. Erickson, *Christian Theology*(Michigan : Baker Book House Co., 1987), pp.502-506.

성서 66권의 구조는 밀러가 진술한 것처럼 관계신학적 구조로 되어있다. 하나님과 인간의 관계 본질을 말하고 있으며 어떻게 해서 하나님과 인간의 관계가 상실되었는가를 보여주고 있다. 그리고 성서의 역사에서 하나님과 인간의 관계 회복을 위한 하나님의 섭리를 보여주고 있다.

창세기에 보면 하나님은 남성 아담을 창조하시고 아담이 독처하는 것이 좋지 못하여 그의 배필로 여성 해와를 지었다.(창세기 2장 18절)고 하였다. 이 말은 인간이 본질적으로 관계적 존재임을 의미한다. 그러나 인간 조상의 타락으로 하나님이 원하셨던 창조본연의 관계는 단절되고 말았다.

인간의 타락으로 관계적 존재가 파괴되었을 때 하나님은 인간에 대하여 탄식하며 두 질문을 던졌다. 첫 번째 질문은 “아담아 네가 어디 있느냐?”(창세기 3장)이고 두 번째 질문은 창세기 4장의 “카인아 네 아우 아벨이 어디 있느냐?”(창세기 4장)이다. 전자의 질문은 상실된 하나님과 인간의 관계에 대한 탄식이고, 후자는 인간과 인간의 관계 상실에 대한 탄식이라고 할 수 있다.

하나님의 구원섭리란 이 두 관계를 회복하는 섭리를 말한다. 이를 회복하기 위해 하나님은 메시아를 보내셨다. 메시아는 하나님과 일체된 분으로 그를 통하여 잃어버린 하나님과 인간의 관계를 회복하기 위한 중보자로 오신 것이다.

2) 신약성서와 관계신학

신약성서의 핵심적인 주제도 하나님과 인간, 인간과 인간의 관계회복이라고 할 수 있다. 예수는 율법사의 "어느 계명이 크냐?"는 물음에 대하여 "주 너의 하나님을 사랑하라"(마태복음 22장 37절)고 하는 것이 첫째 계명이고, "네 이웃을 네 몸과 같이 사랑하라"(마태복음 22장 39절)고 한 것이 둘째 계명이라고 하였다. 이 말씀은 인간의 두 본질적인 관계 즉 하나님과 인간의 수직적 관계와 인간과 인간의 수평적 관계를 말한다.

하나님과 인간의 관계는 종적이고 원인적인 관계요, 인간과 인간의 관계는 횡적이고 결과적인 관계다. 하나님과 인간의 관계는 종적이고 원인적인 관계로 인간과 인간관계의 근원적인 관계다. 이 근원적인 관계없이는 인간과 인간의 관계가 온전할 수 없으므로 이를 회복하기 위해 오신 분이 예수 그리스도이시다.

예수는 타락으로 인해 잃어버린 참된 신인 관계와 인간관계를 회복하러 오셨다. 예수 그리스도가 선포한 복음의 의미는 하나님의 주권이 도래하므로 모든 것이 새 관계의 질서로 회복된다는 것이다. 예수는 새로운 관계 질서의 회복을 위하여 먼저 그와 완전하게 하나 될 것을 요청하였다. 그는 부모나 처자식 보다 먼저 자신을 더 사랑하라 했고(마태복음 10장 37절), 하나님과 자신 그리고 우리 인간이 일체되어야 함을 전파하였다.(요한복음 14장 20절)

예수는 그를 불신하는 유대인들에 의하여 십자가에 매달려 돌아가시게 되어 그의 구원사역을 완성하지 못하였다. 즉 새로운 관계 질서의 회복을 완성하지 못하신 것이다. 기독교인들은 예수의 십자가 죽음을 구원의 실패로 보지 않는다. 예수의 십자가에 대한 의미를 화해의 의미로 이해하고 있다. 즉 예수가 흘린 십자가의 피로 말미암아 인간들의 죄가 씻기고 우리 인간이 하나님 앞에 나갈 수 있는 길이 열리게 되었다는 것이다.[12)]

Ⅲ. 통일원리의 관계신학적 조명

『원리강론』은 관계신학적 구조로 되어있다. 『원리강론』은 창조론, 타락론, 구원론, 역사론으로 구성되어 있는데, 창조론은 하나님과 인간의 관계에 대한 원리를, 타락론은 하나님과 인간의 관계 단절의 원인과 경위를, 그리고 구원론과 역사론에서는 하나님이 인간과의 관계회복을 위하여 어떻게 섭리해 나오셨는가를 밝히고 있다. 특히 통일교의 가장 핵심적인 교리 창조원리에서는 하나님과 인간의 창조본연의 관계에 대하여 구체적으로 설명하고 있다.

1. 창조의 동기로써 관계

통일교에서는 하나님을 심정의 하나님으로 규정하고 있는데, 하나님께서 심정이 동기가 되어 피조세계를 창조하였다고 보기 때문이다. 심정은 사랑하고자, 기쁘고자 하는 충동을 말하는 것으로 하나님은 이 충동에 대하여 반응할 수 있는 대상으로 인간을 창조하셨다.[13]

지금까지 기독교 신학에서는 하나님이 절대 초월자로 계시기 때문에 하나님의 자유로운 의지에 의하여 인간을 창조할 수도 있고 그렇지 않을 수 있다고 보았다. 그러나 통일원리에서는 하나님이 심정적 본체로 계시기 때문에 하나님의 사랑과 기쁨의 대상으로 인간을 창조하시지 않을 수 없다는 '창조의 심정동기설'을 말하고 있다.

---

12) 기독교의 이러한 구원관을 대속설이라고 한다.
13) 통일사상연구원 편, 『통일사상요강』 (성화출판사, 1993), 61쪽.

심정의 하나님에 의하여 창조된 인간도 심정적 존재다. 인간은 심정적 존재이기 때문에 하나님의 심정에 대하여 반응할 수 있는 존재로 창조되었다. 인간은 타락한 존재로 마음에서 심정이 제 기능을 못하지만 심정적 존재이기 때문에 하나님이 구원할 수 있는 근거를 갖고 있다. 그러므로 하나님의 심정에 대하여 반응할 수 있는 인간으로 회복할 수 있는 것이다.

지금까지 기독교 신학의 중요한 담론 주제의 하나였던 하나님의 형상(Imago Dei)은 통일신학적 관점에서 보면 심정을 말한다. '인간이 하나님의 형상으로 창조 되었다'는 것은 인간이 하나님의 심정에 대하여 반응할 수 있는 심정적 존재임을 말하는 것이다. 즉 인간이 하나님을 닮았다는 것은 인간이 하나님의 심정을 상속받았다는 것을 말한다.

통일신학에서는 하나님과 인간, 인간과 인간, 인간과 만물의 관계를 맺는 동기는 심정이라고 보며, 이 관계의 구조를 주체와 대상의 이성성상의 관계라고 말한다. 따라서 모든 존재의 관계는 이성성상의 관계로 되어있고, 이 관계가 유지되고 발전하는 힘을 수수작용의 힘이라고 한다.[14]

2. 창조목적과 관계성

하나님이 피조세계를 창조하신 목적은 피조세계와의 관계 안에서 기쁨과 사랑을 돌려받기 위함이시다. 태초에 하나님이 인간 조상에게 허락하신 3대축복은 3대관계의 완성을 의미한다. 즉 하나님과 인간, 인간과 인

14) 세계기독교통일신령협회 편, 『원리강론』(서울 : 성화출판사, 1995), 제 1장 창조원리 참조

간, 인간과 피조세계와의 관계 완성을 의미하는 것이다. 하나님이 인간을 창조하신 목적은 이 3대관계의 완성을 의미한다.[15]

인간이 타락하였다는 것은 이 3대관계의 질서가 무너졌음을 의미한다. 인간의 3대관계 중에 하나님과 인간의 관계는 근원적인 관계다. 하나님과 인간의 근원적인 관계는 모든 관계를 온전하게 하며 모든 관계의 축이 된다. 하나님과 인간의 관계를 통해 인간과 인간의 관계, 인간과 피조세계와의 관계 질서가 형성된다.

인간 조상의 타락으로 말미암아 하나님과 인간의 근원적인 관계가 단절되었고, 이 근원적 관계가 단절되면서 인간과 인간, 인간과 만물과의 관계 질서가 무너졌다. 그것은 인간 조상의 타락으로 인하여 하나님의 심정에 대하여 무지하고 무감각한 존재로 전락하였기 때문이다.

인간이 하나님의 심정에 대하여 반응하지 못하는 인간이 되었기 때문에 인간은 스스로 하나님과의 관계를 회복할 수 없다. 하나님과 인간의 관계 회복을 위하여 하나님과 인간의 중보자로서 메시아가 필요하다. 메시아는 하나님과 심정적으로 일체되신 분으로 인류의 구원을 위해 지상에 오셨다. 메시아가 인류를 구워한다는 것은 바로 인간을 심정적 인간으로 복귀하는 것을 의미한다.

메시아는 인류의 참부모로 오신다. 그것은 하나님과 인간의 관계를 창조본연의 관계인 부모와 자식의 관계로 회복하기 위함이다. 하나님을 대신한 참부모로서 인간에게 하나님의 심정을 알게 하고, 그 심정과 일체된 인간을 회복하는 것이 그의 사명이 된다.

---

15) 위의 책, 45-49쪽.

3. 복귀원리와 창조본연의 관계 회복

『원리강론』 후편 복귀원리에서는 단절된 하나님과 인간의 관계가 어떻게 복귀되어왔는가를 보여주고 있다. 인류의 조상 아담가정에서 잃어버린 3대축복, 즉 3대관계를 회복하시기 위한 하나님의 섭리를 보여주고 있다. 즉 인간의 구원은 메시아를 통하여 이루어지기 때문에 메시아를 이 땅에 보내시기까지의 하나님의 섭리를 보여주는 것이 복귀원리다. 『원리강론』에서 말하고 있는 창조목적을 복귀하기 위한 원리는 다음과 같다.[16]

첫째, 메시아를 맞이해야 한다. 메시아는 하나님의 심정과 일체된 참부모로 오셔서 인간을 참자녀로 복귀해야 한다. 인간은 메시아를 통하여 완성해야 하는데, 완성을 한다는 것은 하나님과 심정적 일체가 되는 것을 말한다.

둘째, 탕감의 원리가 적용된다. 인간은 타락으로 하나님과 부모와 자식관계를 상실하고 사탄과의 관계를 맺었다. 따라서 잃어버린 하나님과의 관계 단절을 회복하기 위해서는 인간이 탕감조건을 세워 사탄과의 관계를 단절하고 하나님의 자녀로 복귀되어야 한다.

셋째, 성장기간을 통해서 복귀된다. 인간은 타락으로 하나님 자녀의 자리를 잃어버리고 종(從)의 자리에 머물러 있다. 종의 자리에서 자녀의 자리로 복귀되기 위해서는 소생기적 관계, 장성기적 관계, 완성기적 관계의 단계를 거쳐야 한다. 소생기적 관계회복은 행의시대(行義時代), 장성기적 관계는 신의시대(信義時代), 완성기적 관계는 시의시대(侍義時代)로

16) 위의 책, 241쪽.

구분된다.

인간이 완성기 신앙에 이른다는 것은 하나님의 참자녀로 복귀되어 하나님과 심정적으로 일체된 단계를 말한다. 이 시기는 하나님이 인간을 직접주관하시는 단계로 하나님의 사랑권 내에서 하나님과 일체된 삶을 사는 것을 말한다. 완성기에서는 인간이 하나님에게 기쁨의 대상이고 사랑의 대상으로서의 자녀가 되는 것을 말한다.

Ⅳ. 맺음말

『원리강론』의 구조가 관계신학적 구조로 되어 있음을 고찰하였다. 통일교 교리가 진리가 되는 것은 진리의 실체이신 참부모 신학이기 때문이다. 타락한 인간을 구원하여 하나님의 자녀로 복귀하기 위한 길을 걸으시는 분이 참부모이시다. 참부모님은 구원의 중심이고 인류의 부모가 되신다.

오늘날 인종문제, 국가 간의 분쟁문제, 생태계 파괴문제 등 인류가 안고 있는 문제의 원인은 삼대관계의 단절과 분리에 비롯되었다. 이러한 문제의 해결책은 바로 참부모님을 인류의 참부모로 모시는 길이다. 참부모를 부모로 모신 한 형제자매가 될 때 인류가 안고 있는 문제는 해결된다.

참부님이 펴내신 원리강론과 참부모님의 말씀은 관계신학적 구조로 되어있다. 창조론에서 하나님과 인간 창조본연의 관계를 보여주며, 타락론에서 하나님과 인간의 관계 상실의 원인을 보여주며, 복귀원리에서 잃어버린 하나님과 인간의 관계를 어떻게 회복할 것인가를 보여주고 있다.

하나님의 창조목적인 3대축복은 바로 3대관계를 회복하는 것이다. 즉 하나님과 인간의 관계, 인간과 인간의 관계, 인간과 만물의 관계 등 3대관계의 회복이 3대축복의 완성이다. 3대관계의 근원적 관계는 하나님과 인간의 관계다. 이 근원적 관계의 복귀가 바로 인간이 안고 있는 모든 문제를 풀 수 있는 열쇠가 된다.

우리가 천일국 백성이 된다는 것은 하나님이 만들어놓은 세계에 들어가는 것을 의미하는 것이 아니라 3대축복, 즉 3대관계의 완성을 통해 우리가 만든 천국 백성이 되는 것이다. 천일국 시대를 살아가야 할 우리에게는 관계신학을 바탕으로 삶과 신앙을 돌아보아야 할 과제가 주어졌다. 관계신학이 우리 삶의 이념이 될 때, 천일국 실현이 가능할 것이다.

<참고문헌>

통일사상연구원 편, 『통일사상요강』, 서울: 성화출판사, 1993.

세계기독교통일신령협회 편, 『원리강론』, 서울: 성화출판사, 1995.

Moltman, Jürgen. 차승옥 역, 『오늘의 신학 무엇인가?』, 서울: 한국신학연구소, 1989.

R. Miller, *The Clue to Christian Education,* N. Y.: Charles Scribner's Son, 1950.

R. Miller, *Biblical Theology and Christian Education,* Charles Scribner's Son, 1956.

PMartin Buber, *Ich und Du,* 김천배 역, 『나와 너』, 서울: 대한기독교서회, 1982.

Paul Tillich, *Systematic Theology* - Volum Ⅰ, Chicago: The University of Chicago Press, 1967

Millard J. Erickson, *Christian Theology,* Michigan: Baker Book House Co., 1987.

제3장

종교교육에서 제 3의 길

Ⅰ. 머리말

최근 공산주의의 몰락으로 한편으로는 희망과 한편으로는 세기말적인 불안감이 교차되고 있는 때이다. 이러한 불안한 교차의 시기에 영국의 사회학자 기든스(Anthony Giddens)의 『제 3의 길』[1]이 관심의 초점이 되고 있다. 기든스의 『제 3의 길』은 서구식 사회민주주의와 신자유주의를 통합하고자한 시도다. 개인의 자유와 이기심이 사회를 분열시키는 요인으로 보는 사회민주주의와 개인의 자유로운 활동을 사회 발전의 원동력으로 보는 신자유주의 사상의 문제점을 통합하고 장점을 살려서 제 3의 길을 모색하고자 하는 것이 그의 의도이다.

---

1) Anthony Giddens, The *Third Way*, 한상진, 박찬욱 역, 『제 3의 길』 (서울: 생각의 나무, 1998)

이렇듯 정치이념에서 사회주의와 자유주의의 통합을 모색하듯이 교육에서도 진보주의 교육론과 정통주의 교육론을 통전하는 제 3의 길의 가능성을 모색하고자 하는 것이 이 글의 목적이다. 교육에서 정통주의 교육론과 진보주의 교육론 사이의 논쟁에 대한 결론은 아직 내려지지 않았다. 이처럼 논쟁의 결론이 없는 것은 두 교육론 중 어느 하나를 선택해야 한다는 양자택일의 문제로 다루어 왔기 때문이다. 종교교육에서 이 두 논쟁이 양극화되거나 어느 하나를 선택한다면 오히려 잃는 것이 더 많을 것이다. 정통교육과 진보교육은 통전의 길이거나 선별적 선택의 길을 걸어오지 않고 양극의 길을 걸어왔다. 한쪽을 선택하고 한쪽을 부정하는 길을 걸어온 것이다.

요즈음 한국의 교육계는 진보교육의 결실이라고 볼 수 있는 열린교육이 관심의 초점이 되고 있다. 정부가 주도하는 교육개혁을 보더라도 '수요자 중심의 교육', '열린교육과정', '열린교실' 등이 개혁의 중심적 개념이 되고 있다. 교육 개혁을 논하면서 과거 전통적 교육 방법을 비판하고 개혁의 방향과 목표를 열린교육 위에 설정하고 있는 것이다. 그리고 열린교육의 실시 여부가 앞서가는 교육의 기준이 되고 있다.

필자가 사는 마을에 열린교육을 목표로 하고 한 초등학교가 세워졌다. 열린교육을 한다는 소문 때문에 학생들의 전학 소동이 벌어지고 학교 주변의 집값이 상승하였다. 열린교육에 대한 교육적 의미도 모른 채 열린교육의 열풍에 휩싸였던 것이다. 그러나 이 학교는 학생의 과다한 전입으로 과밀학급을 만들 수밖에 없었고, 열린교육다운 교육을 실시하지 못하고 말았다.

이러한 교육계의 기류에 편승하여 종교교육에서도 열린교육에 대한 반향이 일어나고 있다. 종교계를 보면 '열린교육', '열린예배'가 시도되고 있다. 과거의 종교교육은 주입식 교육으로 교사가 일방적으로 이끌어 가는 교육이었기 때문에, 경험중심이고 학생중심인 종교교육이어야 한다는 것이다. 그리고 예배도 성직자 중심의 일방적 형태의 예배를 지양하고 신도 중심의 열린예배가 되어야 한다는 것이다.

그러나 열린교육에 대한 비판적인 견해도 적지 않게 대두되고 있다. 열린교육은 교육의 목표도 분명하지 않고 오히려 아동의 지적 발달을 저해하는 요인이라는 견해도 있다. 종교교육에서 아직 열린교육에 대한 교육적 효과는 검증되지 않았다. 과연 한 사람의 성숙한 신앙인을 양육하는데 열린교육이 어떤 영향을 미칠 수 있을 것인가 하는 문제에 대한 연구가 요구되는 것이다.

종교교육에서 정통주의 교육과 진보주의 교육이 서로를 부정할 것이 아니라 제 3의 길을 모색해야 한다. 제 3의 길은 정통교육과 진보교육을 모두 부정하고 새로운 교육의 길을 만들자는 것은 아니다. 또한 결코 두 교육론의 장점만 통합해서 새로운 교육론을 만들자는 것도 아니다. 제 3의 길은 두 교육론이 상호 보충적 관계로 가야한다는 것과, 피교육자의 신앙발달이나 교육의 내용에 따라 방법이 달라야 한다는 가정 하에서 접근하는 것이다.

Ⅱ. 종교교육에서 제 3의 길의 필요성

교육이론은 피교육자를 놓고 실험을 해서는 안 된다. 한 인간의 형성과정이 실험 대상이 될 수 없기 때문이다. 우리는 열린교육을 놓고 실험할 필요는 없다. 열린교육은 이미 미국의 교육에서 결론이 났다고 볼 수 있다. 필자가 글을 쓰고 있는 이 시간 미국의 콜로라도주의 한 고등학교에서 총기를 난사한 사건이 벌어져 15명이 사망하고 20여명이 중상을 입었다는 뉴스가 흘러나오고 있다.

미국은 진보적 교육론의 영향을 받아 오늘날과 같이 자유민주국가와 경제적으로 부유한 나라를 이루었다. 그러나 아동중심적이고 자유로운 교육의 분위기에서 자란 미국 청소년들의 오늘날 실상을 놓고 볼 때 미국의 진보적 교육이 과연 성공한 교육제도이었는가를 반문하게 된다. 종교계도 마찬가지이다. 미국의 종교는 더 이상 사람들의 정신적 지주로서, 도덕의 수호자로서의 역할을 못하고 있다. 교회는 젊은이들이 떠나고 노인들만이 교회를 지키고 있는 무력한 모습이 되어 가고 있는 현실이다.

1. 종교교육과 학교 교육의 차이

미국의 종교교육학자 웨스터호프(John Westerhoff Ⅲ)는 종교교육의 가장 큰 문제를 학교-교수형 패러다임을 그대로 받아들이는 것이라고 하였다.[2] 종교교육과 학교교육은 그 목적에 있어서 분명히 다르기 때문에 그 내용과 방법이 학교교육과 같아서는 안 된다.

그러나 현실적으로 종교교육의 이미지는 학교교육의 형태로 고정화되었으며, 교육의 매개나 방법이 지식을 전수하는 주입식 교육의 형태로 이

2) John Westerhoff Ⅲ. *Will our children have faith?,*(Ney York: The Seabury Press, 1976), p.6.

루어져 왔다. 오늘날 학교교육에서 이 주입식 교육을 비판하고 열린교육이 대두되면서 종교교육도 여기에 편승하여 열린교육에 대한 관심이 높아지고 있는 것이다.

웨스터호프는 "종교교육이란 신앙동공체 안에서 사람들의 전 삶에 영향을 두며 개인들과 그룹들을 기독교적 삶의 스타일로 개발시키는 계획적이며 조직적, 그리고 계속적 노력이다."[3]라고 하였다. 웨스터호프의 견해처럼 종교교육은 어떤 종교기관의 종교적 삶의 양식을 형성하기 위한 계획적이고 조직적인 과정인 것이다.

종교교육이 어떤 종교기관의 종교적 삶의 스타일을 형성하기 위한 과정이라고 할 때 그룸(Thomas Groome)의 주장처럼 이것은 정치적이어야 한다.[4] 종교교육이 정치적이 되어야 한다는 말은 교육목적을 달성하기 위하여 교육 주체자의 의도적이고 구조화된 개입이 있어야 함을 말한다. 종교교육은 열린교육에서처럼 교육과정이 학습자에 의하여 결정되는 것이 아니라 교육주체자의 정치적 선택에 의하여 결정되기 때문이다.

종교교육은 특정한 믿음의 주체와 교리를 이해하고 믿고, 결단하기 위한 것을 목적으로 하기 때문에 종교교육이라는 말로 일반화 할 수 없다. 그 대신 종교교육이 어떠해야 한다는 전제가 있다. 즉 기독교는 기독교적 종교교육이 되어야 하고, 불교는 불교적 종교교육이 되어야 하며, 유교는 유교적 종교교육이 되어야 한다. '~적 종교교육'이 되어야 한다는 것은 바로 종교교육이 정치적이 되어야 함을 말한다.

종교교육이 정치적이라고 해서 곧 주입식교육을 따라야 함을 의미하는

3) Ibid. p.68.
4) Thomas Groome. *Christian Religious Education*(San Francisco: Haper & Row, 1980), p.15.

것은 아니다. 종교교육이 사람들에게 진리를 이해시키고, 결단하게 하고, 믿게 하는 과정이기 때문에 학교교육과 같이 획일적이고 강제적인 교육과정이 될 수 없다.

학교교육은 지식의 양, 업적, 기술을 중요시하지만 종교교육은 진리에 대한 이해와 믿음 그리고 결단을 중요시한다. 따라서 종교적 지식은 지식을 위한 지식이 아니라 행동을 위한 지식이어야 한다.

종교의 궁극적 목적은 인간의 자유에 근거하고 있다. 인간을 자유와 더불어, 자유 속에서, 자유를 위하여 살게 하는 것이다. 따라서 종교교육도 인간의 자유를 위한 교육이어야 한다.[5] 즉 인간으로 하여금 선택하고, 결정하고, 행동하게 하는 자유가 부여되어야 한다. 종교교육은 사람들에게 진리에 대한 선택과 결정을 할 수 있도록 돕는 과정이라고 할 수 있다.

여기서 자유는 열린교육에서 학습자에게 부여하는 그런 것과는 다르다. 종교교육에서의 자유란 궁극적으로 자유로운 인간이 되기 위한 과정이다. 종교적인 자유란 역설적인 자유로 자기로부터 자유이어야 하며, 관계로부터의 자유, 그 종교가 신봉하는 절대자를 위한 자유인 것이다. 종교교육은 자유에 장애가 되는 것으로부터 벗어나게 해주는 교육이 된다.

이처럼 종교교육이 학교교육과 본질적인 차이가 있기 때문에 오늘날 학교교육에서 추구하는 열린교육을 깊은 성찰 없이 받아 들여서는 안 된다. 열린교육이 종교교육의 중심적 자리를 차지하도록 할 것이 아니라 종교교육을 위한 보충적 방법이 되어야 한다.

5) Ibid. pp.97-98.

2. 종교교육에서 진보주의 교육과 정통주의 교육의 논쟁

종교교육에서 진보주의 교육론과 정통주의 교육론의 논쟁은 교육학에서의 교육 논쟁과 그 맥을 같이 한다. 학교교육에서와 마찬가지로 종교교육에서 진보와 정통 논쟁의 도화선이 된 것은 존 듀이(John Dewey)의 교육 사상에서부터라고 할 수 있다. 진보주의 교육학자들은 지금까지의 성인 중심적이고, 지식 중심적이며, 획일적 방식의 전통적 교육론에 반대하고 아동의 개성과 존엄성을 중시함으로써 아동의 자연스러운 성장을 조성하는 개발주의적이고 인격주의적인 아동중심 교육의 기치(旗幟)를 들었다.

종교교육은 이상주의와 실용주의에서 교육철학을, 죤 듀이의 도구주의에서 교육방법을, 실용주의에서 인간이해에 대해 많은 영향을 받았다. 실용주의자 윌리암 제임스(William James)는 자유의지에 대한 개념을 새롭게 전개하였다. 그에 의하면 자유의지는 무한한 가능적 세계를 사고하고 또 행동할 수 있는 폭을 말하였다. 심지어 자유의지는 고질화 된 종교적 교리로부터 인간을 자유롭게 하여 새로운 종교적 가능성을 개방시켜준다는 것이다.[6] 이러한 실용주의의 사상을 존 듀이는 교육학에 응용하였다. 듀이는 세계를 진화적 과정으로 이해하는데, 인간을 진화적 세계 안에서 성장하는 것으로 이해한다. 그리고 이 세계와 인간이 만나는 상호작용을 통해 성장한다는 것이다.

진보적 종교교육론에서는 상호작용의 교육방법을 수용하여 하나의 인격이 자기실현과 함께 다른 인격과의 상호작용을 통해 인격화가 되어 가

---

6) 은준관, 『교육신학』(서울: 기독교서회, 1978), 29쪽에서 재인용.

는 과정을 사회화라고 불렀다. 종교교육의 사회화과정을 정립하고 발전시킨 학자가 죠지 코우이다. 코우는 그의 대표적 저서 『A Social Theory of Religious Education』에서 "교육과정의 중심적인 사실은 학생의 사회적 상호작용 속에서 그리고 상호작용을 통하여 성장하는 종교적 경험이다."[7]라고 말한다.

코우의 이러한 사회화과정으로서 종교교육에 대한 이해는 그의 인격의 이해에서 비롯되었다고 할 수 있다. 코우는 인격을 어떤 고정 상태를 뜻하지 않고 전인적 선택의 행위로써 향상된다고 이해한다. 그의 인격성장의 원리는 첫째로 인격이란 자기 선택이라는 가치 선정의 행위를 거쳐 비로소 하나의 인격적 개성으로 성장한다는 것이고, 둘째는 그 선택과 인격적 생성은 다른 인격들과 상호성 혹은 상호응답적인 관계 속에서 만이 가능하다는 것이다.[8]

코우는 이러한 종교교육에 대한 이해의 지평에서 종래의 전통적 교육에 대해서 비판한다. 1)주입식 교육은 강제성을 소유한 것으로써 아동의 자기표현을 억압하므로 왜곡된 인격을 만들거나 반종교적 인간으로 만들기 쉽다. 2)성인중심 혹은 교사중심의 권위주의적 교육은 아동의 독자적 위치를 무시하며 아동의 인격 가능성을 망각하는 것이다. 3)교리중심의 교육은 경전을 산 진리에서 고정된 문자로 만듦으로 삶과의 응용을 상실하게 한다.[9]

그는 종교교육에서 제일 중요한 것을 인격적 사귐이라고 말한다. 종교

---

7) George Coe, *A social theory of religious education*(New York: Charles Scribner Sons, 1922), p.80.

8) Ibid. pp.103-122.

9) Ibid. p.50.

교육은 곧 피교육자가 사랑을 체험할 수 있는 조건을 마련해 주는 것이다. 그 조건 안에서 사랑을 체험하고 지능분석과 습관형성이라는 방법을 통해서 진지한 생활을 하게 하고, 그 삶의 위기와 신앙을 발전시킬 그런 조건을 제공해 주어야 한다.

죠지 코우 이후 1940년까지 진보적 종교교육 운동은 황금기를 누렸다. 그러나 양차 세계대전과 1930년대 미국에서 일어난 경제공황의 여파는 진보교육의 인간이해에 대한 관점을 흔들어 놓게 되었는데, 경제공황을 통해 물질 앞에 무력한 인간의 실상을 목격하였기 때문이다. 여기서 인간을 무한한 가능성의 존재로 보는 낙관론적 인간 이해는 불신을 받게 되면서 진보적 종교교육 운동은 그 터전이 흔들리게 되었다.

진보적 종교교육론에 반기를 들고 일어난 종교교육운동을 기독교에서는 신정통주의 교육론이라고 부른다. 신정통주의 교육론은 인간이 타락한 존재라는 이해의 터전에서 전개된다. 인간은 타락되었기 때문에 스스로 구원에 이를 수 없고 오직 교회와 성서에 의해서만 구원이 가능하다는 것이다. 신정통주의 교육론을 대표하는 기독교 교육학자로서 제임스 스마트(James Smart)가 있다. 그는 교육을 개인이 인격성장이나 사회환경에 적응하는 사회화에서 일어나는 것이 아니라 구속적 공동체로서의 교회가 곧 종교교육을 가능케 하는 현장이라고 보았다.[10)]

현대에서 진보적 종교교육의 부활이요, 열린 교육의 선구적 역할을 한 것은 파울로 프레이리(Paulo Freire)의 의식화 교육론이라고 할 수 있다. 의식화 교육론은 브라질의 오랜 식민 통치아래 지배자들의 수탈에 시달

---

10) James Smart, *The teaching Ministry of the Church*(Philadelphia: The Westerminster Press, 1954).

려 온 민중을 해방하기 위해서 나온 교육론이다. 프레이리는 기존의 모든 교육제도가 억압과 수탈의 참담한 현실에서 침묵해야 하는 침묵의 문화를 유지하기 위한 도구에 불과하다고 비판하였다.[11] 즉 기존의 교육은 억압자들이 바라는 수동적 인간 세계와 사회에 대한 문제를 제기하지 않고 비판의식이 거세된 인간을 양성하는 교육이라고 비판하였다.

침묵의 문화를 깨고 사람이 사람다워지는 주체로서의 인간이 되는 교육이 필요한데 이 교육론을 의식화 교육이라고 한다. 즉 인간이 세계 속에서 행동하고 또 이를 변화시켜주는 주체가 되는 존재론적 사명을 수행할 수 있는 사람이 되는 것이다.

프레이리의 교육론은 역사와 인간 이해에 기초하고 있다. 그는 역사란 주체로서의 인간과 객체로서의 세계가 계속적인 변증관계 속에 상호작용하는 실재라고 이해한다. 그리고 교육이란 이 역사의 장에서 인간으로 하여금 계속해서 행동하고 변혁해 가도록, 즉 인간의 주역화를 돕는 행위라고 언급하고 있다.

프레이리는 인간을 역사 창조의 주체로서 이해한다. 즉 인간은 동물과 달리 생활할 뿐만 아니라 존재하며, 그 존재는 역사적인 존재로 그들을 부단히 변형시키고 재창조하는 세계 속에서 존재한다. 그러나 인간들은 침묵의 문화에 의해 비인간화되고 있기 때문에 그는 인간성 회복을 위한 역사적 사명을 가지고 있다. 프레이리는 이것을 "인간화 작업"[12]이라고 한다.

프레이리는 인간화를 위한 교육의 방법으로 의식화 교육론을 창안하게

---

11) Paulo Freire, *Pedagogy of the oppressed*(New York: Continuum, 1990), p.10.
12) Ibid. p.28.

되었다. “의식화란 사람들로 하여금 스스로 돕도록 밀어주고 비판적인 의식으로 자기 자신의 문제와 직접 맞서게 놓아두며 저 자신의 인간화를 저 자신이 떠 맞도록 해주는 일”[13]이라고 하였다.

1980년대 우리나라 민주화 운동의 이념은 파울로 프레이리의 의식화 교육론으로부터 많은 영향을 받았다. 의식화 교육론은 학생들과 종교 지도자들에게 민주화운동에 이념을 제공한 교육론이다. 우리나라에서는 의식화 교육론을 한국적 토양에 이식하여 의식화 교육론과 그 구조를 같이 하는 민중교육론[14]을 태동하게 하였고 민주화를 이끌어 나가는 중심적 교육이 되었다. 의식화 교육론 또는 민중교육론은 인간화를 위한 교육, 민중이 주체가 되는 교육, 현장에 참여하는 교육이라는 점에서 진보적 교육론의 결정체라고 할 수 있다.

1980년대 민주화의 압도적인 사회 분위기 아래 교육계도 민주화의 열풍이 불게 되었다. 교육계서는 소위 전교조(전국교원노조연합) 운동이 일어나게 되면서 교육개혁의 기치를 올리게 되었다. 전교조 운동이 표방하는 것은 진정한 아동중심의 열린교육으로 가자는 것이다. 민주화가 정착되면서 전교조 운동을 인정하게 되었고 정부에서도 교육 개혁을 주도하였다. 이러한 교육개혁의 맥을 살펴보면 열린교육이라는 교육론이 전제된 개혁임을 알 수 있다. 정부가 주도하는 교육개혁을 보면 수요자중심, 즉 학생중심의 교육, 통합교육을 통한 전인교육, 교육과정의 학생 선택권 보장 등 열린교육 이론과 맥을 같이하고 있다.

그러나 의식화 교육론으로 인하여 종교교육에서 진보주의 종교교육과

13) Ibid. p.68.
14) 민중교육은 서남동, 안병무에 의해 주도된 민중신학을 토대로 하여 문동환, 김성재 등에 의하여 발전시킨 교육론이다.

정통주의 종교교육의 논쟁이 종결된 것은 아니다. 의식화 교육론은 어디까지나 남미나 과거 한국과 같은 '누르는 자'와 '눌린 자가' 사회적 구조를 이루었던 나라에 적용되는 교육론이다. 다시 말해서 교육의 구조를 무시하고 과정만을 중시하는 교육론이라고 할 수 있다. 따라서 의식화 교육론의 새로운 구조로서 제 3의 길이 요구되는 것이다.

3. 열린교육과 그 한계

오늘날 우리나라의 학교교육은 열린교육이 최선의 길로 받아들여지고 있다. 그러나 열린교육이 성숙된 미국의 현 교육 실상을 볼 때 열린교육이 과연 교육의 최선의 길인가 하는 의문이 제기 되고 있다. 재미 교육학자 황용길은 미국의 열린교육에 대하여 아래와 같이 비판하면서 한국 교육이 미국의 교육제도를 따라가서 안 된다고 말하고 있다.

> 미국의 공교육은 겉으로 보기에는 화려합니다. 그러나 속은 이제 곪을 대로 곪아터질 날 만을 기다리는 형편입니다. 공룡화 된 미국의 공립학교는 제 살을 깎아 먹으며 연명하고, 진보주의 교육은 자기만족에 빠져 자만하고 게으른 돌 머리 아동을 양산하고 있는 것입니다. 한국의 교육정책은 미국을 무차별 모방하고 있으며, 더욱 염려되는 것은 이렇게 수입되는 교육방식들이 바로 미국의 공교육을 망하게 한 근본 원인으로 비난받고 있는 진보주의 교육사조라는 점입니다. 돈들이고 애써서 망할 길을 가고 있는 꼴이지요.[15]

15) 황용길, 「미국식 열린교육」 『월간조선』 12월호, 1998. 244쪽.

열린교육은 인간학적으로나 교육학적으로 볼 때 이상적인 교육이요, 매력적인 방법으로 보인다. 그러나 과연 열린교육 제도의 대표 격인 미국의 교육제도가 성공적인 교육제도인가 하는 물음을 제기해 볼 필요가 있다. 미국의 각종 학력 경시대회에서의 입상자들은 미국의 백인 아이들이 아닌 소수 민족 출신의 유색인종 아이들이라고 하는 점과, 마약, 성범죄, 폭력으로 몸살을 앓고 있는 현실을 보면서 과연 미국에서 열린교육이 성공을 거둔 것인가 하는 회의를 품게 한다.

공산주의 사상이 그랬었다. 20여년전만해도 그 사상과 이상에 매료되어 전 세계인구의 절반 이상이 이를 추종했었다. 평등한 사회, 모든 사람이 부를 축적할 수 있는 사회라는 이상에 매료되었었던 것이다. 그러나 결과적으로 공산주의 사상은 인간에게 많은 고통을 남겼고, 더 불평등한 사회, 배고픈 사회를 만들어 놓았다.

열린교육 이론도 마찬가지의 운명이 될 수 있다고 본다. '아이들을 자연적으로 자율적으로 학습한다.', '개인의 특성과 필요에 맞는 학습을 한다.' '창조적인 사고력을 개발시키는 교육을 한다.' 등 매력적이고 이상적인 교육론이기 때문이다. 그러나 현실적으로 아이들의 자유가 지나쳐 방종에 이를 수 있고, 아이들의 기초적인 지적 수준의 미달로 응용력이 결여되는 교육이 될 수 있음을 간과해서는 안 된다. 열린교육은 학습자 개인의 주체성과 자율성을 중시하고 학습자의 창의성을 높여주는 교육이요, 민주적인 교육방법이라고 할 수 있다. 그러나 열린교육은 교육목표가 불분명해 질 수 있고 지나친 학생의 개별화로 인해 사회적 통합을 위한 인격형성이 결여될 수 있다.

그렇다고 오늘의 교육이 전통적 교육방법으로 회귀되어야 한다는 것은 아니다. 전통교육은 파울로 프레이가 지적한 것처럼 "은행적금식 교육"[16]으로 아동을 수동적으로 만들 수 있고 자율적인 학습과 창조적인 학습을 제한한다. 이 시대의 학생들을 보면 학원이나 학교에서 행해지는 주입식 교육에 길들여져서 스스로 탐구하고 성취하는 학습 자세가 결여되어 있다. 이러한 아이들은 선생이 없으면 공부해야 할 목표와 방향을 잃게 된다.

그러나 정통교육은 나름대로의 장점을 가지고 있다. 지식의 양을 단시간에 축적할 수 있다는 것과, 어떤 주제에 대하여 학습자들이 공통적인 의식을 가질 수 있다는 장점을 갖는다. 주입식 교육을 통한 지식의 축적은 지식을 체계화시킬 수 있고 창조의 원동력이 된다. 그리고 지식의 양을 축적하기 위한 적당한 경쟁은 학습을 위한 동기부여가 될 수 있다. 열린교육을 위한 창의력도 지식이 밑바탕이 될 때 발휘될 수 있는 것이다. 특히 종교교육의 특성상 정통교육을 폐기하고 열린교육을 종교교육의 방법으로 받아들일 수는 없다. 열린교육과 정통교육은 상호 보충적인 관계로 받아들여야 한다.

Ⅲ. 종교교육에서 제 3의 길의 근거

현재 우리나라의 학교교육에서는 열린교육의 방향으로 대세가 굳어져 가고 있다. 필자는 종교교육이 학교교육의 대세를 따라 비판 없이 열린교육을 수용해서는 안 된다고 본다. 종교교육과 학교교육은 그 목적과 과정

16) Paulo Freire, *Padagogy of the Oppressed*, Ibid. p.58.

이 분명히 다르다. 따라서 종교교육에서 열린교육의 수용 가능성을 살펴보고 정통주의 교육과의 만남이 이루어질 수 있는 제 3의 길이 모색되어야 한다. 본 장에서는 종교교육에서 진보주의와 정통주의가 왜 양극의 길, 혹은 선택의 길을 가서는 안 되고 통전의 길이나 상호 보충적인 길을 가야하는가에 대한 근거를 찾고자 한다.

1. 인식론적 근거

인식론은 올바른 지식을 얻는 방법에 대한 논의이기 때문에 교육론의 근거가 된다. 종교교육에서도 종교적 주제들을 인식하는데 경험론이나 관념론에 기초를 두고 있다. 경험론과 관념론 중 어디에 기초를 두는가에 따라 종교교육의 접근 방법이 달라진다. 종교교육에서 진보주의 종교교육론은 경험론에 기초를 두고 있다. 진보주의 교육 사상가들은 실제로서의 경험세계를 강조하고 있다. 반면에 정통주의 교육은 관념론에 기초를 두고 문자적 주석이나 암기를 위주로 한다.

인식을 위하여 경험론은 실천에 바탕을 두고 있고, 관념론은 이론에 바탕을 두고 있다. 종교교육에서 진보주의 종교교육과 정통주의 종교교육의 존재에 앞서 이론과 실천의 전후를 가리기 위한 논쟁이 계속되어 왔다. 이론과 실천의 관계에서 해르바르트는 이론이 실천에 선행한다고 보았다. 이론은 실천에 앞서 있고 실천이 바로 실천일 수 있도록 하며 실천은 이론이 제시하고 규정하는 대로 그대로 이루어지지 않으면 안 된다고 보고 있다.[17)]

---

17) 오인탁, 『기독교 교육론』 (서울: 대한기독교교육협회, 1984), 59쪽.

헤르바르트와 반대로 슐라이에르마허는 이론이 실천을 통하여 발생하며 실천에 의하여 이론의 타당성이 뒷받침된다고 보았다. 슐라이에르마허와 같은 사상이 진보적 종교교육의 근거로 제시하고 있는 것이다.

아리스토텔레스에 의하면 인간의 앎은 데오리아(Theoria), 프락시스(Praxis), 포이에시스(Poiesis)에 의한 것이라고 한다. 그리고 이것들에 의해 나타나는 삶의 세 가지 방법들을 사변적인 삶, 실행적인 삶, 생산적인 삶이라고 한다. 종교교육에서 데오리아적 인식을 위한 접근 방법은 종교의 메시지를 전하는 설교나, 설법, 혹은 강론이 있다. 프락시스적인 인식의 접근은 종교적 주제의 실천을 위한 참여를 말한다. 그리고 포이에시스적인 인식을 위해서는 직접 만듦으로 인식하게 되는 것을 말한다. 종교적인 인식은 이 세 가지에서 각각 일어날 수 있다고 본다. 그러나 종교적인 인식론은 점차로 데오리아에서 프락시스로 옮겨져 왔다. 즉 종교적인 인식은 관계적이고, 경험적이며, 활동적인 앎의 양식으로 변천해 왔다고 볼 수 있다.

현대 종교교육에서는 실천이 없는 사변적인 이론을 논하는 교육을 참된 교육이라고 하지 않는다. 만남과 참여, 경험과 관계를 통해 진리를 이해하고 진리를 실천하는 것을 종교교육의 목표와 그 방법으로 삼고 있다.

그러나 인식에 있어서 데오리아를 무시할 수 없다. 사변적인 삶을 떠난 실천과 생산은 인간의 삶의 의미를 상실하게 한다. 데오리아에 기초한 프락시스가 되고, 데오리아와 프락시스에 기초를 둔 포에이스가 되는 것이다. 인간은 사고하며 행동하고, 행동하며 사고하는 존재인 것이다. 따라서 사변적인 삶을 위해 지식의 축적이 필요하고, 이 축적을 위해 교사중심의 주입식 교육이 필요하다. 반면에 축적된 지식을 삶에서 경험하기 위해 피교육자 중심이 교육이 필요한 것이다.

관념론과 경험론, 이론과 실천의 문제는 선택적인 것이 아니다. 인식을 위해 경험하며 사고하고 실천을 해야 하는 것이다. 따라서 진보적 종교교육과 정통주의 종교교육은 선택적인 것이 아니라 상호 보충적인 기능을 가지고 있다고 할 수 있다.

2. 인간학적 근거

경영이론에서 인간에 대한 이해에 따라 지도자의 리더십이 달라지듯이 교육에서도 인간의 이해에 따라 교사의 학습과정에 대한 이해가 달라진다. 인간에 대하여 X-이론적인 이해가 있을 때 관리와 통제를 강화하는 리더십의 형태를 갖게 되고, Y-이론적인 인간 이해를 갖게 되면 피지도자의 자율성과 사유가 확대된다. 마찬가지로 종교교육에서도 인간을 성선설의 입장에서 보느냐, 성악설의 입장에서 이해하느냐에 따라 교육의 과정이 달라진다.

종교교육의 과정은 인간 이해에 기초를 두고 전개된다. 인간에 대한 이해가 부정적이면 종교교육의 과정은 교사중심의 주입식 교육과정으로 전개되고, 인간에 대한 이해가 긍정적이면 아동 중심의 열린교육을 지향하게 된다.

열린교육은 인간의 성선설을 믿는다. 성선설은 학습자가 원래 선하다는 입장과 학습자는 무한한 가능성을 가진 존재라는 믿음에서 나온 교육론이다. 성선설에 바탕을 둔 교육론의 교육목적은 인간의 가능성과 잠재력을 발현 시켜 주기 위함이다. 따라서 학습은 자연스런 과정이며 자발적이고 즐거운 과정이 되어야 하는 것이다.

인간의 성선설을 교육의 기본 이론으로 삼은 루소나 실존주의 철학자들은 인간에 대한 긍정적인 철학을 가지고 있다. 인간의 본성을 선하고 유목적적이며 능동적으로 행동하는 주체적인 존재로 이해한다.

비지시적 상담을 주창한 칼 로저스는 적절하고 좋은 환경만 마련되면 인간은 스스로 문제를 해결하고 종결할 수 있는 능력을 가지고 태어난다고 보았다. 이러한 아동은 자기의 학습에 대한 책임감을 느끼게 되므로 자율적인 선택에 의한 교육과정 운영을 주장하고 있다.

1980년대 파울로 프레이리는 인간을 긍정적으로 보고 인간의 주체성 회복을 위한 의식화 교육론을 주장하였다. "의식화 교육이란 사람들로 하여금 스스로 돕도록 밀어주고 비판적인 의식으로 자기 자신의 문제와 직접 맞서게 놓아두며 저 자신의 인간화를 저 자신이 맡도록 해주는 일"[18] 이라고 한다. 그리고 이러한 교육의 결과로 인간은 세계 안에서 그들 자신을 발견하고 세계 속에서 존재하는 방법을 비판적으로 인식하여 그 능력을 발전시키게 된다고 한다.

지금까지 종교적 인간관은 성악설로 보는 견해가 우세하였다. 기독교적 인간관을 보면 인간은 타락한 존재이기 때문에 스스로 구원에 대한 의지를 가질 수 없고 구원의 중보자가 필요하다. 이 중보자가 메시아요, 성직자인 것이다. 이러한 부정적인 인간관에서는 개인의 자율성이 보장되는 열린교육에 대해 비판적일 수밖에 없다.

불교적 인간관도 부정적인 인간관이라고 볼 수 있다. 인간은 처음부터

---

18) Paulo Freire, *Education for Critical Consciousness*(New York: Continuum, 1973), p.312.

생로병사의 고통을 안고 태어났기 때문에 스스로의 수행을 통해서 해탈의 경지에 들어가야 하는 것이다. 이 수행의 과정에서 자율성과 자유성은 제한을 받을 수밖에 없다.

유교에서는 잘 알려진 사실로 순자의 성악설과 맹자의 성선설이 있다. 인간을 성악설로 보는 입장은 인간은 통제와 훈육으로 선한 인간이 될 수 있다는 것이고, 성선설의 입장은 인간은 스스로의 선택과 결정으로 선한 인간이 될 수 있다는 것이다.

인간 이해에 있어서 성선설과 성악설은 선택적인 것이 아니다. 인간은 긍정적인 면과 부정적인 면을 갖고 있다. 인간의 욕망을 놓고 보더라도 선을 위한 욕망과 악을 위한 욕망이 있는 것이다. 따라서 인간이해에 기초를 둔 교육론은 양면성을 견지할 수밖에 없다. 인간에게 이러한 양면성이 있기 때문에 교육이 필요한 것이다.

3. 교육학적 근거

본래 교육 'education'이라는 말에는 열린교육과 주입식 교육이라는 두 의미가 담겨있다. 즉 education의 어원은 라틴어 'educere'의 '이끌어 내다' '끄집어내다'라는 의미와, 'educare'의 '기른다', '훈육하다'라는 의미가 있다. 교육을 'educere'로 보면 교육은 이끌어 내고 끄집어내는 것으로 이해하는 것이고, 교육을 'educare'로 보면 교육은 교사에 의해 지식을 넣어 주는 것으로 이해하는 것이다. 따라서 교육은 이끌어 내는 과정과 넣어주는 과정의 선택적인 것이 아니라 상호 보충적인 과정이라고 보아야 한다.

열린교육의 교육사상적 뿌리는 진보주의 교육론이라고 할 수 있다. 진보주의 교육 사상은 고대 그리스의 사상가들에게서 뿌리를 찾을 수 있으나, 그 줄기가 발전하여 성장하게 된 것은 루소의 사상에서부터라고 할 수 있다. 루소는 진보주의 교육의 가장 중심사상인 아동중심의 교육을 처음 주장하였기 때문이다.

루소에서 시작된 아동중심의 교육은 19세기의 페스탈로치, 프뢰벨에 의하여 계승되었고 이들 사상이 미국으로 유입되어 호레스만, 핸리 버나드 등에 의하여 발전되었다. 이들의 교육 사상은 차이가 있기는 하지만 종래의 교육론을 성인 중심이고 권위주의적이며 지식중심이라고 비판하면서 아동의 개성과 존엄성을 중시하는 것을 교육의 사상적 기저(基底)로 삼고 있다.

아동중심의 사상을 근저(根底)로 하여 생물학적 진화 사상과 실용주의 철학을 접목시켜 진보주의의 교육을 개화시킨 학자가 존 듀이 이다. 듀이의 교육 사상의 특징은 1)어린이 중심의 교육, 2)본질적 동기부여를 통한 교육, 3)활동을 통한 교육, 4)경험의 재건으로서의 교육, 5)사회 중심의 교육이다. 이 다섯 가지 주장은 열린교육의 기초가 된다고 할 수 있다.

듀이의 교육론에 기초를 두고 종교교육의 진보교육론을 최초로 주장한 사람이 죠지 코우 이다. 조지 코우는 듀이의 교육이론과 슐라이에르마허의 자유주의 신학에 기초하여 그의 종교교육론을 주장하였다. 그는 생성하는 가능적 인간이라는 아동 이해를 기초로 종교교육은 아동의 사회화 과정을 돕는 것이라 언급하면서 이 사회화를 가능하게 하는 모든 장(場)에서 종교교육이 가능하다고 하였다.

그러나 이러한 진보적인 교육론에 대하여 본질주의 교육론자들은 진보주의 교육론이 1)이기주의, 개인주의 인간을, 2)적당주의 사고방식을 가진 인간을, 3)지적으로 무능한 인간을 형성하게 되었다고 비판한다.[19)]

종교교육에서도 정통주의 종교교육론자들은 진보주의 종교교육론자들의 교육론을 인간에 대한 실존을 간과한데서 비롯되었다고 한다. 즉 어떻게 타락한 인간 스스로 인간화가 가능하냐는 것이다. 타락한 인간은 교사가 구원의 역할을 하는 것이기 때문에 진보주의 교육론자들은 선택적이고 의도적인 교육과정을 따라야 한다고 주장한다.

이렇듯 진보주의 교육론과 정통주의 교육론은 각각의 장점과 단점을 가지고 있다. 따라서 이 두 교육론은 상호 보충적인 제 3의 길을 가야한다고 본다.

Ⅳ. 종교교육에서 제 3의 길

진보주의 교육론과 정통주의 교육론은 종교교육의 특성상 진정한 종교교육의 모델이 될 수 없다. 두 교육론을 통합한 제 3의 길이 모색되어야 한다. 제 3의 길은 종교교육의 대상에 따라 교육의 방법을 달리 해야 하며, 교육의 내용에 따라 서로 방법을 달리해야 하는 것이다.

1. 대상의 신앙발달에 따른 교육방법의 적용

교육에서 모든 대상에게 같은 교육과정을 적용할 수 없다. 교육이 이해

19) 건국대학교출판부, 『교육원리』(서울: 재동출판사, 1971), 275쪽.

를 위한 교사와 학생의 커뮤니케이션이라고 할 때, 이해를 위한 커뮤니케이션의 방법이 모든 대상에게 똑같이 적용될 수는 없는 것이다. 즉 어린이에게는 그에 타당한 교육의 방법이 있고, 어른들에게는 그들에게 맞는 교육방법이 있다. 종교교육도 마찬가지다. 초신자나 신앙 경륜이 오래된 자와 똑같은 교육방법이 적용될 수는 없다. 신앙발달 정도에 따라 각각 다른 교육방법이 적용되어야 한다고 본다.

신앙발달을 가장 폭넓게 연구한 학자가 제임스 파울러이다. 파울러는 신앙의 발달단계를 다음과 같이 6단계로 보고 있다.20)

제 1단계 : 직관적/투시적 단계 – 4세에서 8세의 어린이들에게서 볼 수 있는 특성으로 감정이 지배적인 역할을 한다. 이 시기에는 모방에 의하여 신앙을 갖는 단계이고 종교적 상징들을 문자적으로 뜻으로 받아들인다.

제 2단계 : 신화적/문자적 신앙 – 이 단계는 7, 8세 어린이부터 11, 12세 어린이들이 갖는 신앙의 속성으로 주로 공동체에 귀속되어 특정 전승, 언어, 전설들을 배운다. 이 단계에서 초자연적인 것과 자연적인 것을 구분할 줄 알며 추리적 사고가 가능한 시기이다.

제 3단계 : 종합적/관습적 신앙 – 이 단계는 11, 12세에 시작되는 신앙단계이다. 이 단계 아이들의 신앙인식은 관습적이고 순응적인 단계이며 이 때 신앙경험은 영구적이 된다. 이 단계는 가정을 중심한 경험이 사회적 집단 너머로 확장되고 자기가 최고의 권위라고 인식하는 것에 종속시키거나 종합화하려는 경향이 있다.

---

20) James Fowler, *Stage of faith*(New York: Haper & Collins, 1981), pp.119–211.

제 4단계 : 개별화/성찰적 신앙 – 18세 이후에 나타나는 신앙단계이다. 그러나 많은 사람에게 있어서는 30대 중반과 40대에 나타나거나 혹은 일생동안 이 단계를 성취하지 못할 수도 있다. 이 단계에서는 관습적 종합이 붕괴되고 자아와 그가 속한 집단들의 다양한 관습적 기대들 사이의 조화가 결여될 수 있다. 이 단계는 신앙에서 회의하고 갈등할 수 있지만 회의와 갈등 사이에서 평정을 유지하며 자율적 신앙을 정립하려고 한다.

제5단계 : 경험적 신앙 – 보통 중년기에 나타나는 신앙의 특성으로 삶의 모호성 안에서도 기꺼이 살려고 하는 자세를 가지며 다른 사람의 입장에 서서 진실을 이해하고 수용하려고 한다. 신앙은 신앙공동체 안에서 상호적이다.

제 6단계 : 보편화된 신앙 – 이 신앙의 단계는 주체적인 신앙을 하는 단계로 자아가 더 이상 중심 되는 문의처 역할을 하지 않으며 궁극적인 것을 삶의 중심에 놓는다. 초월적 세계는 경험된 실재이며 삶을 사랑하고 변형시키는 존재가 된다.

위 파울러의 신앙발달 단계의 특징을 보면 타율적인 신앙에서 자율적인 신앙단계로 옮겨가고 있음을 볼 수 있다. 타율에 의한 신앙의 이해와 받아들임이 자율에 의한 깨달음과 고백으로 옮겨가는 것이다. 따라서 종교교육의 과정도 신앙발달의 정도에 따라 교사의 개입 정도가 달라져야 한다. 이것은 마치 수영을 배워 나가는 과정과 같다. 수영을 처음 배우는 단계에서 강사의 적극적인 개입이 필요하지만, 물을 다스릴 수 있는 완숙한 수영의 단계에서는 수영을 즐기도록 놓아두어야 한다. 즉 파울러가 말한 신앙의 1단계에서 3단계 과정까지는 모방에 의해서, 아니면 집단의 전승이나 전통에 의해, 그리고 대중적인 인습에 의해 신앙을 배우는 단계이다. 따라서 이 단계에서는 교사가 아이들에게 바른 신앙관과 세계관을 심어주기 위하여 적극 개입을 해야 하며 아이들로부터 이끌어 내는 열린교육보다는 아이들에게 어떻게 바른 내용을 주입시켜 주느냐에 초점을 맞추어야 한다.

물론 아이들의 호기심과 흥미 유발을 무시하고 교사의 일방적 주입을 말하는 것은 아니다. 교사의 의도적이고 구조적인 교육과정을 가지고 아이들을 이끌어 나가는 교육이 되어야 함을 말한다. 이러한 과정을 통해 아이들이 그 종교의 도그마(Dogma)[21]를 받아들이고 전통을 전승하는 교육이 되어야 한다.

파울러의 신앙발달 제 4단계에서 6단계는 주체적이며 성찰적이고, 관계적이고, 고백적 신앙의 단계이다. 즉 자율적 신앙의 단계이다. 자신과 세상에 대해서 책임 있는 생활을 하는 단계의 신앙인에게 '하라', '하지 마라' 등의 율법적인 신앙이 더 이상 필요하지 않다. 이들에게는 스스로 결단하고 행동하도록 도와주는 종교교육과정이 필요하다. 이들에게 주입식 교육보다는 그들에게 있는 잠재력과 역량을 발휘하도록 장을 마련해 주는 일이 필요할 것이다.

2. 종교교육의 내용에 따른 교육방법의 적용

종교교육의 목적은 크게 종파교육, 도덕교육, 정서교육으로 나눌 수 있다. 종파교육은 그 종파의 교리, 전통 등을 교육하는 것을 말하며, 도덕 교

21) 여기서 도그마란 독단이나 독선과 같은 부정적인 개념이 아니고 어떤 종교나 이념, 집단이 자기 집단과 다른 집단을 구분하기 위한 이설(理說)이나 교설(敎說)을 말한다.

육이란 그 종파가 지양하는 가치의 재건을 위한 생활교육이라고 할 수 있다. 그리고 정서교육이란 인격형성을 위해 바람직한 성격형성을 위한 교육을 말한다.

앞장에서 언급한 것처럼 종파교육은 그 특성상 정치적 특성을 가지고 있다. 그 종단의 정체성을 교육하기 위하여 교육 주체자의 의도적이고 계획적인 개입이 필요한 것이다. 한 종교의 교리를 깨닫고 실천해 나가는데 있어 학습자의 주관적 판단과 이해를 위한 교육 방법으로 접근한다는 것은 올바른 방법이라고 할 수 없다.

대부분의 종교가 교리를 가르치는데 문답식(카테키시즘)이나 주문(呪文)의 형식으로 접근하는 것은 교리가 토의나 논의에 의해 받아들일 수 있는 것이 아니기 때문이다. 교리는 주입 되고 주술적인 반복으로 인해 의식화되어진다.

도덕교육은 모범에 의하여, 인간관계 안에서, 참여에 의하여 가능하다. 도덕적 인간이 도덕의 원리나 기준을 암송하는 교육에 의하여 이루어지는 것이 아니다. 사랑이 이론적으로 설명해서 알 수 있는 것이 아니라 만나고 참여하는 것을 통해 깨닫는 것과 마찬가지이다. 인간과 인간 사이에서 이루어지고 맺어지는 교제요, 사귐이 곧 도덕교육의 방법이다.

다음으로 정서교육은 느끼는 것에 의해 가능한 교육이라고 할 수 있다. 자신을 스스로 성찰하거나 다른 사람이나 어떤 그룹으로부터 객관적인 자아를 송환 받고, 자신을 수정하는 교육이 필요할 것이다.

종교교육은 그 특성상 과거의 거짓과 위선된 삶으로부터 이탈해서 새로운 공동체에 재가입하는 과정을 담고 있다. 따라서 종교교육은 이성(理性)에 의한 교육과 감성에 의한 교육이 있어야 한다. 위의 근거에 의해 종교교육에서 교리나 전통에 대한 교육은 강의에 의한 주입식 교육이거나 반복에 의한 교육이 적합한 교육이며, 도덕교육은 만남과 참여에 의한 교육방법이 적합하다. 그리고 인성교육은 열린교육에 의한 것이 적합한 교육 방법이라고 할 수 있다.

V. 맺음말

종교교육에서 진보주의와 정통주의 종교교육이 양자택일의 길을 가게 되면 이 두 교육론의 논쟁은 영원히 평행선의 길을 가게 될 것이다. 따라서 이 두 교육론은 양극화되거나 선택적인 것이 되어서는 안 된다. 한 쪽이 어느 한쪽을 부정한다면 양자 다 손해를 보기 때문이다. 그러므로 이 두 교육론은 상호 보충적인 관계가 되어야 한다.

진보주의 교육론이 주장하는 아동중심이요 경험중심 교육은 정통주의 교육론에서 주장하는 이론과 교리로부터 그의 정당성을 입증 받아야 한다. 그리고 정통주의 교육론은 진보주의 교육의 경험으로부터 이론에 대한 검증을 받아야 한다.

본 논문에서는 진보주의 종교교육론과 정통주의 교육론이 선택적인 것이거나 통합의 길을 가야 한다는 것을 말하는 것이 아니다. 교육의 대상에 따라, 혹은 교육의 내용에 따라 두 교육론이 상호 보충적이고 선별적으로 적용될 수 있다고 보는 것이다. 즉 신앙인의 신앙 성숙도가 높다면 교육자의 개입은 적어질 것이고, 진보주의 교육을 따라야 할 것이다. 그러나 초신자일 경우 교사의 개입이 더 요구되는 정통주의 교육론이 적용되어야 한다. 교육의 내용에 있어서도 교리나 전통을 전수하기 위한 교육에서는 보다 정통주의 교육이 요구될 것이고, 신앙공동체의 활력과 도덕교육을 위해서는 진보적 종교교육의 입장이 요구된다.

본 논문에서 주장하는 제 3의 길은 각 종교기관의 교육론을 일반화시킬 위험성이 있다. 각 종교기관마다 교육목적이 다르고 수행의 방법도 다르다는 사실을 간과할 수 없을 것이다. 따라서 각 종교기관의 특성에 맞는 교육방법으로 접근해야 한다. 그러나 진보주의 종교교육론과 정통주의 종교교육론이 양극화되거나 선택적이 되어서는 안 된다는 사실만은 공통과제가 된다. 이 두 교육론이 상호 보충적인 교육론이 되어야함을 부정하게 될 때 종교교육에서 잃는 것이 더 많다고 하는 사실을 재인식해야 할 것이다.

<참고문헌>

강희천. 『기독교교육 사상사』. 서울: 연세대학교 출판부. 1991.

건국대학교 출판부. 『교육원리』. 서울: 삼화 인쇄, 1971.

안상원. 『신교육사』. 서울: 재동 출판사. 1971.

오인탁 외. 『기독교 교육론』. 서울: 대한기독교 교육협회. 1984.

은준관. 『교육신학』. 서울: 기독교서회. 1978.

한국열린교육여구회 편. 『열린교육의 이해』. 서울: 양서원. 1996.

황용길. 「미국식 열린교육」 『월간조선』, 12월호. 1998.

Coe, George Albert. *A Social Theory of Religious Education.* New York; Charles Scribner Sons. 1922.

Freire, Paulo. *Education for Critical Consciousness.* New York: Continuum. 1973.

__________. *Pedagogy of the Oppressed.* New York: Continuum. 1990.

Fowler, James. *Stage of Faith.* New York: Harper Collins. 1981.

Giddens, Anthony. *The Third Way.* 한상진, 박찬욱 역, 서울: 생각의 나무.

Groome Thoms. *Christian Religious Education.* San Francisco: Haper & Row. 1980.

Smart, James. *The Teaching Ministry of the Church.* Philadelphia: The Westerminster Press. 1954.

Westerhoff III, John. *Will our Children Have Faith?.* New York: The Seabury Press. 1976.

제4장
포스트모던시대의 통합종교교육

Ⅰ. 머리말

인간이 사물과 현상을 어떻게 인식하는가 하는 문제는 곧 어떻게 배우는가의 문제이다. 인간이 무엇을 배운다는 것은 깨닫고 안다는 것을 의미하는데, 깨닫고 아는 방식을 알아야 어떻게 교육할 것인가에 대한 대답을 얻을 수 있다. 사람들의 인식 방식이 곧 교육의 방법을 지시하는 것이다. 이처럼 인식론과 교육방법은 불가분의 관계를 가지고 있다.

사람들의 인식 방식은 시대에 따라 차이를 보인다. 근대주의 인식론을 뒷받침 해주는 사상은 이성주의와 과학주의이다. 따라서 근대주의 인식론은 어떤 대상에 대하여 객관적이고 과학적 합리성을 가지고 관찰할 수 있다고 보았다. 객관적 실체가 진리의 기준이 될 수 있고 진리는 이성에 의해 합리적이고 객관적인 설명이 가능하다고 보았기 때문이다.

근대적 인식론에 의하면 인식의 주체자와 인식하고자 하는 대상을 분리하여 객관적 인식이 가능하다고 보았다. 근대주의 인식론을 바탕으로 한 근대주의 교육에서 교사는 학생들에게 그들이 객관적 지식을 전달할 수 있다고 본다. 이러한 근대주의 교육 방식을 주지주의(主知主義)교육, 혹은 교사중심 교육이라고 말한다.

포스트모던 시대의 인식론을 한마디로 말하기 어렵지만, 포스트모던 시대의 인식론에 영향을 끼친 이념은 상대주의, 다원주의, 해체와 탈중심화라고 할 수 있다. 이러한 이념들의 등장으로 절대주의 인식론에서 상대주의 인식론, 일원론 인식론에서 다원주의 인식론, 주체성의 인식론에서 탈중심화 인식론으로의 전환을 가져왔다.

포스트모던 시대 인식론의 도전으로 기존의 교육방식은 흔들리게 되었다. 오늘날 탈정경화, 탈학교화 등의 현상도 포스트모던 인식론의 확산에서 비롯되었다고 할 수 있다. 포스트모던 사고의 등장으로 학교교육의 목적과 과정에 대해 재검토해 볼 필요성이 대두된 것이다. 학교-교수형의 모델을 따라왔던 교회의 종교교육도 마찬가지다. 포스트모던의 사고는 종교교육의 목적에서 과정까지 재검토를 요구하도록 만들었다.

Ⅱ. 포스트모던 시대 종교교육의 과제

현대인들은 자신도 감지하지 못하는 사이에 포스트모더니즘의 영향을 받아 생각하고 행동한다. 포스트모더니즘은 신앙인들의 삶에도 큰 영향을 미쳤다. 교회의 권위에 대한 인식의 변화, 젊은이들의 신앙에 대한 무

관심, 개인주의화 되어가는 신앙풍토 등이 포스트모던 사고의 영향 때문이라고 할 수 있다. 이러한 교회의 상황에서 종교교육에 대한 목적과 방향도 재검토해야 할 시점에 도달한 것이다.

포스트모더니즘(postmodernism)을 우리말로 번역하면 '후기 근대주의', 혹은 '탈근대주의'가 된다. 모더니즘을 특징짓는 말은 '이성주의'이다. 따라서 포스트모더니즘을 후기근대주의로 번역한다면 이성주의와 연속성을 가지면서 발전시키자는 의미가 내포되어 있고, 탈근대주의로 번역한다면 이성주의로부터의 단절과 극복의 의미를 내포하게 된다.[1)]

포스트모더니즘을 후기근대주의로 보느냐, 탈근대주의로 보느냐에 따라 종교교육에 대한 방향도 달라진다. 포스트모더니즘을 후기 근대주의로 이해한다면, 종교교육은 이성주의를 배제하지 않고 이를 수용하여 포스트모더니즘에 접목시키는 방향으로 나가게 될 것이다. 반면에 포스트모더니즘을 탈근대주의로 번역한다면 종교교육은 이성주의를 극복하고 새로운 방향설정을 해야 할 것이다.

포스트모더니즘의 도래는 통일교의 종교교육에도 하나의 도전이라고 할 수 있다. 지금까지 통일교의 종교교육도 이성주의에 기반을 두고 있기 때문이다. 통일교의 종교교육은 주로 원리강의를 중심으로 논리적으로 설명하고, 원리를 주입하는 강의 형태의 교육이었다. 『원리강론』의 내용도 이성에 근거하여 과학적이고 논리적으로 전개하였을 뿐만 아니라, 원리강의를 하는 강사들도 이성과 논리로 설명하는 전달방식을 사용하고 있다.

---

1) 고용수, 「공동체 중심의 교육목회」, 고용수 외, 『포스트모던시대의 기독교교육』(서울: 장로회신학대학교기독교교육연구원, 2006). 11-12쪽.

탈근대주의의 도래는 우리 통일교 종교교육의 반성과 발전의 기회라고 할 수 있다. 지금까지의 지식중심과 교사중심의 교육을 극복할 수 있는 기회이며, 이성주의에 기초한 주입식 교육을 극복할 수 있는 기회다. 편향된 이성(理性) 중심 교육에서 감성과 영성을 중심한 교육이 강화되어야 한다.

통일교 종교교육의 방향은 후기근대주의 입장을 취해야 할 것이다. 이성주의에 기초한 과학정신과 합리성의 교육과, 포스트모던 정신인 다원주의와 주관주의를 완전히 배제할 수 없다. 통일교의 종교교육은 통합종교교육이 되어야 한다. 전자와 후자 각각의 장점과 가능성을 통전하고 통합한 종교교육이 되어야 한다.

통합종교교육이라 함은 전근대, 근대, 탈근대의 정신을 다 아우르는 교육을 지향하는 입장이다. 전근대의 절대주의, 근대의 이성주의, 탈근대의 다원주의를 모두 아우르는 교육을 지향하자는 것이다. 이 3시대의 시대정신을 비판과 수용의 관점에서 받아들이고 종교교육의 방향을 설정하는 것이 통합교육의 관점이다.

포스트모던 시대 종교교육의 문제점은 무엇보다도 사람들의 사고는 포트스모더니즘을 지향하고 있는데 교육의 방법은 모더니즘에 머무르고 있다는 점이다. 즉 사람들의 의식수준의 변화와 발달을 종교교육이 따라가지 못하고 있다. 사람들의 의식수준과 문화는 급속한 변화와 발달을 하고 있는데, 종교교육의 방식은 전근대적이고 근대적인 교육의 방식에 머물러 있다.

라이머(Everett Reimer)가 '학교는 죽었다'고 선언한 것처럼 오늘의 학교교육이 정상이 아니다.2) 학생들은 학교에 가지만 학업에 관심과 흥미를 잃고 있고, 학교교육은 사교육에 밀려 영향력을 잃고 있다. 학생들이 상급학교 입시를 위한 사교육에 집중하다보니 사교육이 주류가 되고 학교교육은 오히려 보충교육이 되고 있다. 이러한 학교교육의 상황에서 학교의 무용론이 나오고 대안학교가 출현하게 되었다.

학교교육이 이러한 상황이 된 것은 근대주의의 사고의 영향을 받아 획일화되고 일방적인 지식전달의 교육이었기 때문이다. 학생들은 멀티미디어의 영향을 받아 다양성과 흥미를 추구하고 있는데 학교교육은 획일적이고 일방적인 교육방식에 머물고 있으니 학업에 대한 흥미 상실은 당연한 결과라고 할 수 있다.

종교교육의 상황도 학교교육의 그것과 큰 차이가 없다. 오늘날 젊은이들이 교회를 등지는 이유는 학생들이 학업에 흥미를 상실한 이유와 같다. 오늘날 종교교육도 전근대, 근대주의 방식에 머물러 있기 때문이다. 즉 교회교육이 "학교-교수형(Schooling-Instruction Paradigm)"[3]의 교육 모델을 따르고 있기 때문에 학생들은 교회의 종교교육에 흥미를 잃고 있는 것이다.

이러한 종교교육의 일반적 상황에서도 서울의 온누리 교회, 삼일교회, 사랑의 교회 등에는 많은 젊은이들이 열성적으로 모이고 있다. 이들 교회가 청소년들을 교회로 불러들이고 있는 이유는 그들의 의식수준에 맞는 문화를 접목한 예배와 종교교육을 실시하고 있기 때문이다. 즉 멀티미디어를 사용한 예배와 종교교육을 실시하므로 학생들의 다양성과 흥미를

2) Evertt Reimer, *School is Dead*, 김석원 역, 『학교는 죽었다』(서울: 한마당, 1982)
3) John Westerhoff III, *Will Our Children Have Faith?*(New York: Sebury Press, 1976), p.6.

추구하는 욕구를 충족시켜주기 때문이다.

Ⅲ. 포스트모던 인식론과 종교교육

1. 인식론과 종교교육

'인식이란 사물을 분별하고 판단하여 아는 일'이다. 그러므로 인식은 교육적 행위 그 자체라고 할 수 있다. 교육은 사물과 현상을 올바로 인식하는 행위이기 때문이다. "교육은 인식을 매개로 하여 이루어지며, 인식의 방식은 바로 교육의 방식과 분리될 수가 없다."[4]

근대주의는 이성에 의한 인식을 근본으로 한 합리주의와 과학주의 인식의 시대였다. 따라서 근대주의 인식론에서는 어떤 사물과 현상을 객관적으로 인식할 수 있다고 보았다. 즉 인간이 인식의 주체가 되어 사물과 현상에서 객관적으로 진리를 규정할 수 있다고 믿었다. 이러한 근대주의 인식론을 바탕으로 교사중심 교육, 주지주의 교육, 논리실증주의 교육을 특징으로 하는 근대주의 교육철학과 교육방식이 자리 잡게 되었다.

포스트모더니즘의 등장으로 새로운 인식론과 그에 따른 새로운 교육방식이 나오지 않을 수 없게 되었다. 포스트모더니즘의 특징을 한마디로 규정하기는 어렵지만 일반적으로 상대주의, 다원주의라고 말한다. 사물과 현상에 대한 상대주의, 다원주의적 접근은 인식의 대전환을 가져왔다. 사

4) 박상진, 「포스트모던 인식론과 기독교교육」, 고용수 외, 『포스트모던시대의 기독교교육』, 앞의 책 192쪽.

람들은 사물과 현상을 하나의 객관적 사실로 이해하지 않는다. 다양한 방법의 해석이 있을 수 있고, 인식자의 주관에 의하여 여러 형태의 해석이 나올 수 있다고 믿는다.

이러한 인식론의 전환은 교육에 대한 새로운 방법을 모색하지 않을 수 없게 만들었다. 포스트모던 인식론은 사물과 현상을 한 가지 방법으로 조망하지 않는다. 여러 차원에서 사물과 현상을 조망한다. 따라서 포스트모던 시대의 교육방법을 하나로 규정할 수는 없다. 다만 지금까지 근대주의 시대의 일방적 인식에 바탕을 둔 교육에서 다원주의적이고 상대주의적 인식에 바탕을 둔 교육방법을 모색해야 할 것이다.

종교교육론에서 근대주의를 전적으로 부정하고 포스트모던 인식에 의한 새로운 교육론을 주장한다는 것은 불가능하다. 그것은 종교교육의 특성상 객관적 사실을 추구하게 되어있고 사물과 현상 속에서 진리를 발견하려는 것을 목적으로 삼고 있기 때문이다. 따라서 종교교육은 모더니즘과 포스트모더니즘을 아우르는 통합교육의 방법을 모색해야 한다. 모더니즘 사고의 터전인 이성과 합리성에 의한 종교적 지식과 포스트모더니즘에서 강조하는 다양성과 주관성을 아우르는 통합종교교육의 길을 모색해야 한다.

2. 멀티미디어 인식론과 종교교육

인간은 사물과 현상을 보고 깨닫는 과정에서 앎, 즉 인식이 이루어진다. 스스로 보고 깨닫는 과정에서 앎이 있고, 다른 사람과의 만남을 통해서 앎이 있다. 사물과 현상을 보고 아는 것이나, 사람과의 만남에서 알게 되는 모든 것을 인간의 커뮤니케이션이라고 할 수 있다. 커뮤니케이션은 감각기관을 통해 인식의 작용이 일어나는 것을 말한다.

인간의 커뮤니케이션 발달은 문자 이전의 시대, 문자의 시대, 문자 이후의 시대로 나눌 수 있다. 문자 이전의 시대는 주로 구두 커뮤니케이션 시대이고, 문자가 나오면서 언어와 문자에 의한 커뮤니케이션이 이루어지는 시대이며, 전자미디어가 등장하면서 문자, 언어, 영상 등 멀티미디어 커뮤니케이션의 시대가 도래 하였다.

커뮤니케이션 형태의 변화는 사람들의 인식 방식에 변화를 가져왔다. 이것이 감각기관 사용의 변화를 가져왔기 때문이다. 즉 말 중심의 커뮤니케이션 시대에는 사람이 대면하여 커뮤니케이션이 이루어졌기 때문에 시각, 청각, 촉각 등의 멀티커뮤니케이션이 이루어졌다. 그러나 문자 커뮤니케이션의 시대는 시각에 의하며 커뮤니케이션이 이루어지기 때문에 대면적(對面的) 커뮤니케이션의 기회가 줄어들었다. 문자 커뮤니케이션에서는 일방적 커뮤니케이션이 일어난다고 할 수 있다.[5]

멀티미디어의 도래로 시각 단일형의 커뮤니케이션으로부터 시각, 청각, 촉각 등 모든 감각기관을 통한 멀티커뮤니케이션이 이루어지게 되었다. 따라서 사람들의 인식 방식에도 과학적이고 논리적 설명에 의한 것에서 다양한 감각기관에 의한 동시적인 인식이 가능하게 되었다.

문자 및 인쇄 커뮤니케이션의 시대에는 그 특성상 논리적인 설명 방식을 통해 전달을 하였다면, 멀티미디어 시대는 이성에 의한 설명보다는 인간의 오감을 통해 느끼도록 하고 시각적으로 보여주는 시대다. 개념이나 명제를 설명하는 방식에서 영상, 이야기, 음악 등을 통해서 청중의 상상

5) 박상진, 위의 책, 201쪽.

력과 이미지를 통해 느끼고 이해하는 방식으로 변화되었다.

지금까지 종교교육에서 언어를 통한 전달에 지나치게 의존해 왔다. 이것은 인간은 본래부터 '이성적 동물'이라는 이해에서 비롯되었다고 할 수 있다. 그러나 인간은 합리적 명제를 암기하여 알기 보다는 사물과 현상에 대한 상상과 이미지를 통하여 알게 된다. 따라서 종교교육은 상상력과 이미지를 발현하는 멀티미디어 교육을 적극적으로 수용해야 한다.

Ⅳ. 포스트모던 시대 종교교육의 방향

1. 연역적 이해와 귀납적 이해

지금까지 학교나 교회에서 지식이나 진리를 교육한다는 것은 연역적 설명에 의한 지식과 진리를 이해시키는 것이었다. 연역적 방식은 체계적이고 논리적으로 설명하는 것이기 때문에 어떤 주제나 교리에 대해서 명료하게 설명할 수 있다는 나름대로의 장점을 가지고 있다. 그러나 멀티미디어의 인식에 익숙한 현대인들은 일방적이고 딱딱한 설명에 집중하려고 하지 않는다.

연역적 설명 방식은 교육자가 획득한 지식을 학생에게 일방적으로 전달하고, 학생은 수동적으로 받아들이는 것이기 때문에 학생의 인식방식을 고려하지 않고 지식을 전달하는 방식이다. 프레이가 말한 '은행저축식 교육'으로 교사는 알고 학생은 모른다는 전제 아래 교사의 지식을 학생의 머릿속에 주입시키는 교육이다.[6)]

멀티미디어 인식론은 귀납적 방식에 의한 인식이다. 멀티미디어에 의해 다양한 사실과 사건을 보고, 듣고, 느끼면서 지식이나 진리를 깨닫게 된다. 사람들의 지각구조가 멀티미디어를 통한 감성과 느낌으로 이해하는 것으로 변하고 있다. 따라서 교육의 방식이 연역적인 것보다 귀납적인 접근이거나 연역적 접근과 귀납적 접근의 통합적 교육방식이 요구된다.

연역적 방식은 교사가 내린 결론을 학생들이 수동적으로 받아들이는 방식이지만, 귀납적 교육방식은 교육과정에 학생이 참여하여 같이 결론을 도출해 내는 것이다. 즉 교육의 과정에서 교사와 학생이 대화를 통해 같이 결론을 만들어 내는 방식이다. 연역적 방식의 교육은 일방적이고 권위주의적인 교육방식인 반면 귀납적 방식은 쌍방통행이며 민주적인 교육방식이라 할 수 있다.

귀납적 교육방식은 학생이 참여하고 대화하며 배우는 방식이다. 연역적 방식에서는 학생이 교육과정에서 소외된다. 주로 듣는 과정으로 교육이 이루어지기 때문에 학생의 이해 여부와 관계없이 교사는 계속 말하고 학생은 듣는다. 학생의 지식 정도는 얼마나 암기를 했는가의 여부를 묻는 시험을 통해서 알 수 있다. 그러나 귀납적 방식은 학생 자신이 묻고 대답하는 과정에서 이해와 깨달음이 일어난다.

연역적 설명 방식은 학생의 관심과 흥미를 중요시하지 않는다. 암기하여 지식의 양을 쌓게 하기 위해서는 학생의 집중력과 인내심이 있어야 한다. 멀티미디어를 통해 재미있게 보고 듣는 것에 익숙한 학생들에게 전통적 학교-교수형의 교육방식은 수동적이고 의무적으로 수업에 임할 수밖

---

6) Paulo Freire, *Pedagogy of the Oppressed*, Trans. by Myra Bergman Ramos(New York: Continuum, 1990), p.58.

에 없게 만든다. 그러나 종교교육의 목적이 진리를 깨닫고 실천하도록 하는데 있다면 학생들의 흥미에만 그 목적을 둘 수는 없다. 교육과정은 교사가 획득한 지식과 경험이 학생들의 지적 호기심과 만나는 장이다. 따라서 교수-학습의 과정은 의미와 흥미가 조화를 이루는 것이 되어야 한다.[7] 이러한 의미와 흥미가 조화를 이루는 교육은 연역적 방식과 귀납적 접근의 통합적 방식에 의해 가능할 것이다.

2. 이성과 감성에 의한 이해

인간이 무엇을 배운다는 것은 그가 가지고 있는 이미지를 새로운 이미지로 대체하거나 지금까지 가지고 있던 이미지를 강화하는 것을 말한다. 인간이 새로운 지식을 접하게 될 때 새로운 이미지를 형성하거나 기존의 이미지를 수정하는 것이 인식의 과정이 된다. 따라서 어떤 내용을 어떻게 전달하는가에 따라 사람들의 인식이 달라진다.

문자시대 이전에 살던 사람들은 사물이나 현상을 이해할 때 어떤 개념을 형성해서 이해하지 않고 이미지를 통해 이해하였다. 문자가 나오기 이전에 사람들은 그림을 통해서 의사를 전달하였고, 이 그림을 통한 전달이 상형문자가 되었다. 이처럼 본래 사람들의 지각구조는 이미지를 통하여 생각하고 기억하는 구조로 되어 있다.

인간이 무엇을 상상한다는 것은 새로운 이미지를 만드는 것을 말한다. 상상은 인간의 인식의 폭을 넓히는 역할을 한다. 이런 면에서 폴 리꾀르

7) 권택조, 「포스트모던 시대의 학교발전을 위한 새 학습모델」, 고태형 외, 『21세기 기독교교육의 과제와 전망』(서울: 예영커뮤니케이션, 2002), 339쪽.

(Paul Require)는 상상력을 구속적(救贖的)이라고 하였다.[8] 상상력은 인간을 변화시키는 힘을 가지고 있다는 것이다. 인간에게 상상력이 없다면 종교교육은 불가능할지도 모른다. 인간은 상상력을 통해서 초월적인 세계를 이해하고, 말씀을 이해하고, 미래 세계를 예측하기 때문이다.

계몽주의 이후 인간은 합리성과 과학적 사고에 의하여 사물과 현상을 분석하여 이해하는 경향이 생겼다. 즉 가르치고 배우는 행위가 논리와 합리적 설명에 의해 이루어졌다. 사물과 현상을 이해시키는데 분석과 해석에 의한 설명으로 이루어지고 학습자는 그러한 방법을 통해 인식을 하게 되었다.

그러나 멀티미디어 시대가 열리면서 사람들의 인식 방식에도 큰 변화를 가져왔다. 문자 활자 시대의 시각 단일형 커뮤니케이션 시대가 복수 감각형 시대로 전환되었고, 단선적 논리만을 추구하던 방식에서 감각과 감성, 상상의 방식으로 커뮤니케이션이 이루어지는 시대가 되었다. 교육에서 활자와 문자 커뮤니케이션의 시대는 개념 설명에 의한 이해가 중요하였지만, 멀티미디어 시대는 이미지에 의한 이해가 더 중요한 자리를 차지한다.

멀티미디어 시대와 함께 영상매체가 발달하면서 지금까지 학교-교수형의 종교교육의 방법도 도전을 받게 되었다. 영상매체에 익숙한 학생들에게 종교교육에서 전통적으로 사용하였던 명제 설명식 교육방법은 그들로 하여금 종교교육에 흥미를 잃고 교회를 멀리하게 만들었다. 멀티미디어 문화에 익숙한 젊은이들은 종교적 진리를 명제 설명식 방법으로 이해

---

8) Maria Harris, *Teaching & Religious Imagination*(San Francisco: Haper & Row, 1987), p.3에서 재인용.

하지 않고 이미지, 메타포, 일러스트레이터 등 회화적인 이미지로 이해하기 때문이다. 요즈음 많은 젊은이들을 교회에 불러들이고 있는 대부분의 교회들은 멀티미디어 문화를 예배와 교회교육에 접목시키고 있다.

멀티미디어 시대가 왔다고 하여 종교교육에서 언어에 의한 커뮤니케이션을 배재할 수는 없을 것이다. 종교교육에서 언어의 사용은 예나 지금이나 중요한 자리를 차지하고 있다. 다만 언어에 의한 커뮤니케이션에서 개념적 언어보다는 회화적인 언어를 사용하여 청중으로 하여금 이미지를 그리며 이해하고 깨닫도록 해야 할 것이다. 이 때 멀티미디어의 사용은 개념 언어를 이미지 언어로 바꾸어 주는 도구의 역할을 하게 될 것이다.

3. '들어라' 에서 대화를 통한 이해

지금까지의 종교교육은 대부분 학교-교수형을 따르는 것으로 교리나 종교적 지식을 교사가 일방적으로 주입하는 방식이었다. 교사는 알고 학생들이 모른다는 전제 아래 '들어라'는 방식으로 지식과 교리를 전달하는 역할을 하였다. 이 때 학생이 배운다는 것은 지식과 교리를 얼마나 잘 암기하는가를 의미한다.

포스트모던 사고 즉 다원주의, 상대주의, 감각주의 사고를 가진 현대인은 필연적으로 개인주의적이고 주관주의적 사고를 갖는다. 포스트모던 사고를 가진 사람들은 일방적으로 지식을 수용하지 않고 '왜'라는 물음을 통해 이 지식이 나에게 어떤 의미를 갖는가를 중요시한다. 따라서 학생들은 수동적으로 지식을 받아 암기하지 않고, 참여와 대화를 통해 지식을 화육(化肉)하려고 한다.

포스트모던 인식론 연구의 영향력 있는 학자 폴라니(Michael Polanyi)는 그의 저서 『인격적 지식론』에서 지식의 객관주의적 관점을 인격적이고 참여적인 관점으로 이해해야 한다고 말한다. 즉 지식의 전달자인 교사와 수용자인 학생은 상호참여적인 관계가 되어야 한다는 것이다. 그는 "상호참여 속에 앎은 존재로 확장되고 확장된 존재는 상호 헌신과 이해 안에서 성숙함으로 상대의 삶 속에 깊이 온전하게 참여한다."[9]고 하였다.

셰릴(Lewis Joseph Sherrill)은 "종교교육은 인간관계 안에서 심각한 변화가 일어나도록 지도하고 또 직접 참여하게 하는 기독교 공동체 회원들의 시도"[10]라고 하였다. 폴라니와 셰릴의 주장처럼 종교교육의 방법은 관계와 참여에 의하여 이루어지는 교육이 되어야 한다. 그리고 이 관계와 참여 안에서 대화를 통한 커뮤니케이션이 일어나는 것이 종교교육이다.

종교교육에서의 대화는 단지 어떤 주제를 진술하고 이해하는 과정이 아니다. 대화는 인격적 만남을 위해서 필요하다. 대화는 하나님과 인간, 인간과 인간의 만남, 인간과 세계의 만남을 가능하게 해주고 이 만남 안에서 지식과 진리를 배운다. 이런 의미에서 종교교육은 참여와 커뮤니케이션의 과정이라고 말 할 수 있다.

그러나 현장의 종교교육은 대화적이라기보다는 교사의 권위에 의하여 지배되는 교육이라고 할 수 있다. 교사의 절대적 진리, 전통, 교회의 권위를 통한 교육은 지식을 학생의 머리에 주입하여 암기하게 하고 잘 순응하게 하는 교육이다. 이러한 교육에서는 학생들이 단편적이고 편중된 사고

9) Michael Polanyi, *Personal Knowledge*(Chicago: The University of Chicago, 1974), pp.95-96.

10) Lewis Joseph Sherril, *The Gift of Power*(New York: The Macmillan Company, 1963), p.82.

를 갖게 한다.

흔히 종교교육에서는 학생들로부터 교사의 가르침에 대하여 '예'라는 대답만 나오길 바란다. '예'라는 대답만 있는 교육은 학생들 사고의 폭을 제한 한다. 학생 자신이 참여하고 대화를 통하여 지식을 받아드릴 때 '아니요'라는 대답도 할 수 있게 되고 이 '아니요'라는 대답에서 확장된 사고를 갖게 된다.[11]

교육은 학생에게 지식을 넣어주고 이끌어내는 것에 의하여 이루어진다. 이끌어내는 행위는 학생들이 스스로 깨닫게 하며 알고 싶은 욕구를 불러일으킨다. 반면에 넣어주는 것은 교사가 알고 있는 지식을 학생들에게 주입하는 것이다. 물론 학생들의 성장을 위해서 넣어주는 교육을 부정할 수 없다. 하지만 지금까지 넣어주는 교육으로 편향되었던 교육에서 이끌어내는 교육을 시도해야 한다. 이끌어내는 교육을 위해 참여와 대화의 교육이 필요하다고 할 수 있다.

Ⅴ. 맺음말

우리는 지금까지 현대 교육을 논할 때 근대주의 이념에 바탕을 둔 지식중심적이고, 학교 중심적인 교육에 대하여 비판해 왔다. 즉 인간의 이성에 바탕을 둔 합리적이고 과학적 설명방식에서 벗어나야 할 것을 강변해 왔다. 마찬가지로 종교교육을 비판하면서 학교-교수형의 교육을 따라서

11) Reuel L. Howe, The "Dialogical Foundation for Christian Education", Marvin Taylor ed. *Christian Education*(Nashville: Abingdon, 1980), p.92.

는 안 된다고 주장하였다.

이렇듯 학교-교수형의 종교교육을 비판하게 된 근거는 현대인들의 인식 구조가 이성에 의한 논리적이고 합리적인 설명보다 다양성과 주관성에 바탕을 둔 것이기 때문이다. 즉 포스트모던 사고를 가진 현대인들에게 근대적 인식론의 방식으로 접근한다면 학생들은 쉽게 이해하지 못할 것이다.

포스트모던 인식론에 익숙한 현대인들은 사물과 현상을 이해할 때 다원주의, 상대주의, 주관주의적 인식과 해석을 한다. 즉 멀티미디어에 길들여진 현대인들의 지각구조는 멀티감각형의 인식론적이다. 근대의 청각이나 시각에 의한 단선적 인식에서 시각, 청각, 촉각 등 통합적인 감각의 형태로 인식을 한다.

종교교육이 진리의 이해와 믿음을 위한 교육이라면 연역적 방법과 귀납적 방법, 이성과 감성, 의미와 흥미를 아우르는 통합교육이 되어야 한다. 그것은 사람들의 연령, 배움의 배경, 삶의 배경이 달라 사물과 현상을 이해하는 방식에도 차이가 있기 때문이다. 따라서 종교교육은 이성과 감성, 그리고 영성의 통합에 의한 커뮤니케이션이 되어야 한다.

포스트모던 시대의 종교교육은 전근대, 근대, 탈근대의 3시대의 이념을 아우르는 통합교육이 되어야 한다. 전근대의 절대주의 이념과 근대의 이성주의 이념, 탈근대의 다원주의 이념을 통합한 교육이념으로 통합종교교육이 이루어져야 한다. 즉 멀티미디어 인식론을 가진 현대인들에게 멀티감각을 통한 이해와 믿음을 갖게 하는 통합종교교육이 되어야 한다.

<참고문헌>

장로회신학대학교기독교교육연구원 편, 『포스트모던 시대의 기독교교육』, 서울: 장로회신 학대학교 기독교교육연구원, 2006.

정웅섭, 『기독교교육 개설』, 서울: 대한기독교교육협회, 1982.

Freire, Paulo. *Pedagogy of the Oppressed,* Trans. by Myra Bergman Ramos, New York: Continuum, 1990, p.58.

Harris, Maria. *Teaching & Religious Imagination*, San Francisco: Haper & Row, 1987.

Michael, Polanyi. *Personal Knowledge*, Chicago: The university of Chicago, 1974.

Sherrill, Lewis. *Gift of Power,* New York: The Macmillan Company, 1963.

Taylor, Marvin. ed., *Christian Education*, Nashville: Abingdon, 1980.

Westerhoff Ⅲ, John, *Will Our Children Have Faith?*, New York: Oxford University Press Inc., 1976.

이재영, 「포스트모던 시대의 종교적 메시지 전달에 관한 연구」, 『종교교육학연구』, 제25권, 서울: 한국종교교육학회, 2008.

제5장

종교교육과정[1]으로서의 종교의식(宗敎儀式)

Ⅰ. 머리말

현대는 정보화 시대, 자동화 시대, 대량생산과 소비의 시대라고 할 수 있다. 과학적 진보와 대량생산에 의해서 인간이 편리하고 안락한 삶을 영위하게 된 것은 부정할 수 없는 사실이다. 그러나 이러한 현대문명의 근저(根柢)에는 비인간화의 사상과 실상이 바탕이 되고 있다. 개발이라는 미명 아래 삶의 터전인 환경은 파괴되어 가고, 인간은 소유를 위한 수단으로 전락하여 존엄성이 추락되고 말았다.

이러한 비인간화를 주도하는 사상을 물신주의(物神主義)라고 한다. 물질이 인간의 모든 욕구를 실현 시켜준다는 유혹에 의해 인간은 주체성을

1) 教育過程(education process))이란 教育課程(curriculum)보다 상위 개념으로 교육의 구조(이념, 이론)를 전개하는 과정(process)을 말한다.

상실하고 물신에 조종 받는 노예로 전락한 것이다. 물신의 더 많은 보호와 혜택을 받기 위해 사람을 물질을 위한 수단이나 경쟁자로 대하고 있다. 여기에 텔레비전, 신문, 컴퓨터 등의 대중 매체는 물신의 충실한 포교사가 되어 인간을 물신 앞에 굴복하게 만든다.

물론 이러한 비인간화 현상은 인간 각자에게 책임이 있다. 인간 각자의 의지로 물질에 조종되지 않고 이를 다스리는 것도 인간의 책임이요, 물신의 굴레로부터 벗어나 자유인이 되는 것도 인간의 책임이다. 그러나 물신의 굴레를 벗어나 물질로부터 자유인이 되고 물질에 대해 인간의 주체성을 확립하기에는 물신의 힘은 너무 강하고 너무 매혹적이다. 사회의 구조가 견고한 물신의 조직과 관리체제로 되어있어 인간이 이 굴레를 벗어나기에는 심한 면역결핍증에 걸려있는 것이다.

오늘날의 이 물신의 지배로부터 인간을 구원해야 할 사회기관이 학교요, 종교다. 그러나 학교와 종교가 과연 인간을 물신의 지배로부터 구원할 수 있는 실천력을 가지고 있는가? 오늘의 학교와 종교는 오히려 물신주의 편승해서 물신에 대한 신념만을 더 강화해주는 비인간화의 현장이라는 비판을 받고 있다.

먼저 학교교육을 보자. 학교교육은 외적으로는 인격함양이라는 교육목표를 표방하고 있지만 그것은 한낱 구호에 불과할 뿐이고, 물신이 지배하는 사회에서 살아남는 경쟁의 원리만을 가르쳐주고 있다. 인간의 존엄성과 더불어 사는 법을 가르쳐야 할 중·고등학교는 입시를 위한 학원으로, 사회의 참다운 지도자를 교육하여야 할 대학은 기술인을 만들어 내는 기술 양성소로 전락하였다.

그렇다면 오늘의 종교는 어떠한가? 많은 종교가 사회구원을 외면한 체

물신주의에 편승해서 개인의 물질적 욕구를 충족시켜 주기 위해 기도를 대행해 주는 종교, 물질을 헌납하는 것이 구원의 길이라고 가르치며 면죄부를 파는 종교도 있다.

인간이 죄의 가능성을 가지고 있기에 종교가 존재하게 되었고, 종교는 죄로 인해 비인간화된 인간의 구원을 목표로 하고 있다. 각 종교는 이를 위한 처방으로 사랑, 자비, 인을 제시하고 있다. 사랑, 자비, 인의 개념은 관계의 경험에 의해 것으로 더불어 살 때에만 인식되는 개념이다. 그러나 건전하지 못한 종교는 개인주의와 기복주의 신앙을 위주로 사람들을 이끌어 가고 있다.

사랑과 자비, 인을 가르치고 깨닫게 하고, 실천하게 하는 방식으로 종교는 저마다의 종교의식을 가지고 있다. 종교의식을 통해 그들의 종교적 주제들을 표현하고 삶의 방식을 가르쳐 준다. 따라서 종교의식은 종교교육의 중요한 교육적 국면이 된다. 본 연구는 종교의식의 교육적 의미를 재인식하고 종교의식이 종교적 인간화를 위해서 어떤 교육적 기능을 하는가에 대한 것이다.

Ⅱ. 종교교육의 문제와 종교의식의 재인식

1. 학교형 교수-학습형 패러다임을 따르는 종교교육의 문제

오늘날 학교교육은 점점 인간화를 위한 교육과는 거리가 먼 교육이 되어가고 있다. 학교교육은 참다운 인간성 형성을 위한 교육이라기보다는 사회적 지위 향상의 수단으로, 불평등한 현실을 객관화 시켜주는 교육으로 전락하였다[2]. 참다운 지식인을 기르기보다는 지식의 양을 중시하고, 인간성의 성숙보다는 업적과 능률을 중시하는 교육을 하고 있다.

종교교육 역시 대부분 학교형 교수–학습의 패러다임을 따르고 있다.[3] 학교형 교수–학습의 패러다임을 따르는 것이 오늘날 종교교육의 위기를 가져온 가장 큰 요인이 된다. 종교교육자들은 별다른 반성 없이 학교 교수–학습을 종교교육의 패러다임으로 삼고 있는 것이다.

대부분의 종교교육은 교리를 주입시키고 그 종파의 충실한 교인을 만드는 것이 목표다. 교육의 방법에서도 학교교육과 마찬가지로 교사중심의 교육이요, 주입식 교육 방법을 따르고 있다. 이러한 교육의 방법은 대부분 인간의 이성에 호소하는 교사의 말에 의한 교육 이다.

종교교육이란 어떤 종교 기관이 교인들에게 참인간성을 형성하게 하기 위하여 그들의 생활방식을 이해하고, 받아들이고, 행동하게 하는 과정이다. 학교교육은 지식을 이해하고 머리에 저장하는 것으로 그 교육의 목적을 이루었다고 할 수 있으나, 종교교육은 이해하고 저장하는 과정으로 끝나는 것이 아니다. 이해하고, 믿으며, 결단하고, 행동하게 하는 과정이다. 따라서 종교교육의 방법은 학교형 교수–학습의 과정처럼 교사는 가르치는 기계요. 학생은 배우는 기계로 만나서는 안 된다. 교사는 학생으로 하여금 진리를 받아들이고, 결단하고, 행동하게 하는 안내자요, 모범자가

---

2) 이와같은 학교교육에 대한 부정적 견해는 『탈학교 사회』를 쓴 일리치(Ivan Illich), 『학교는 죽었다』를 쓴 라이머(Everett Reimer)의 교육사상에 나타나 있다.

3) John Westerhoff Ⅲ, *Will our children have faith?*(New York: The Seabury Press, 1976), p.6.

되어야 한다. 이을 위해서 종교교육은 참여와 만남, 그리고 대화를 통해서 이루어져야 한다.

종교적 진리란 어떤 명제로 나타나거나, 서술된 문장이거나, 객관화된 추상이 아니라 구체적인 삶에 참여하는 데서 이해되고 수용되는 실재이다. 따라서 진리는 설명되는 것이 아니라 삶의 문제와 만나서 진실하게 대화할 때 깨닫게 되는 것이다.

종교교육에서 다루는 주요 주제는 신, 사후의 세계, 극락, 천국 등 초월적인 것들이다. 유한성을 가진 실존의 인간으로서 논리적인 설명에 의해 이러한 주제들을 완전하게 이해한다는 것은 불가능하다. 이러한 주제들은 상상력에 의해서, 대화를 통한 간접적 경험에서 또는 상징을 통해서 배우게 되는 것이다. 경험의 나눔과 상징 또는 상상력을 통해 이미지화하고 그것을 개념화하여 이해하게 된다.

대부분의 종교는 종교의식을 가지고 있다. 종교의식은 상상하고 상징을 받아들이고 경험을 나누는 종교교육과정 중요한 국면이 된다. 여기에는 종교교육 학자 웨스터 호프가 말하는 "숨겨진 커리큘럼(hidden curriculum)"[4]이 있기 때문이다. 종교의식에 참여하므로 그 종교가 가르치고자 하는 주제들이 우리의 행동과 사고 속에 내면화되는 것이다.

2. 종교의식 교육적 기능

웨스터 호프(John Westerhoff Ⅲ)는 "인간은 본래 의식(儀式) 을 위해 창조되고 또한 의식이 인간을 만드는 것"[5]이라고 하였다. 인간은 태어나

4) Ibid, p.16.

면서부터 어떤 형태로든지 의식과 연결되어 살고 있는 존재이다. 태어나면서부터 의식이 있고, 성장하면서도 의식으로 삶의 단계들을 매듭지으며, 생을 마감하면서도 의식으로 마감한다. 이러한 면에서 하비 콕스는 그의 저서 『바보제』에서 인간을 제축인(Homo Festivus)이라고 하였다.[6] 인간은 본질적으로 축제와 의식을 갖는 존재라는 말이다. 콕스는 현대인들이 제축을 멀리하므로 삶을 아주 따분하게 만들었고, 자기의 신성과 운명을 파악할 수 없는 중대한 위험에 처하게 되었다고 언급하였다.

현대인이 의식을 멀리하는 것은 과학주의, 실용주의, 합리주의에서 비롯되었다고 할 수 있다. 의식을 비과학적인 것으로, 비현실적인 것으로, 그리고 비합리적인 것으로 돌려버리고 대부분의 의식을 말살시키고 있다. 인간의 중요한 본질인 의식을 멀리하므로 편벽되고 건조한 삶을 살고 있으며 산업사회에서 기계처럼 조종되고 조직의 노예로서 살게 된 것이다. 이처럼 종교의식을 멀리하는 현대인들에 대해 엘리아데(Mircea Eliade)는 다음과 같이 표현하고 있다.[7]

> 현대인은 자신을 오로지 역사의 주체 및 역군으로 간주하며 초월을 향한 모든 호소를 거절한다. 다시 말해서 그는 다양한 역사적 상황들에서 볼 수 있는 바와 같은 인간 조건의 바깥에 있는 인류를 위해 어떤 모델도 받아들이지 않고 인간 자신을 만든다. 그리고 인간은 오직 자기 자신과 세계를 탈 신성화시키는 정도에 비례해서만 그 자신을 완전하게 만들고 있는 것이다

---

5) Ibid, p.55.
6) Harvey Cox, *The fest of fool,* 김천배 역, 『바보제』(서울: 현대상사, 1977), 23쪽.
7) Mircea Eliade, *Image and Symbol,* (Nee York: Princenton University Press, 1987), pp.202-203.

인간이 의식을 멀리하게 되면서 잃은 것이 많다. 오늘날 개인주의 사회와 인간 소외 현상도 의식을 멀리한 것과 무관하지 않다. 너와 내가 하나임을 자각하고, 공동체의 삶의 방식을 배우며, 전승해주는 기능을 가진 의식을 멀리함으로 인간은 더욱 소외되고 개인주의의 삶을 살게 된 것이다.

인간에게 같은 신념과 행동의 양식이 있어야 너와 내가 하나임을 느끼고 서로의 소중함을 알게 된다. 이러한 같은 신념과 행동양식을 제공하는 것이 의식이다. 이를테면 제사의식은 가족 친척들이 서로 만나서 한 혈육임을 느끼고, 그 가문(家門)의 전통을 이어가게 하는 중요한 기능을 해왔다. 그러나 현대인들은 이 제사를 미신으로 돌리고 멀리하는가 하면, 제사를 드리더라도 핵가족 단위의 형식적인 제사를 드리므로 그를 통해 얻을 수 있는 많은 것을 잃게 되었다.

종교교육의 목적이 한 종교의 종교적 인간상을 형성하고 공동체의 삶의 양식을 배우며 전승해 나가는 것이라고 할 때, 의식은 인간화를 위한 종교교육의 중요한 한 국면이다. 그러나 종교의식이 종교교육의 최선의 길이거나 종교교육을 대표하는 자리에 있어야 함을 주장하는 것은 아니다. 종교의식이 한 종교가 추구하는 인간을 형성하는데 중요한 한 과정(過程)임을 개진하고자 하는 것이다. 즉 종교의식이 종교교육의 보충적 수단으로서의 가치가 있음을 논증하고자 한다.

Ⅲ. 종교교육 과정으로서의 종교의식

1. 감추어진 커리큘럼으로서의 종교의식

교육적 개념으로 말하자면 종교의식 안에는 감추어진 커리큘럼(Hidden Curriculum)이 있다. 의도적이고 계획적인 것은 아니지만 종교의식 안에는 인간을 변화시키고 종교적인 주제들을 구현해 주는 커리큘럼이 내재해 있는 것이다.

종교의 주제가 이해되고 신앙을 체험하게 되는 종교교육의 접근 방법에는 이성적인 설명에 의한 방법이 있고, 감정에 의하여 느끼는 방법이 있으며, 실천의 과정에서 체험하는 과정이 있다. 현대 종교교육의 접근방법은 학교형 교수-학습 방법의 모형대로 이성에 의해 설명되는 것이 주된 방법이었다. 즉 주로 설교, 혹은 설법, 강연에 의한 교육방법이라고 할 수 있다.

종교의식은 감정에 의해 느끼고, 실천에 의해 체험하는 교육의 과정이다. 의도되고 계획된 교육과정은 아니지만 종교의식에 참여하므로 종교적 주제들을 이해하고, 믿음을 가지며, 종교적 결단을 내리게 된다.

종교의식에는 교육과정이 일어나게 하는 세 가지의 국면이 있다. 하나는 종교의식에서 나타내고자 하는 표상이 교육을 가능하게 한다는 것이다. 종교의식 자체에는 종교의식의 주제를 상징적으로 나타내는 표상이 있다. 이 표상들이 그 의식에 참여하는 사람들에게 종교적 주제들과의 만남을 가능하게 해준다. 종교의식은 종교적 주제들을 표현하는 드라마적 성격을 가지고 있다. 드라마를 통해서 어떤 주제들을 표현하고 관객들은 이 주제들을 자기의 삶에 내면화시키는 것처럼, 종교의식이 종교적 주제들을 드러내어 나타내는 것이다.

다음은 종교의식이 인간을 변화시키고 신앙의 성숙을 가져다 줄 수 있는 보다 근본적인 이유는 그 의식을 거행하는 곳에 어떤 초월적인 존재가 임재하고, 그의 의지가 작용하기 때문이라고 보아야 한다. 어떤 성화된 시간, 성별된 장소, 성별된 매개물 가운데는 인간을 변화시키고 성숙한 신앙인으로 이끌어 주는 어떤 초월적 존재의 힘이 작용한다. 이 초월적 존재의 힘은 엘리아데가 말하는 성현(聖顯, Hierophany)과 같은 것으로 볼 수 있다.[8] 종교의식이 드라마와 다른 것은 거룩한 힘을 나타내는 성현이 있기 때문이라고 할 수 있다. 이 성현이 없다면 종교의식은 소설(fiction)을 드라마화한 것에 불과 할 것이다.

마지막으로 종교의식으로부터 교육과정이 일어나는 것은 종교의식에 참여한 자들의 관계가 있기 때문이다. 종교의식은 한 종교가 신봉하는 초월자와의 관계, 그리고 인간과 인간의 관계 맺는 방식을 나타내며, 그 공동체 구성원들의 관계 맺는 방식을 표현하고 있다. 따라서 사람들은 종교의식에 참여함으로써 그 공동체의 정체성을 확인하고 삶을 전수 받게 된다. 종교의식에의 참여는 같은 진리 안에서 신념을 같이 하는 사람들이 동지, 혹은 가족으로서의 만나는 것을 의미한다. 이 만남을 통해서 사람들은 자신에 대한 이해와 그들이 신봉하는 주체자와의 새로운 관계로 발전하게 된다.

---

8) Ibid, p.11.

2. 종교의식이 갖는 교육적 기능

모든 종교는 그 종교가 이상으로 삼는 인간형이 있고 그 이상형의 인간상을 제시하고 있다. 종교의식은 궁극적으로 이 이상형의 인간을 형성하기 위한 행위라고 할 수 있다. 따라서 종교의식은 인간을 형성하는 감추어진 커리큘럼을 가지고 있다. 종교의식에 어떠한 감추어진 교육의 과정이 내포되어있는가를 다음의 세 가지 관점에서 고찰해 보겠다.

첫째, 종교의식은 자기동일화의 기능을 가지고 있다. 종교교육이란 기본적으로 어떤 종교적 인물과의 동일화를 유도한다. 기독교는 예수와 같은 인간형, 불교는 석가모니와 같은 인간형, 유교는 공자와 같은 인간형을 추구한다. 종교적으로 인간화란 그 종교의 창시자의 삶을 닮는 것이라고 할 수 있다. 그리고 창시자의 삶을 닮기 위하여 그의 삶을 재연하는 종교의식을 가지고 있다. 창시자의 태어남과 구속사적인 삶, 그리고 죽음과 관련된 특정한 거룩한 날들이 정해진다. 이 거룩한 날들은 주기적으로 반복되며, 창시자의 창조와 구속적 사건을 재연한다. 사람들은 이날을 통해 자신의 재창조와 구속의 사건에 참여하는 것이다. 엘리아데는 "동일한 신화적 사건의 재연은 사람들에게 가장 큰 희망이 된다."[9]고 말했다. 사람들은 이 재연되는 의식을 통해 자신의 존재를 새롭게 깨닫고 창시자의 모범적 삶을 닮아나갈 수 있기 때문이다.

둘째로 종교의식은 커뮤니케이션으로서의 기능이 있다. 종교에서 행하는 예전(禮典)은 그 종교의 진리, 혹은 진리의 주체자와의 의사소통이라고 할 수 있다. 진리를 전달하는 종교교육의 방법에는 1)언어를 통한 진

9) Ibid.

리의 전달 2)느낌을 통한 전달 3)상징을 통한 전달 4)만남과 참여를 통한 전달 등 네 개의 차원이 있다.[10] 종교의식은 이 네 차원의 전달 방법을 수용하고 있다. 종교의식은 그 자체로 상징 언어가 되어 사람들에게 진리를 깨닫게 해준다. 또한 준비된 환경과 분위기 안에서 나타나는 표상을 통해 사람들로 하여금 진리를 깨닫게 해준다. 진리 혹은 진리의 주체의 공통적 표상을 제공하는 종교의식을 형성하기 위해서 사람 혹은 어떤 도구들이 사용되는데, 진리를 표현하는 상징물이 되어 사람들에게 어떤 표상을 만들어 준다. 종교의식의 과정 중에는 이 상징물들이 만들어 주는 표상을 통해 의사소통이 일어난다.

셋째로 종교의식에는 공동체 형성의 기능이 있다. 종교의식은 한 종교가 신봉하는 절대자와 인간의 관계를 맺는 방식을 지시할 뿐만 아니라 인간과 인간의 관계 맺는 방식을 나타내기도 한다. 물론 이것은 각각 다른 종교의식이 있음을 의미하는 것은 아니다. 사람들은 종교의식에 참여해 그 공동체의 정체성을 확인하고 삶의 방식을 전수 받는다. 종교의식을 통해 신앙공동체의 구성원은 신앙의 경험을 공유하며, 함께 결단하는 것이다. 어떠한 종교도 인간이 더불어 사는 공동체적 존재임을 부정하지 않는다. 종교에서 말하는 죄는 이 공동체적 존재임을 부인하고 자신을 이것으로부터 소외시키는 것과 연관되어 있다. 종교의식은 사람들로 하여금 그가 공동체적 존재임을 깨닫게 하고 그 속에서 살아가도록 삶의 양식을 형성해 주고 있다. 사람들은 종교의식에 참여하므로 그 공동체의 정체성을 확인하고 삶의 방식을 공유한다. 신앙인은 스스로 종교의식에 참여하는 자신의 태도를 돌아보아야 한다. 이를 통해 자신의 신앙이 지금 어디에

10) 은준관, 『어떻게-기독교교육 방법을 중심하여』 (서울 : 성광문화사, 1982), 13-15쪽.

놓여 있는가를 알 수 있게 된다. 신앙인은 종교의식에 참여하지 않고는 자신이 속한 종교의 신앙인이라 할 수 없다. 자신이 속한 공동체의 삶의 방식을 배우려하는 의지를 가지고 있지 않기 때문이다. 종교의식에 참여하지 않는 것은 스스로를 공동체로부터 소외시키는 죄를 저지르는 것이다.

종교교육의 주체인 기관과 교사는 신앙인들로 하여금 의미가 깊은 의식에 참여하게 하고, 의식을 중심으로 한 생활을 이해하게 하여야 한다. 그리고 현재 자신들의 공동체의식을 유지 발전시켜 사람들로 하여금 자발적이고 기쁨으로 의식에 참여하도록 해야 한다.

Ⅳ. 종교의식의 유형과 교육적 자원

1. 종교의식의 유형

종교의식의 유형에는 여러 가지가 있다. 듀르케임(Emile Durkheim)은 의식을 소극적 의식과 적극적 의식으로 분류하고 있다.[11] 소극적 의식은 금욕이나 금지사항과 같이 절제와 포기를 행하는 것이고, 적극적 의식은 헌납, 희생, 기도처럼 신앙생활 자체를 말한다. 소극적 의식은 적극적 의식을 위한 준비와 전 단계로 사람들을 종교생활로 인도하기 위한 의식이다.

11) E. Durkheim, *The elementary forms of the religious life.* tr. by Joseph Ward Swain London: George Allen, 1915), Vol. 3.

웨스터 호프는 종교의식을 공동체 의식(rite of community)과 삶의 위기의식(life crises rites)로 나누고 있다.[12] 전자가 공동체를 위한 의식이라면, 후자는 신앙인 개개인을 위한 의식이라고 할 수 있다. 기독교의 예배나 불교의 예불 등이 공동체 의식에 속한다. 공동체 의식은 그 공동체의 진리에 대한 이해의 집약이며 삶의 방식의 집약이라고 할 수 있다. 사람들은 공동체 의식에 참여해 공동체의 정체성을 확인하고 삶의 방식을 배우며 공유하게 된다.

다음의 삶에 대한 위기의식은 사람들로 하여금 인생의 기로에서 의미있는 시간을 맞이하게 하고, 공동체에서의 자신의 위치를 새롭게 확인하게 한다. 기독교의 세례, 종교의식 안에서의 혼례, 임종 등은 공동체 안에서의 위치의 변화와 전환을 축하하고 확인하는 의식이 된다.

종교의식을 성(聖)과 속(俗)을 분리하는 거룩한 의식이라는 관점에서 본다면, 시간을 성화(聖化)하는 성력에 의한 종교의식, 공간과 물질을 성화하는 성별의식, 또 인간을 성화시키는 통과의식 등이 있다고 할 수 있다. 이 세 종교의식에 대한 이해와 교육적 입장을 고찰해보도록 하겠다.

2. 종교의식의 교육적 자원

1) 성력에 의한 종교의식

엘리아데는 시간을 거룩한 시간과 세속적 시간으로 나눈다. 그리고 종교는 제의(祭儀)라는 수단에 의하여 일상적 시간의 지속으로부터 거룩한

12) John Westerhoff Ⅲ. op.cit. pp.54-59.

시간으로 수행할 수 있다고 했다.13) 제의는 거룩한 시간을 만들고 사람들을 그 시간에 참여시켜 거룩한 만든다는 것이다.

그런데 이 거룩한 시간은 그 종교의 태초에 일어났던 사건을 재현(再現)하는 시간이라고 할 수 있다. 이를테면 기독교의 성탄절 의식은 어떤 면으로든지 예수의 출현과 구원 사건과 관련이 있고, 불교의 불탄일은 석가여래의 출현과 구도의 과정과 연관되어 있다고 할 수 있다. 여기서 그 의식에 참여하는 사람들은 최초의 시간으로의 회귀(回歸)를 경험하고, 자신의 재창조를 경험하게 된다. 그리고 의식에 참여해 그 종교의 창시자와 자기를 동일화하게 된다. 각 종교에서 행하는 신년(新年)의 의식도 그렇다. 신년의식은 우주창조를 재현하는 의미를 내포한 것이고 시간을 다시 출발시키는 의식이다. 사람들은 이 의식을 통해 새로운 출발을 하게 되는 것이고 새롭게 태어나는 것을 경험하게 된다. 엘리아데는 이러한 거룩한 시간에의 참여가 주는 의미를 다음과 같이 말하고 있다.

> 세계의 종말과 그것의 재창조에 제의적으로 참여함으로써 모든 인간은 그 시간과 동시에 놓일 수 있게 된다. 따라서 그는 새롭게 태어나며 그의 탄생 당시와 마찬가지로 완전한 활력의 저장고를 가지고 다시 삶을 시작하게 된다.14)

성력에 의한 종교의식은 이처럼 세속적인 자신에 대한 부정을 통해서 재생을 경험하게 해준다. 개인의 죄와 공동체의 죄를 지우고 새로운 태어

13) Mircea Eliade, *The sacred & the profane*, tr. by Willard Trask, New York: HBJ Publisher, 1987) p.68.
14) Ibid. 80.

남을 경험하는 것이다. 그리고 죄와 무력함을 벗어버리고 더 순수하고 자유로운 자신을 만들어 새로운 삶의 출발을 약속하게 된다.

2) 통과(通過)의식

출생, 성년식, 결혼, 임종 등에 관련된 통과의식은 종교적 삶을 사는 인간이나 무종교적 삶을 사는 사람에게 있어서 중요한 삶의 양식이다. 통과의식이란 사람들이 기존의 역할, 신분 등으로부터 형식적이고 의례적으로 탈피하여 새로운 지위, 역할, 신분 등을 취하거나 기존 삶의 자리에서 새로운 공동체에 재가입하는 의식을 말한다. 통과의식은 이탈에 관련된 의식, 이행에 관련된 의식, 재가입에 관련된 의식으로 분류할 수 있다.[15]

이탈의 관계는 기존의 역할 위치에서 벗어나는 단계이다. 불교의 수계식, 기독교의 세례식 등이 여기에 해당한다. 사람들로 하여금 기존의 역할 신분으로부터 형식적이고 의례적으로 탈피하여 새로운 공동체의 구성원으로 인정을 받는 의식이다.

다음은 이행의 단계에 관련된 종교의식이 있다. 이 의식은 이탈의 단계를 거친 사람으로 하여금 의례나 수행을 통해서 새로운 신분, 지위, 역할을 갖는 의식을 말한다. 금식, 고행 등을 통하여 새로운 공동체의 일원으로서의 생활방식을 습득하기 위하여 행하는 의식, 즉 옛 생활 습관과 가치관을 버리고 새로운 생활 자세를 갖추기 위한 것이라고 할 수 있다.

마지막으로 재가입의 단계에 해당하는 의식이 있다. 기존의 공동체 구성원들에게 더욱 더 승화된 삶을 살아가도록 공동체에 재가입하는 의식

15) John Westerhoff Ⅲ. op.cit. pp.58-59.

을 말한다. 기독교의 예배나 불교의 예불 등이 있으며, 종교적 공동체가 아니더라도 가정에서 이루어지는 생일 , 결혼 ,장례 등의 의식도 이에 속한다.

3) 성별의식

대부분의 종교의식은 성별의식을 가지고 있다. 이것은 제마(除魔)의식이나 성수의식 등과 같이 사람이나 물질을 성별 하여 성과 속을 분립하여 성스러운 것으로 이행시키는 의식이다. 가톨릭에서 성수를 뿌리는 의식, 유대교에서 양피를 뿌리는 의식, 통일교에서 성념을 뿌리는 의식 등이 여기에 해당한다. 이러한 성별의식은 특히 민간신앙에서 많이 볼 수 있다. 아기가 태어났을 때 산줄을 매는 의식, 부정을 방지하기 위하여 소금을 뿌리는 의식 등이 있다. 이러한 의식에는 소유를 결정하는 의미, 즉 악한 실체로부터 거룩한 실체로 전환한다는 의미를 가지고 있다.

그러나 현대인들은 이러한 의식을 미신적이고 비과학적인 것으로 무시하여 많은 정신적 유산을 잃고 말았다. 아이의 태어남은 다만 종족의 번식과 구성원이 한사람 늘어난 것으로만 받아들이게 되었다. 한 가족구성원임을 확인하는 거룩한 제의가 있다면 아기의 출생의 의미를 새기고, 생명에 대한 경외와 새로운 가족구성원으로의 애정을 더할 수 있을 것이다.

결혼식도 그렇다. 과거의 우리나라 혼례는 단지 남녀가 만나서 부부를 창출하는 이상의 의미를 가지고 있었다. 부부의 결합은 우주적인 결합이요, 새 가정과 종족의 구성원임을 확인하는 의례다. 그러나 오늘의 혼례는 현대화되어 단지 성적 결합의 허용과 부부의 탄생의 의미를 선언하는 의식에 불과하다.

이렇게 출생, 결혼, 사망 등의 중요한 통과의식들이 제의적 성격을 상실해 버림으로 말미암아 인가다운 삶의 의미가 퇴색되고, 점점 동물적인 삶에 가까워진 채 살아가고 있다. 오늘날 제의들이 상실되면서 인간의 우주적인 가치, 거룩한 존재로서의 가치는 없어지고 단지 물질적 가치로서 인간을 평가하게 되었다.

인간의 존엄성과 가치의 회복을 위해서 아이가 출생한 후 갖는 봉헌식, 성인이 되는 입사식, 부부의 결합을 위한 성혼식, 생을 마감하는 장례식 등이 좀 더 거룩하고 의미 있는 의례로 회복되어야 한다. 그리고 이러한 의식들이 어떤 상업적 대리자들에 의하여 형식적이고 일과성(一過性) 행사로 치러지는 것이 아니라 종교적 기관이 수행하는 의례가 되어야 할 것이다.

출생은 단순히 산모를 위로하는 축하 행사로 끝날 것이 아니라 한 아기가 그 사회 공동체의 소속이요, 우주의 궁극적 존재, 혹은 그 종교 기관에 소속된 자임을 확인하고 그를 봉헌하는 의례가 되어야 한다. 부모에게는 사회 공동체, 그리고 어떤 궁극적 존재에 속한 아기를 위탁받는다는 서약의 의례요, 공동체의 일원임을 축하하는 의례를 통해서 자녀의 양육에 대해 진지한 책임을 자각할 수 있을 것이다. 오늘날 자녀와 같이 동반 자살을 하거나 자녀를 버리고 이혼을 하는 부모가 많이 있다. 이러한 사회적 현실은 부모 된 사람들이 의례 안에서 자녀의 공동체적 존재성과 우주적 생명의 분활체라는 의식을 갖는다면 훨씬 개선될 것이다.

오늘날 청소년들에게 의미 있는 입사식, 혹은 성년식을 거행해야 한다.

청년기는 신체적으로나 정신으로 다시 태어나는 제 2의 탄생기에 해당된다. 신체적으로는 성인으로서의 기능을 할 수 있도록 성장하고, 정신적으로는 부모로부터 독립해서 스스로의 삶을 선택하고 결정하는 독립된 존재가 되는 시기이다. 이러한 청소년기에 과거의 삶을 부정 혹은 이탈해서 새로운 삶의 단계로 이행하는 의식을 갖게 될 때, 청소년들은 과거의 잘못된 삶을 폐기하고 새로운 삶을 위한 설계와 결단을 갖게 될 것이다.

대부분의 종교는 입사식을 가지고 있다. 종교에서의 입사식은 세속적 인간의 죽음과 거룩한 존재로의 부활 혹은 중생(重生)을 위한 의식이다. 불타도 니르바나로 다시 태어나기 위하여 세속적 인간의 조건, 즉 노예 상태와 무지의 상태에서 다시 사는 방법을 가르쳤고, 예수도 한 제자에게 "네가 거듭나지 않고는 하늘나라에 가지 못한다."고 가르쳤다. 이러한 가르침을 형상화한 것이 종교의식이 된다.

결혼식 또한 새로 태어나는 중요한 통과 의례이다. 성년식이 남성과 여성의 어떤 한 성(性)의 인간이 되었다는 것을 인정하고 선언한다는 의미를 가지고 있다면, 결혼식은 남녀 양성(兩性)의 합일에 의하여 비로소 완전한 성인이 되었다는 것을 의미하는 의식이다. 우리나라에서도 전통적으로 남녀가 합일을 하는 결혼식을 하지 않고는 성인으로 인정을 받지 못했다. 세계의 많은 민간신앙에서 본래 인간은 한 몸에 남녀의 양성을 가진 인간이었음을 말하고 있다. 기독교의 성경에서 인간의 시조는 먼저 남자가 만들어지고 남자의 갈비뼈를 취해 여자를 만들었다고 하였는데 이것은 인간이 본래 한 몸이었음을 의미하는 것이다. 성인으로 다시 태어난다는 결혼식은 남녀가 하나 됨의 의미, 한 가정을 창출했다는 의미, 부모로부터 독립된 한 인간이라는 의미가 있다. 이런 이유로 종교에서는 결혼식을 중요한 의식으로 주재(主宰)하게 된다. 기독교에서는 기독교적 혼례의식을 통해 그리스도의 한 가족을 창출하게 되고, 불교에서도 전세(前世)의 인연을 가진 남녀가 결혼을 통해 현세(現世)에서 가정을 이루고 부처님의 인도하심에 따른 가정을 창출하는 의식이 있다. 우리나라 전통 혼례에도 남녀가 합일을 상징하는 합금례를 한다던가, 순결과 정조를 지키겠다는 것을 상징하는 기러기 앞에 재배라든가 하는 의식을 가지고 있다.

인간은 이러한 의식으로 인간의 존엄과 가치를 재연하여 의식이 주는 표상을 실제화 하고 의미 있는 인간이 되는 것이다. 그러나 현대인들은 이러한 종교적 의식을 탈신성화 하고, 탈종교화 함으로써 인간 스스로 자기의 가치를 절하하고 비인간화시켰다. 비록 우리의 주변에 종교의식의 잔재들이 남아있다고 하더라도 그 의미는 퇴색되고 형식적인 의례가 되었으며, 탈신성화된 의식이 되고 말았다.

3. 종교의식의 종교교육적 과제

종교의식은 구원의 행위이며, 인간의 삶을 승화시키는 행위이다. 종교적 인간을 형성하고 종교적 삶의 방식을 형성하는 행위이므로 종교의식은 종교교육의 중요한 국면이 된다.

종교의식은 구원행위를 묘사하는 드라마라고 할 수 있다. 연극에서 연출자의 역할에 따라 연극이 주고자 하는 메시지를 줄 수도 있고, 메시지가 없는 연극이 될 수 있다. 마찬가지로 종교의식을 집례 하는 사람에 따라 인간에게 구원이나 혹은 구도의 메시지를 줄 수도 있고, 무의미한 연극에 그치는 종교의식이 될 수도 있다.

종교의식이 인간의 구원과 성장을 돕는 역할을 하기 위해서는 첫째, 의미 없이 습관적으로 반복되는 형식이 되는 것을 경계해야 한다. 종교의식이 반복될 때마다 새로운 깨달음과 관계의 증진, 공동체의 응집력을 가질 수 있는 의식이 되어야 한다. 그러기 위해서는 의식을 중심으로 생활의 의미를 이해하고, 오늘의 예전을 재평가하며 계속적으로 의미 있고 필요한 새로운 표현 방식을 탐구해야 한다. 따라서 의식의 집례자는 인간의 구원과 성장이 일어나는 의식이 되도록 성실한 준비를 해야 한다.

둘째, 의미 있고 활력 있는 의식이 되기 위해서는 경건성과 축제성이 균형을 이루어야 한다. 사람들은 종교의식의 과정에서 재생(再生)이나 중생을 경험하며 경건함과 희열이 교차하는 감정 상태를 갖게 된다. 따라서 종교의식은 경건성과 축제성이 조화를 이루어야 한다. 우리나라의 전통적 제의를 보더라도 경건한 제의와 함께 즐거운 놀이가 병행되었음을 알 수 있다. 듀르케임은 "종교는 일상의 너무나 많은 구속으로 피곤해진 정신을 놀이 등으로 새롭게 해주는 것이 존재 이유다."16)라고 했다. 종교의식은 탐욕과 죄의식으로 억눌려 사는 사람들을 해방시키는 의식이 되어야 한다. 그러기 위해서는 성스러움으로 마음을 정화하고, 즐거운 축제로 해방을 경험하게 해야 한다.

셋째로 종교의식과 식사의 나눔은 분리할 수 없다. 대부분의 제의에서는 음식을 봉헌하고 그 음식을 참여자들이 나누어 먹는다. "식사는 인위적으로 혈연관계를 맺게 해준다."17)는 듀르케임의 말처럼 음식은 단순히 먹이의 차원을 넘어선다. 생리학적으로 보더라도 같은 음식을 먹게 되면

16) E. Durkheim, op.cit, pp.422.
17) Ibid. 378.

같은 기질(氣質)을 갖게 해준다. 따라서 공동체 의식(意識)을 고양하는 데는 밥상을 같이 대하는 것보다 더 의미 있는 일은 없을 것이다. 기독교 예배에서 행하는 사랑의 식사(Agape Meal), 불교에서 올리는 공양도 이러한 의미를 가지고 있다. 종교 의식에서 음식을 진설(陳設)한다는 것은 종교적 주체자와 하나가 되는 것이며, 공동체의 구성원들이 혈연으로 연결된 형제라는 의미를 나타낸다.

마지막으로 금욕주의적인 종교의식을 간과해서는 안 된다. 우리들의 삶이 성스러운 생활로 승화되기 위해서는 고통이 뒤따르게 된다. 금욕과 고행의 생활 없이 건강한 종교인이 될 수 없다. 불교의 수계식, 기독교의 철야기도, 이슬람의 라마단 금식 등에 따르는 고통의 의미를 이해할 필요가 있다. 고통이란 과거의 비종교적 삶에 대한 상징적인 죽음을 나타낸다. 여인의 해산의 진통을 통해 출생이 있듯이, 중생과 부활을 위해서 이러한 고통을 넘이서야 한다. 그러나 소비지양직 삶을 추구하고, 편안함과 쾌락을 추구하는 현대인들은 고통을 멀리하고 있다. 고통은 인간의 마음을 순수하게 정화해 주며, 남을 이해하는 마음과 생명을 존중시하는 마음을 갖게 한다. 반대로 고통을 멀리하면 자기중심적이 되고 이해심과 인내심이 없는 삶을 살게 된다. 따라서 종교는 금욕주의적 종교의식을 통해 사람들에게 고통의 의미를 일깨워 주고 삶을 진지하게 살아가도록 해야 한다.

Ⅴ. 맺음말 : 종교의식의 제한성과 과제

종교의식은 구속적(救贖的) 행위요, 교육적 행위라고 할 수 있다. 물론 종교의식이 종교교육의 중심이요, 종교교육의 유일한 방법이라고는 할 수 없다. 그러나 종교의식은 종교교육의 보충적 기능이 될 수 있고 종교교육의 중요한 한 국면임을 부인할 수는 없다.

현대인들에게 종교의식의 중요성은 아무리 강조해도 지나친 것이 아니지만 역사적으로 보면 종교의식에서 많은 악폐가 유발되었던 것이 사실이다. 유대교 말기의 종교의식은 인간을 억압하고 착취하는 도구였으며, 중세 가톨릭의 종교의식도 마술적이고 주술적인 것이 되어 교회를 부패하게 만드는 원인이 되었었다. 현대의 일부 사이비 불교에서도 칠성당을 세워 음식을 차려놓고 제사를 드린다거나, 무당이 부처를 모셔 놓고 굿을 하는 일을 볼 수 있다. 그리고 많은 유사종교에서 종교의식을 도구로 삼아 신도들을 현혹하여 헌금을 강요하거나 혹세무민하는 일들이 빈번하게 일어나고 있다. 종교의식에서 특별히 경계하여야 할 사항들은 어떤 것들이 있는가?

첫째, 종교의식은 그 자체가 목적이 아니라 수단이다. 종교의식은 내용을 표현하는 형식이지 내용 자체가 아닌 것이다. 종교의 내용은 사랑, 자비, 인(仁) 등이다. 종교의식에서 이러한 종교의 내용보다도 내용을 담는 형식을 더 중요시하게 될 때 많은 부작용을 초래하게 된다, 그것은 우상이 되며 미신적인 것으로 전락하게 되는 것이다. 예수가 유대교의 종교의식을 규탄하고 그 종교의식을 담당했던 제사장 그룹을 '외식하는 자'라고 규탄했던 것도 그들의 종교의식 안에 사랑과 자비가 배제되었기 때문이다. "예수가 안식일이 사람을 위해 있는 것이지 사람이 안식일을 위해 있는 것이 아니다."(성경 마가복음 2장 27절)라고 한 이유도 여기에 있다. 종교의식은 어디까지나 인간의 구속적 행위요, 해방과 자유의 행위가 되어야 한다.

둘째, 종교의식이 이데올로기화 되어서는 안 된다. 하비콕스는 제의가 이데올로기를 확장하는 도구로 사용될 때 그 제의가 타락하게 됨을 지적하고 있다. 종교의 본질적 기능은 인간의 구원 즉 자유와 해방을 실현하는 것이기 때문에 종교의식도 인간의 구원과 자유와 해방의 의미를 담아야 한다. 그러나 역사적으로 종교의식이 지배자들의 이데올로기를 확장하는 수단으로 이용되어 인간의 자유와 창조성을 속박하는 도구가 되었던 경우가 많았다. 그래서 예수도 구약의 의식 중심 예배를 폐지할 것을 주장하였고, 종교개혁자들도 중세 가톨릭의 성례전 중심의 미사를 비판했던 것이다. 종교의식은 본질적으로 인간의 해방과 자유를 구현하기 위한 것이기 때문에 자발성과 기쁨으로 참여하도록 보장해야 한다.

셋째, 종교의식은 공동체적 행위가 되어야 한다. 웨스터 호프는 종교의식을 공동체의 생활양식 가운데 가장 중요한 것으로 보며 "의식생활이나 제의생활이 공동체의 자기이해와 삶의 방식을 유지하고 전승해 준다."[18] 고 주장했다. 종교의식은 본질적으로 공동체적 행위이기 때문이다. 종교의식은 어떤 절대자와의 수직적 관계를 유지시켜 주면서 공동체 구성원들 간에 삶의 방식을 공유하게 한다. 하비 콕스는 "제의가 집단의 공유가 되지 않거나 역사적 경험으로부터 파생되지 않고 그것이 단독적 소유가 되거나 일부사람의 소유가 될 때에는 밀의적인 것이 된다."[19]고 하였다.

마지막으로 종교의식이 우상숭배의 대상이 될 위험이 있음을 간과해서는 안 된다. 종교의식에서 내용보다도 형식과 절차가 주체가 되고 중심이

18) John Westerhoff Ⅲ, op.cit. p.56.
19) Harvey Cox, op.cit. p.120.

되다 보면 종교의식에 상용된 매개물이 실체화 될 위험이 있게 된다. 중세 가톨릭에서 사용했던 상징들이 실체화되면서 물질적인 것이 신적인 몸이 되었다. 이를테면 성례전에서 사용된 밀떡은 예수의 살이 되고 포도주는 예수의 피 자체로 변하게 되었다. 종교의식에서 사용된 물질은 어디까지나 종교의 내용인 진리, 사랑, 인을 전달하기 위한 수단인 것이다. 매개물이 실체화되면 우상숭배에 빠지게 된다.

지금까지 고찰한 바와 같이 종교의식은 의도되거나 계획되지는 않았지만 학교형 교수-학습의 방법으로부터 얻는 것보다 더 많은 효과를 얻을 수 있다. 종교의식은 어떤 종교의 정체성을 보여주는 표지(標識)이다. 종교의식을 통해서 그들의 삶의 방식을 공유하고, 그들의 전통을 유지하며, 공동체의 구성원들의 교육의 장으로서의 역할을 한다. 종교의식은 사람들로 하여금 공동신앙을 갖게 하고, 공동의 사고와 삶의 방식을 갖게 한다. 개인적인 삶의 차원에서는 참다운 종교적 인간을 형성하는 역할과 종교적으로는 선교와 교육적 차원의 역할을 한다.

종교는 사람들에게 종교의식을 중심한 생활을 이해하고, 현재의 종교의식에 참여하는 자신을 평가하도록 해야 한다. 종교교육 지도자는 지금 행하고 있는 종교의식을 평가하며, 의미 있고 새로운 종교의식을 개발하여 참여하도록 하는 역할을 가지고 있다. 그러나 종교의식이 종교교육의 최고, 최선의 목표이거나 방법은 아니다. 종교교육의 보충적 방법으로 그 의미와 가치가 있다. 특히 기계문명 안에서 개인주의적인 삶과 이기적 삶을 살아가는 현대인들에게 삶을 의미 있게 이끌어주고 공동체적 인간으로 이끌어 주는 역할, 즉 인간화를 위한 역할을 한다.

<참고문헌>

송기득, 『인간』, 서울: 한국신학연구소., 1984.

은준관, 『어떻게-기독교 교육의 방법을 중심하여』, 서울: 성광문화사, 1982.

이은봉, 『종교와 상징』, 서울: 세계일보사, 1992.

이재영, 『심정교육론 연구』, 서울: 성화사, 1989.

정진홀, 『종교학 서설』, 서울: 전망사, 1985.

정진홍, 『종교문화의 이해』, 서울: 서당, 1992.

Browing Robert & Reed Roy. T*he Sacrament in Religious Education and Liturgy*, Birmingham, Alabama: Religious Education Press, Inc., 1985.

Cox, Harvey. *The Feast of Fool*, 김천배 역, 『바보제』, 서울: 현대상사, 1977.

Durkheim, E. *The Elementary forms of the Religious Life.* tr. by Joseph Ward Swain London: George Allen, 1915.

Eliadc, Mircca. *Image and Symbol*, Princeton University Press. 1991.

Martin, Gehard. *Feast and alltag*, 김문환 역, 『축제와 일상』, 서울: 한국신학연구소., 1973.

Seymour Jack et al. *Contemporary Approaches Christian Education*, Tennessee: Arbingdon Press, 1982.

Tillich, Paul. *Theology of Culture*, New York: Oxford University Press, Inc., 1964.

Westerhoff Ⅲ. John. *Will our Children have Faith?* New York: The Seabury Press, 1976.

제6장

종합대학에서 신학교육의 과제

Ⅰ. 머리말

선문대학교는 1986년 각종학교에 해당하는 신학교로 출발하여 이제 명실상부한 종합대학으로 성장하였다. 짧은 기간 동안에 외형적인 면에서 종합대학의 면모를 갖추고 무한 경쟁시대에 경쟁력을 갖추어 가고 있다. 그러나 종합대학으로 성장하는 가운데 신학분야 학과는 외형적인 면에서 규모가 축소되었고, 그 정체성마저 흔들리고 있는 현실이다.

신학대학이 종합대학으로 개편되는 것은 신학교육을 강화하기 위한 목적이 있다. 단과대학으로서의 신학대학보다는 종합대학 안에서 신학대학 학생들은 폭넓은 학문분야를 섭렵할 수 있고 다양한 대학 문화를 경험을 할 수 있다는 강점을 가지고 있다. 그러나 신학대학이 종합대학 안에 존재하다 보면 정체성이 흔들릴 수 있다는 약점이 있다.

종합대학 안의 신학교육의 방향과 목적을 분명하게 정립하지 못하면 신학교육의 정체성을 잃을 수가 있다. 일반교육의 범주 안에 신학교육을 귀속시킴으로 신학을 단지 학문으로 일반화하고 보편화 시키고 있다. 미주지역에서는 학부에 신학 전공이 없다. 신학을 대학원 과정인 세미나리(Seminary)나 신학전문대학원(Divinity School)에서 공부하는 이유는 학부에서 일반 학문을 전공한 학생들이 신학을 공부하게 하기 위함이다.

신학은 본래 신앙과 신학을 위한 학문이다. 신앙이 없는 신학은 언어의 유희에 불과하고, 신학이 없는 신앙은 맹신을 조장한다. 종합대학 안에서 신학교육의 정체성을 확립하지 못하면 신앙이 없는 신학을 할 수 밖에 없다. 신학대학을 종합대학 안의 일반적인 교육과정과 학사행정의 틀에 일반화시켜버린다면 신학대학의 목회자 양성이라는 본래의 목적을 달성할 수가 없다.

그렇다고 신학대학을 종합대학에서 분리해 교육을 할 수는 없다. 혹자는 '하늘 사관생도들이기 때문에 신학대학을 종합대학에서 분리하여 특성 있는 교육을 해야 한다.'고 말한다. 그러나 신학대학을 주변 환경과 단절된 고도(孤島)에서 교육할 수는 없다. 세상 안에서 하나님의 나라를 구현하고, 인간을 구원하는 사역자를 양성하기 위해서는 신학생들이 다양한 문화에서, 다양한 사람과 접하면서 학문과 경험을 쌓아야 한다. 본 연구에서 종합대학 안에서 신학교육의 문제점과 그 개선책을 고찰하고자 한다.

Ⅱ. 대학과 신학교육

대학의 본질인 자율성과 학문의 자유가 보장되었다는 점에서 플라톤의 아카데미를 대학의 기원으로 보는 견해도 있지만, 엄격한 의미로 아카데미는 사회제도로서 갖추어진 대학은 아니었다. 고등교육기관으로서 사회제도로 갖추어진 대학은 11세기 이후 이탈리아에 세워진 볼로나(Bologna) 대학이나 불란서의 파리대학이기 때문에 이들을 대학의 효시라고 할 수 있다.

고대의 아카데미나 중세의 대학들은 인간형성, 즉 인격을 함양하기 위한 교육이었다. 중세 대학은 하급학부와 상급학부로 구성되었는데, 하급학부는 오늘날 예과과정과 같은 것으로 상급학부에 가기 위한 예비과정을 말한다. 하급학부는 교양과정(3학 4과)을 공부하였고, 상급학부에서는 초기에는 신학반을 공부하다가 후에 신학, 법학, 의학 중에서 하나를 택하여 연구하였다.

이들 대학교육은 한마디로 신학중심의 교육으로 인간형성과 교회에 봉사하기 위한 것이었다. 그러나 19세기에 접어들어 진화론, 공리주의, 신인문주의 등의 등장으로 신학은 실용주의중심 교육에 밀려 대학교육의 중심 자리를 내주었다. 신학은 경쟁 사회에서 생존하는 지식인과 기능인을 양성하는 교육에 밀려 학문의 여왕자리를 내주고 여러 학문 중에 하나로 밀려나게 된 것이다.

오늘날 대학은 표면적으로는 인간 교육을 표방하고 있지만, 더 이상 인간 교육의 장으로서의 교육은 아니다. 대학교육은 사회적 지위향상의 수단이요, 문명사회에 적응하기 위한 기술인을 만들어내는 학교로 전락하게 되었다. 이러한 대학교육의 위기상황을 보고 라이머(Everett Reimer)는 "학교는 죽었다".[1]라고 선언하였다.

물론 오늘날과 같은 기술문명 사회에서 대학교육이 상아탑의 이념만을 내세우거나 교회에 봉사하는 신학교육 중심의 교육이 되어야 한다는 주장만을 고집할 수는 없을 것이다. 문제는 대학교육이 인격과 학문, 교양과 기술의 두 목표를 균형 있게 이끌어가지 못하는데 있다.

오늘의 대학은 사회를 진보된 문명사회로 이끌어 가야하고 사람들로 하여금 보다 나은 삶을 영위할 수 있도록 봉사해야 할 사명이 있다. 라이머의 주장처럼 현대인들을 기술문명의 노예로 만들 것이 아니라 기술문명의 주인이 될 수 있는 자유인을 만들기 위한 교육이 되어야 한다.[2]

오늘날 우리나라의 대학교육은 대중화되어 고등학교 졸업자의 80퍼센트 이상이 대학에 진학한다. 전국에 200여개의 4년제 대학이 있고, 대학의 문호가 개방되어 고등학교를 졸업하고 대학을 지원하면 대부분의 학생들이 진학할 수 있다. 그러나 대학이 증가하고 대학교육을 받은 사람이 증가해도 사람들의 인간성이 메말라가고 사회가 더욱 혼탁해 지는 것은 오늘의 대학이 대학으로서의 사명과 기능을 다 하지 못하고 있음을 말하는 것이다.

중세의 대학들이 처음 신학교육을 중심한 대학에서 점차로 일반대학으로 전환하였던 것처럼 한국에서도 많은 신학대학들이 일반대학으로의 전환을 추진하였고, 지금은 신학대학이 거의 종합대학 안에 존재하고 있다. 대다수의 신학교가 종합대학이 되는 것이 학교발전으로 생각하고 종합대

1) Everett Reimer, *School is Dead,* 김석원 역, 『학교는 죽었다』 (서울 : 한마당, 1982)
2) 위의 책, 31쪽.

학으로의 개편을 추진하였던 것이다.

그러나 대학이 본연의 교육이념을 구현하고 있지 못하듯이 신학대학 역시 종합대학 안에서 자기 정체성을 잃고 있다. 서구에서는 신학대학이 종합대학 안에 존재하더라고 거의 독립적으로 신학대학을 운영하고 있지만, 우리나라에서는 신학대학이 일반대학의 편재 안에 하나의 단과대학으로 속해 있기 때문에 정체성과 특성을 살리지 못하고 있는 실정이다.

선문대학교 안에 하나의 단과대학으로 존재하는 신학대학도 마찬가지이다. 1989년 성화신학교가 종합대학인 성화대학교로 개편되면서 신학과가 해외선교학과로 개편되고, 모집인원도 3개학과 190명에서 140명으로 감원되었고, 그 후로 모집정원이 감축되어 현재는 40여명(정원외 학생 포함) 정원을 채우기에 급급하다. 이처럼 수적인 감소뿐만 아니라 일반학과 같은 잣대로 신학대학을 취급하므로 신학대학 본연의 특성과 정체성을 살리는 교육이 많이 위축되었다. 최근에는 목회후보사 양성을 위해 지급하던 목회장학금도 일반학과와 형평성에 어긋나므로 폐지하자는 주장이 나오고 있다.

신학대학이 종합대학으로 전환하게 된 동기는 장차 하나님의 나라 건설을 이끌고 갈 목회 후보생들에게 자연과학, 인문사회과학 등 다양한 교양교육을 접할 수 있게 하고, 보다 넓은 인간관계와 문화를 접할 수 있게 하기 위함이다. 그리고 인성과 인격교육의 핵심이라고 할 수 있는 신학교육을 일반학과 학생들에게 배울 수 있는 기회를 열어놓기 위함이다.

그러나 이러한 종합대학교 설립이상을 실현하는 데는 여러 가지 극복해야 할 과제가 있다. 신학교육의 독립성과 특성을 포기하고 일반대학으로 동화 할 것인가, 아니면 신학교육을 위한 일반대학이 될 것인가에 대한 명확한 교육철학이 설정되어야 한다. 다시 말해서 종합대학 안에서 신학대학의 교육의 목적과 방법을 재고하고, 신학대학의 위상을 재정립할 필요가 있다.

Ⅲ. 종합대학에서 신학교육 문제점

신학대학이 종합대학 안의 여러 대학 또는 여러 학과 중의 하나가 되면서 신학과목도 일반 대학의 여러 과목 중 하나가 되었다. 신학교육의 특수성이 무시된 체 일반대학의 교육목표와 교육정책 안에서 신학교육이 다루어 질 수밖에 없는 환경에 처하게 되었다. 신학이란 교회에 봉사하는 학문이고, 신학대학은 교회 지도자를 양성하는 기관이다. 이러한 신학교육의 특수성 때문에 신학교육은 일반대학의 교육 이념인 대학의 자율성과 학문의 자유라는 범주 안에 놓아 둘 수 없다. 신학 대학의 정체성을 줄기로 해서 일반대학의 지식을 접목시켜야 한다.

토마스 그룸(Thomas Groome)의 주장처럼 신학교육은 정치적이어야 한다.[3] 신학교육의 정치성이란 신학교육이 그 목적을 달성하기 위하여 의도적이고 계획적으로 이끌어 가야함을 말한다. 신학교육을 일반대학 교육이념 아래 종속시킬 것이 아니라, 신학대학의 이념을 바탕으로 해서 일반대학의 교육목표와 과정을 설정해야 한다.

존 웨스터호프(John Westerhoff Ⅲ)는 오늘날의 종교교육의 가장 큰

---

3) Thomas H. Groome, *Christian Religious Education*(Sanfrancisco : Happer & Row, 1980), pp.15-17.

결점은 종교교육이 학교-교수형의 모델을 따르는데 있다고 하였다.[4] 종교교육과 일반교육은 그 목표와 과정에 있어서 분명한 차이가 있다. 종교교육은 진리를 알기 위함이고 일반교육은 지식을 쌓기 위함이다. 따라서 신학교육이 일반교육의 범주 안에서 이루어질 수 없다. 그 구체적인 이유는 다음과 같다.

첫째, 일반교육과 신학교육은 교육목표에서부터 다르다. 일반적으로 학교교육에서는 '인격함양'이나 '민주시민 양성' 등의 교육목표를 표방하고 있다. 그러나 이것은 교육의 이상일 뿐 실제에 있어서는 '지식인'이나 '기능인' 양성을 목표로 하고 있다. 신학교육은 지식인이나 기능인을 양성하는 것이 아니라 신학교육은 인간 자체가 목적이다. 하나님의 자녀로서의 인간을 만드는 것이 그 목표이다.

둘째, 교육의 과정과 방법이 다르다. 일반교육에서는 어떻게 하면 학생들에게 더 많은 지식을 쌓게 할 수 있는가에 목석을 두고 지식을 축석하는 방법을 찾고 있다. 학생의 머리에 지식을 차곡차곡 주입하는 것이 교육이다. 그러나 신학교육은 지식을 이해하고 축적하는 것으로 끝나는 것이 아니라 진리에 대한 이해와 참여를 위한 교육이 되어야 한다.

셋째, 교육의 장이 다르다. 일반교육은 학교 안에서만 이루어진다. 지식중심의 교육이기 때문에 교사가 있는 학교에서 교육이 주로 이루어진다. 그러나 신학교육은 인간을 구원하는 지도자를 양성하기 위한 교육이므로 학생들의 삶 전체에 관심을 갖는 교육이 되어야 한다. 전인(全人)으로서의 신학교육이 이루어져야 하기 때문에 교육의 장은 사회, 학교, 교회 등

4) John H. Westerhoff III, *Will Our Children Have Faith*(New York : The Seabuy Press, 1976), p.9.

전 영역에서 이루어져야 한다.

이와 같이 신학교육이 일반교육과 본질적으로 다름에도 불구하고 학교-교수형 교육의 틀 안에서 신학교육이 이루어지는 데서 문제가 있다. 종합대학에서 신학교육의 문제점은 다음과 같다.

첫째, 학력 우선주의 교육이다. 신학대학도 일반대학과 마찬가지로 학생모집에 있어서나 학사행정에 있어서 학력을 우선시하고 있다. 성적이 우수한 학생이 우수한 교육자가 될 수 있다는 등식은 성립될 수 없다. 그러나 종합대학 안에서 신학대학 학생들은 선발이나 장학 혜택, 졸업 후의 진로 등을 학력우선으로 결정한다는 것은 교역자 양성을 위한 신학교육의 목적에 어긋나는 일이다.

둘째, 신학교육의 목표와 방향성이 불분명하다. 신학교육의 목적은 무엇보다 장차 하나님의 나라를 실현하는 지도자를 양성하는데 있다. 따라서 신학교육은 단순히 학문을 위한 교육이 아니라 교회의 사역을 이끌어 갈 수 있는 지도자로서의 인격과 자질을 함양하는 교육이 되어야 한다.

셋째, 신학교육 행정의 자율성이 결여되었다. 신학교육의 정체성과 특수성을 살리는 교육이 되기 위해서는 교육을 위한 행정의 독립성이 보장되어야 한다. 지금까지 종합대학 안에서 신학을 전공하지 않은 운영자와 관리자에 의해 교육 행정이 이루어지므로 신학교육의 특수성이 고려되지 않았다. 형평성과 수익자 부담이라는 경영논리로 교육행정이 이루어지기 때문에 신학대학 교육이 정체성을 잃게 되었다.

Ⅳ. 신학교육의 개선방향

셜리(John Sealey)는 종합대학 안에서 이루어지고 있는 종교교육의 패러다임을 다음과 같이 나누고 있다.[5)]

1) 고백적 종교교육 : 교육주체가 의도적이고 계획적으로 신앙, 교리, 생활방식 등을 교육하고 훈련한다. 주로 보수적인 교단의 종립학교나 일반 학과가 없는 신학교 교육이 이 유형에 속한다.

2) 준고백적 종교교육 : 신앙을 목표로 하여 학생들의 지적(知的), 감정적 성장과 변화를 위한 교육을 한다. 다른 종교들에 대한 토론과 연구가 가능하며, 다른 종교의 진리와 비교하여 자기 종교의 우월성을 입증하려고 한다. 주로 진보적 신학교나 종합대학 안에 있는 신학대학 교육이 이 유형에 속한다.

3) 숨겨진 고백적 종교교육 : 여러 종교들 가운데서 진리를 찾을 수 있다고 보며 학생들로 하여금 다양한 종교 가운데서 진리를 선택할 수 있도록 교육한다. 서울대학교의 종교학과가 이 유형에 해당한다고 할 수 있다.

4) 암시적 종교교육 : 인간의 모든 영역에서 종교성을 발견할 수 있다고 본다. 어떤 교과목에서도 종교교육이 가능하다고 믿는다. 기독교 전통을 가지고 있는 미국이나 유럽의 학교교육이 여기에 해당한다고 할 수 있다.

종합대학에서의 종교교육은 일반학과의 종교교육과 신학과의 종교교육이 구별되어야 한다. 일반학과에서의 종교교육은 '숨겨진 고백적 종교

---

5) John Sealey, *Religious Education*, 강돈구 역, 『종교교육이론』 (서울 : 서광사, 1992), 80-81쪽.

교육'이나 '암시적 종교교육'의 유형으로 접근해야 하고 신학과의 종교교육은 '고백적 종교교육'이나 '준고백적 종교교육'의 유형으로 접근해야 한다.

종립대학교에서 실시하고 있는 일반학과의 종교교육은 당연히 숨겨진 고백주의나 암시적 종교교육의 유형을 따라야 할 것이다. 그것은 학생들의 입학동기가 목회자가 되거나 신앙성장이 아니기 때문이다. 일반학과 학생들은 사회인이 되기 위해 대학에서 학업을 한다. 그들이 대학을 선택한 이유는 보다 나은 교육환경을 위해서 선택한 것이지 종교교육을 받기 위한 것이 아니다. 이러한 학생들에게 고백적 종교교육이나 준고백적 종교교육의 유형을 강요하면 학생들이 종교의 자유를 주장하며 반발하게 될 것이다.

그러나 교파의 배경을 가지고 있는 종립대학교의 신학대학에서 숨겨진 고백주의나 암시적 종교교육을 실시하게 될 때 학생들도 혼란에 빠질 수 있다. 신학대학의 학생들은 대부분 종단의 배경을 가지고 있고, 신학대학에 입학하면서 신앙고백을 하였기 때문에 숨겨진 고백주의나 암시적 종교교육의 유형을 따를 필요가 없다.

신학교육의 본질상 교파성이나 교육의 정치성을 배제할 수 없다. 신학교육의 과정 안에서 어떤 형태든 명시적이거나 암시적으로 신앙고백을 요구하고 있다. 종합대학 안에 있는 신학대학에서 종교다원주의나 초교파적인 교육을 표방하고 있지만, 교육과정 안에는 신앙고백적인 요소가 포함되어 있다. 종교다원주의나 초교파 신학을 표방하지만 실제에 있어서 자기 교파의 우월성을 내세우거나 사회적 지지를 받기위한 의도가 숨겨져 있는 것이다.

현재 선문대학교 안에 설치되어 있는 신학대학은 철저한 고백주의로 가야 한다. 이미 통일교의 신앙인으로서 장래 목회자로서의 길을 가기 위한 학생들이기 때문에 목회자로서 갖추어야 할 지식과 소양교육을 해야 한다. 신학대학 교육의 개선을 위해 몇 가지 제안을 하면 아래와 같다.

첫째, 목회에 소명감 있는 학생을 선발해야 한다. 신학대학을 학력취득의 한 과정으로 생각하고 입학하거나, 타 대학에 비해 장학혜택이 많기 때문에 입학한다면 학생과 신학대학을 위해서도 불행한 일이다. 소명감 없이 신학대학에 들어온 학생은 신학대학의 전통과 분위에 나쁜 영향을 끼칠 수 있다. 따라서 정원을 채우기 위해 목회자로서의 소명감이 없는 학생을 선발하는 일은 지양해야 할 것이다. 신입생 모집에 있어서 학력 위주의 선발을 지양하고 소명감, 학력, 인성, 봉사정신 등의 종합적인 반영을 통한 선발을 해야 할 것이다.

둘째, 신앙과 학문의 균형 있는 교육이 이루어져야 한다. 신학대학은 단순히 지식 축적을 중심으로 한 교육을 지양해야 한다. 장래 교회지도자로서의 실력과 실적을 갖춘 지도자를 양성해야 한다.[6] 실력이란 다양한 지식을 함양하는 것을 말하고, 실적이란 신앙과 인격수양을 위한 훈련과정을 말한다. 따라서 신학대학 교육과정은 지식교육과 신앙훈련을 균형 있게 갖춘 것이어야 한다.

셋째, 전문 목회자가 되기 위해서는 학부과정의 교육으로는 부족하다. 육신을 치료하는 의사가 되기 위해 10년 이상의 과정을 거쳐야 하는 것처럼, 영혼을 구원하는 목회자가 되기 위해서 학부과정의 교육만으로 부족

6) 선문대학교 설립자 문선명 선생은 교회지도자로서 갖추어야 할 것은 실력과 실적이라고 하였다.

하다. 신학대학의 교육은 대학원과정과 연계된 교육이 되어야 한다. 학부에서는 인격과 교양을 함양하는 교육이 이루어지고 대학원에서 전문목회자로서의 지식을 갖추어야 할 것이다. 아니면 구미나 유럽에서처럼 학부에는 신학과나 신학전공을 두지 않고 전문대학원 체제로 가야 할 것이다. 일반학부에서 교양이나 특정한 전공을 공부한 토대로 대학원에서 신학을 공부하는 체제로 가야 할 것이다.

넷째, 자율적 교육행정이 이루어져야 한다. 신학교육의 특성을 볼 때 신학교육을 지원하는 행정은 일반 교육행정 범주 안에서 이루어질 수 없다. 일반 행정과 형평성의 원리 아래 신학 행정이 이루어지면 결국 지식위주의 교육이 이루어질 수밖에 없다. 신학대학의 교육행정은 별도의 정관과 학칙에 의해 독립적으로 이루어져야 한다.

한편 신학대학은 교단에서 요구하는 목회자를 양성해야 할 책임이 있기 때문에 교단과 긴밀한 협조로 교육이 이루어져야 한다. 이를 위해 교단과 신학대학과 협의체를 구성하여 운영하는 길도 고려해야 할 것이다.

Ⅴ. 맺음말

선문대학교의 건학이념인 애천, 애인, 애국의 구현은 종교교육을 통해서 가능하다. 그러나 종합대학 안에서의 종교교육은 위기에 처해 있다. 대학 지원연령층의 급감으로 이제 대학 입학은 대학에서 선발하는 것이 아니라 학생이 대학을 선택해서 입학할 수 있는 시대가 되었다. 이러한 시대에 종교교육이 학생모집의 걸림돌이 아닌 강점이 될 수 있는 길을 모색해야 할 것이다.

일반학과 학생들에게 종교교육은 암시적 종교교육의 유형을 따라야 한다. 즉 자신들이 공부하는 과목에서 종교성을 발견하고 그 종교성이 인격함양의 자양분이 되어야 한다. 따라서 교파와 교리를 강조하거나 전도를 위한 교육을 지양하고, 종교교육에서 그들의 영성적 인격을 함양할 수 있도록 해야 한다. 한 사람의 통일교인을 만들기 위한 종교교육이 아니라 그들 삶 속에 애천, 애인, 애국의 이념을 품고 살 수 있는 익명의 통일교인을 만드는 종교교육이 되어야 한다.

그러나 신학교육은 철저한 고백적 종교교육이 되어야 한다. 투철한 소명감 위에 실력과 실적을 함양하여 교회에 봉사하는 지도자를 배출하여야 한다. 그렇다고 신학대학생들을 종합대학 안에서 격리하여 고립된 교육을 할 수는 없다. 교회와 사회를 변화시키는 지도자가 되기 위해서는 종합대학 안에서 다양한 학문을 섭렵하고 폭넓은 인간관계를 배워야 한다. 신학대학 학생들은 일반학과 학생들에게 인격적인 본보기로써 영향을 미쳐야 한다. 그러기 위해서는 신학대학과 일반대학이 상호영향을 주면서 발전할 수 있는 종교교육의 방향을 모색해야 한다.

<참고문헌>

Everett, Reimer. *School is Dead*, 김석원 역, 『학교는 죽었다』, 서울: 한마당, 1982.

Groome, Thomas H. *Christian Religious Education*, Sanfranciso: Happer & Row, 1980.

Westerhoff Ⅲ, John. *Will our children have faith?*. New York: The Seabury Press, 1976.

Sealey, John. *Religious Education*, 강돈구 역, 『종교교육이론』, 서울: 서광사, 1992.

제2부 종교교육의 과정

제7장

수행과정 공유를 통한 종교 간의 대화

Ⅰ. 머리말

교육은 인간을 가르치는 일이다. 한 인간을 형성하는 행위임을 말한다. 그러나 어떤 인간상을 목표로 하는 교육인가에 따라 여러 가지 이론(異論) 있다. 학교교육과 종교교육의 차이는 어떤 인간상을 목표로 한 교육이냐 하는 데 있다고 할 수 있다.

학교교육은 '민주시민' 양성이나 '인격자' 양성 등 포괄적이고 통합적 인간상을 목표로 하고 있지만, 종교교육은 이를 통해 도달해야 할 구체적 인간상을 목표로 하고 있다. 기독교는 예수의 제자, 유가(儒家)는 성인(聖人), 불가(佛家)는 붓다(佛), 도가(道家)에서는 진인(眞人) 등의 인간상을 추구한다. 종교교육은 이 인간상에 도달시키려는 의도적 노력이며, 피교육자 입장에서는 이 인간상에 도달하기 위한 노력이 공부인 것이다.

종교교육은 각 종교에서 제시하는 인간상을 닮게 하게 위한 의도적 과정이다. 즉 종교교육의 목표는 제시된 인간상을 닮는 것이며, 교육의 과정은 그 인간상을 닮게 하는 의도적인 노력이라 할 수 있다. 이에 따라 각 종교는 제시된 인간상을 닮아가는 교육의 방법을 제시한다.

기독교에서는 예수를 닮기 위하여 제자훈련, 영성훈련 등의 교육목표와 과정을 제시한다. 불교의 교육목표도 붓다를 닮기 위한 교육이며, 붓다가 되기 위한 교육이다. 붓다를 닮고, 붓다가 되기 위하여 석가모니 붓다가 행하였던 삶을 방식을 따르려고 한다. 이 삶의 방식을 따르기 위하여 갈고 닦음이라는 의미에서 교육을 수양(修養)이라고 한다. 수양은 교육의 방법을 말하는 것이고, 이 방법을 구체적으로 실천해 나가는 교육적 행위를 수행(修行)이라고 한다.

각 종교의 교육, 혹은 수행방법이 서로 다르거나 방법 간에 차이가 있는 것은 그 종교가 지향하는 인간상이 다르기 때문이다. 기독교는 기독교적 인간상, 불교는 불교적 인간상을 제시하기 때문에 종교 간의 수행방법이 달라진다. 따라서 보편적 인간상을 교육의 목표로 하지 않고 교인(敎人)을 양성하는 종교교육 혹은 전도자를 만드는 종파적 종교교육이 될 때 교육방법으로서의 수행과정은 공유될 수 없다.

종교교육의 목표를 종파적 인간상에 두지 않고 보편적 인간으로서 바람직한 사회 구성원이 되는 인격자 교육에 목표를 둔다면 수행 방법을 공유할 수 있다는 가정에서 본 주제를 진술하고자 한다. 즉 교육의 목표를 보편적 인격자 교육에 두고 합리성과 객관성을 가진 도덕성, 이타적 사회성, 이타적 관계성을 갖춘 인격자 양성의 교육 방법을 모색한다면 각 종교 간에 수행 방법을 공유할 수 있다는 것이다.

각 종교의 교육 목표가 인격자 양성이라는 공통 목표를 가지고 있다면, 그 인격 기준에 도달하기 위한 교육의 방법도 종교 간에 공유할 수 있을 것이다. 실제로 최근에는 유(儒)·불(佛)·도(道)가의 전통 동양종교 수행에 타종교인들이 참여하는 현상이 나타나고 있다.

본 논문에서는 보편적 인격자 양성을 목표로 한 종교교육의 목표와 교육과정으로써 수행방식을 공유한다면 종교 간의 일치와 대화 운동에 공헌할 수 있다는 가정 하에 종교 간의 수행과정의 차이와 접촉점을 고찰해 보고자 한다.

Ⅱ. 종교교육에서 수행의 필요성

지금까지 학교교육과 종교교육에서 대부분 주지주의(主知主義)적 교육, 즉 주입식 교육이 주류를 이루었다. 대부분의 학교교육이 주입식 교육으로 이루어지므로 주입식 교육을 학교형 교육이라고 부른다.[1] 그리고 종교교육에서도 학교형 교육의 패러다임(paradigm)이 종교교육의 모델로 받아들여 왔다. 하지만 종교교육은 그 목적에 있어서 학교교육과는 다르다. 학교교육은 현대 사회에서 적응할 수 있는 인간이 되기 위한 지식인 양성과 기술인 양성교육이 중심을 이루고 있다. 그러나 종교교육의 목적은 각 종교에서 추구하는 바람직한 인간 형성이다. 따라서 종교교육의 목적과 방법을 학교형 교육의 패러다임에 맞출 수 없다.

1) John H. Westerhoff Ⅲ., *Will Our Children Have Faith?* (New York: The Seabury Press), 1976. p.6.

각 종교에서 갖고 있는 공통적인 교육의 목적은 인간화(人間化)를 위한 교육이다. 종교교육은 종교에 대해서 가르치는 것이 아니라 그 종교에서 이상형으로 삶고 있는 인간화가 추구되어야 한다.

종교교육의 과정은 이해의 과정, 결단의 과정, 믿음의 과정[2])을 거쳐 바람직한 신앙인 형성을 목표로 한다. 학교교육은 이해를 통한 지식의 축적이 그 목적이지만 종교교육은 지식의 양을 목표로 하지 않는다. 단순히 앎으로써 끝나는 것이 아니라 결단하고 행동하는 신앙을 목적으로 한다. 따라서 종교교육은 행함을 위한 교육이어야 한다.

종교교육에서는 지금까지 학교형 교수-학습에서 이루어져왔던 것처럼 지식의 습득을 통한 인식의 확장이 아니라 '관계적, 경험적, 성찰적인 과정'[3])에서 인식이 확장된다. 이러한 인식론은 본래 동양 종교의 것이었다. 동양 종교는 진리에 대한 지적 탐구도 중요시 하였지만 이(理)를 실현하는 마음 수양 및 실천 공부를 더 강조하였다. 불가(佛家)와 도가(道家)로 대표되는 동양의 주요 교육사상은 모두 배움, 혹은 수양 위주의 사유를 바탕으로 한다. 다시 말해서 우주와 자신의 본성을 각성하고 이를 삶 속에서 실현하도록 하기 위해 어떻게 배우고 수양해야 하는가가 교육의 주된 관심사이다.[4]) 이처럼 동양의 유·불·선의 전통 종교에서 안다고 하는 것은 지식을 축적하여 아는 것이 아니라, 수양을 통하여 앎에 이르는 것을 말한다.

---

2) Sara P, Lirttle, *Contemporay Approaches Christian Education,* 대한예수교장로회 총회교육부편, 『오늘의 기독교교육연구』 pp.60-69.

3) Thomas H. Groome, *Christian Religious Education,* (San Francisco: Harper & Row, 1980), pp.148-149.

4) 황금중, 주자의 공부론, 연세대학교 대학원 박사학위논문, 2000년, 4.

그러나 현재 종교교육은 수양의 과정보다는 전통적인 학교형 교육의 패러다임을 주요한 교육방법으로 삼고 있다. 교리나 종교적 내용을 주술적으로 암기하는 교육을 종교교육의 전부로 이해하고 있는 것이다. 동양의 전통 종교에서도 마찬가지로 수행은 성직자나 하는 것으로 알고 있으며, 수행은 일반 신도의 삶의 자리에서 중요한 자리를 차지하지 못하고 있다.

특히 기독교 교회교육에서는 수행 방법이 없다. 대부분의 교회교육이 말로 이루어지는 강의나 설교 위주로 이루어진다. 즉 학교형 교수-학습 방법을 따르고 있다. 학교형 교수-학습 방법은 지식의 전달이지 깨달음을 위한 교육은 아니다. 종교교육에서 인식한다는 것은 깨달음을 의미한다. 종교적 깨달음은 형이상학적 이론 전달에 의한 것이 아니라 행동에 의한 의도적이고 적극적으로 참여하는 경험 속에서 가능하다. 그것은 종교에서 가르치는 주제들이 초월적이고, 무형적이며, 내적인 세계를 다루기 때문이다. 이러한 세계를 이해하는 데 관념론적인 설명으로는 한계가 있다.

종교적 앎이란 아리스토텔레스의 앎에 이르는 세 가지 방법 - 데오리아(theoria), 프락시스(praxis), 포이에시스(poiesis) - 중 프락시스적인 앎이다. 관상적이고 비참여적인 데오리아적 앎이 아니라, 행동과 성찰에 의한 깨달음이다. 성찰적으로 수행된 행동이요, 수행된 것에 대한 성찰로서 이루어지는 깨달음이다.[5)]

---

5) John H. Westerhoff Ⅲ., op.cit., p.111.

Ⅲ. 종교교육 과정으로서 수행과정

종교교육학자 웨스터호프(John H. Westerhoff Ⅲ)는 종교의식(宗教儀式)에는 세 가지의 국면이 있다고 하였다. 이탈의 단계-이행의 단계-재가입의 단계 등 세 국면이다.[6] 이 세 국면은 종교교육의 목적을 달성하기 위한 수행의 세 과정으로 이해할 수 있다.

티벳 불교의 람림(lam Rim) 명상에서도 수행의 단계를 하사도, 중사도, 상사도로 나누고 있다. 이 3단계의 수행과정이 웨스터호프가 말한 종교의식의 세 단계와 상당한 유사성을 갖고 있다. 하사도는 이승에서 이탈하여 천신에 다시 태어나기 위한 수행단계다. 중사도는 업과 미망에서 벗어나기 위한 수행단계이며, 상사도는 대자비심을 일으켜 중생을 구원하는 단계를 말하고 있다.[7]

통일교의 『원리강론』에서도 인간의 신앙성장 단계를 행의적(행의行義的) 신앙단계, 신의적(信義的) 신앙단계, 시의적(侍義的) 신앙단계로 구분한다. 행의적 신앙단계는 계율에 의해서 신앙이 성장하는 단계이며, 신의적 신앙단계는 책임과 자율에 의한 신앙단계이고, 시의적 신앙단계는 신성(神性)을 닮아 사랑의 의지가 본성으로 작용하는 단계이다.[8]

각 종교에서 행하는 수행의 과정을 위와 같이 세 범주(category)로 분류해 볼 수 있는데, 이 과정을 신앙의 발달단계로 이해할 수 있으며 수행의 과정도 이 세 단계 과정의 범주 안에서 이루어진다.

---

6) John H. Westerhoff Ⅲ., op.cit., p.111.
7) Dalai Lama, *The Path to Enlightenment,* 진우기, 신진욱 역, 『깨달음의 길』 서울: 부디스트웹닷컴, pp.109-112.
8) 세계기독교 통일신령협회 편, 『원리강론』 서울: 성화사 1994, 190-193쪽.

1. 이탈(離脫)과정으로서의 수행과정

이탈의 과정은 사람들이 공동체에서 지금까지 지니고 있었던 역할이나 신분으로부터 형식적이고 의례적으로 탈피하는 과정을 말한다. 이 과정은 종교적 회심의 과정을 말한다. 지금까지 삶의 자리를 바꾸어 새로운 삶의 자리로 전환을 다짐하고 선포하는 의식이며, 자신의 삶을 부정하고 새로운 인간상으로 출발하는 의식이다.

이탈의 의식으로는 입교식이 있다. 대부분의 종교는 신입 교인을 위한 입교식을 갖는다. 이 입교식은 지금까지의 삶을 부정하고 새로운 공동체에서 새로 탄생하는 것을 의미한다. 기독교에는 입교식으로 세례식이 있다. 세례는 자기를 부정하고 기독교적 삶으로 다시 태어나는 의식이다. 가톨릭의 영세나 견진성사도 마찬가지다. 지금까지의 삶을 부정하고 그리스도의 사람으로 거듭남을 의미한다.

불교에서도 불교인이 되기 위해서는 붓다에게 귀의(歸依) 해야 한다. 붓다에게 귀의한다는 것은 속세와의 인연을 끊고 법(法)에 따라 살아야 함을 의미한다. 불교에서는 붓다에게 귀의하면서 계를 받고 법명을 받는 수계식(授戒式)이 있다. 수계식은 세상의 삶의 방식을 버리고 부처님의 가르침인 계를 지키고 법에 따라 살겠다는 서원의 의식이라 할 수 있다.

이처럼 기독교와 동양 종교는 공통적으로 자아 부정에 대한 교리를 가지고 있다. 예수는 "아무든지 나를 따라 오려거든 자기를 부인하고 자기 십자가를 지고 나를 좇을 것이니라.[9])고 자기 부정을 촉구하였다. 자기 중심한 삶을 버리고 예수의 가르침대로 살아야 함을 말씀하신 것이다.

---

9) 대한 성서공회 편, 『성경전서』 마태복음 16장 24절.

불교의 핵심적인 사상은 사성제(四聖帝)다. 즉 고성제, 집성제, 멸성제, 도성제이다. 인간의 고통은 집착으로부터 오고, 이 집착을 버리게 될 때 도(道)에 이른다는 의미다. 도성제에 이르기 위해서는 무상과 무아를 이해해야 한다. 즉 "색(色)은 무상(無常)이다. 무상이면 곧 고(苦)다. 고면 곧 고아다. 무아(無我)이면 곧 이는 아소(我所)가 아니며 이는 아(俄)가 아니며 아체(我体)가 아니다."[10]를 이해해야 한다.

기독교 신앙인에게 자아 부정에 대한 교리는 절대자 하나님 앞에 나가기 위한 요건이다. 자아부정은 신앙인에게 제 1의 계율이라고 할 수 있다. 기독교 교리에 의하면 인간은 창조 후 창조주가 주신 계명을 지키지 않아 비존재로 전락하였다. 궁극적 존재를 기반으로 한 인간이 될 때만이 존재가 가능한데 인간은 신을 버리고 자기중심적 존재가 된 것이다. 자기중심적 존재로 떨어진 인간의 가장 두드러진 특징은 교만 즉 자기를 높이는 존재다. 따라서 이러한 비존재 로 전락한 자기중심적 인간은 철저하게 자기를 부정할 때만이 새로운 존재가 된다.

불교의 자아 부정 신앙은 무상(無常)의 사상에서 연유되었다. 인간은 물질적 존재, 즉 색(色)이기 때문에 찰나에 지나가는 존재인 것이다. 따라서 인간을 아소(我所)가 자아(自我)다, 본질이다 할 수 없는 것이기 때문에 이러한 자아를 부정하는 것이 고로부터 벗어나는 길인 것이다.[11] 현재의 자신이 '나'라고 하는 생각에서 기인되는 나쁜 경향과 나쁜 마음의 작용으로 아치(我痴), 아견(我見), 아만(我慢), 아애(我愛) 등이 있다.[12]

---

10) 增谷文雄, 佛教概論, 이원섭 역, 『불교개론』(서울: 현암사, 1976), 128-129쪽.
11) 앞의 책, 105쪽.
12) 김용표, 「불교적 인격교육의 이념과 방법」, 서울: 한국종교교육학회, 《종교교육학 연구》 제24권, 1996, 37쪽.

대부분의 종교는 '참된 자아를 인식하기 위해서는 자아를 부정해야 한다.'는 역설적이 교리를 가지고 있다. 부정을 통한 긍정의 논리, 즉 변증법적 인식의 논리이다. 변증법적 부정에 의하여 비존재, 혹은 모순 된 자아를 부정하고 자아에 대한 새로운 인식에 도달한다. 자아의 부정에 의해 기독교에서는 신에 의존 된 자아로 인식하하게 되고, 불교에서는 불성을 가진 인간으로 인식한다.

기독교와 불교에서의 자아 부정을 통한 새로운 자아에 대한 실체가 같다고 할 수는 없다. 기독교와 불교는 자아를 부정하게 될 때 진정한 자아의 본질과 실체를 알 수 있고 신앙인이 궁극적으로 성취하고자 하는 자유 혹은 해탈의 경지에 도달할 수 있다는 사상의 공통점을 가지고 있다.

이탈을 위한 수행과정은 수행의 초기 단계에 해당한다. 이 단계의 수행은 마음을 비우고 회심(回心)을 통한 각성, 혹은 진정한 자아에 대한 깨달음을 위한 수행이 필요하다. 이 단계에서는 깨달음을 위해 자력에 의한 수행보다는 앞서 깨달은 사람의 도움이 필요 하다. 종교적 지식의 학습과 생활을 위한 훈련이 필요한 단계라 할 수 있다. 즉 율법적 단계로 계율을 지키는 삶을 통하여 새로운 자아를 형성할 수 있다.

2. 이행과정으로서의 수행과정

이행과정 수행은 이미 소속된 공동체 안에서 새로운 지위, 역할, 신분을 위해 준비를 하는 과정으로 보통 훈련 또는 고행의 과정을 통하여 심신을 연단한다. 즉 종교적 삶의 적응단계로 자아에 대한 새로운 인식하에 자아와 사회에 대한 책임적 존재가 되는 단계다.

불교의 수행방법 중 참선은 도(道)의 생활을 이끌어 가는 수행법으로 가장 일반화 된 수행과정이다. 참선은 정신 통일, 내적 평온과 영혼의 안정을 갈망하는 종교인들에게 일반화 되어 가고 있다. 오늘날 불교인뿐만 아니라 불교에 배타적이었던 기독교인들에게도 더 깊은 기도를 위하여 참선을 행하는 성직자들이 증가하고 있다.

무슬림은 신앙고백, 하루 다섯 번씩의 기도, 자선을 위한 구빈세, 라마단의 달에 행하는 단식, 메카순례 등의 수행과정을 통해 경건성과 공동체의 일원으로서의 귀속감을 고양시키고 있다. 이슬람의 가장 기본적인 수행의 특징은 수행이 생활 속에 자리 잡아 일체감을 이루는 데 있다.

대부분의 종교가 금식, 금욕, 고행 등을 강조하는 것은 자아 부정과 승화된 삶을 위해서다. 기독교적 관점에서 본다면 궁극적 존재인 신을 기반으로 하지 않은 인간은 비존재인데, 비존재인 인간의 의지와 욕망으로 산다는 것은 자신과 사회를 파괴하는 삶이 된다. 따라서 비존재에서 존재로 돌아가기 위해서는 비존재인 나를 부정해야 하며 이 부정을 위해 비존재가 지향하는 것을 단절해야 한다.

예수의 말씀에 "자기 십자가를 지고 나를 좇지 않는 자는 내게 합당치 아니하리라"[13]라고 하였다. 십자가란 기독교에서 고난을 상징한다. 고난의 길을 거치지 않고는 예수의 뜻에 가까워 질 수 없다는 것을 의미한다. 그리고 베드로 서신 4장에 보면 '고난에 참예하는 것을 즐거워하라', '하나님의 뜻대로 고난을 받는 자들은 또한 그 선을 행하는 가운데 그 영혼을 미쁘신 조물주께 부탁 할지어다'라고 하였다. 고난은 신앙인의 성숙을 위해 필수 과정임을 기독교는 강조하고 있다.

---

13) 『성경전서』 마태복음 10장 38절.

기독교 교리에 의하면 인간은 영과 육신의 구조로 되어 있는데, 영은 선의 실체가 지배하고 육신은 악의 실체가 지배한다고 본다. 사도 바울은 "육신의 생각은 사망이고 영의 생각은 생명과 평강이다."[14]라고 하였다. 따라서 고행을 통해 육신을 치는 것은 육신을 지배하고 있는 악의 세력을 치는 것이다. 악의 세력이 지배하는 육신을 치게 될 때 영적 삶의 성장과 완성을 이룰 수 있기 때문이다.

기독교의 이러한 금욕주의는 물론 교리에 근거하고 있지만 고대 헬라 사상의 금욕주의 경향의 영향과 인도의 종교, 그리고 애급인의 영향을 받았다.[15] 따라서 기독교의 금욕주의에 따른 고행은 그 출발에서부터 타종교와 접촉점을 갖는다고 할 수 있다.

기독교의 고행을 통한 수행은 기독교가 로마의 국교가 되어 제도화되고 세속화되기 시작한 3세기 중엽에서부터 시작되었다. 이때부터 기독교 수도원이 태동하게 되었고, 수도원의 인물들은 명상, 금욕, 금식 등 절제 생활을 삶의 양식으로 삼고 고행의 길을 갔다. 기독교 수도자들 가운데는 인도의 요가 수행자처럼 40일 금식, 금식과 불면의 명상 등 초인적인 능력과 인내로 수행을 한 이들도 있다.

불교의 가르침에서 궁극적으로 도달해야 할 경지는 열반(涅槃이다. 열반의 세계는 탐(貪)진(嗔)치(痴), 즉 "무릇 탐욕의 소멸, 노여움의 소멸, 어리석음이 소멸" 된 상태다.[16] 하지만 인간은 삼법인(無常, 無我, 苦)의 존재임을 깨닫지 못하고 나의 실체가 아닌 존재에 집착하고 탐욕에 빠져 괴로운 삶을 살고 있다는 것이다. 따라서 인간이 열반(涅槃)의 세계에 들

---

14) 같은 책, 로마서 8장 5절.
15) Williston Walker, 유형기 역, 『기독교교회사』 (서울: 한국기독교문화원, 1982), 125쪽.
16) 增谷文雄, 앞의 책, 142쪽.

어가려면 집착과 탐욕을 버려야 한다. 이를 버리기 위해서는 육체적 쾌락, 물질적 욕망, 권력의 욕구를 버려야 하는데, 먼저 존재의 실상을 깨달아야 한다. 이 깨달음을 위해서 불교에서는 수행을 한다. 수행이란 육체적 욕구를 다스리지 않고는 불가능하기 때문에 수행에는 식욕, 정욕, 수면욕, 탐욕 등을 다스리는 고행이 따른다.

고행이 따르는 수행이 배제된 종교는 진정한 종교라 할 수 없다. 그러나 오늘 날 교회는 고행을 통한 수행 보다는 세상과 타협하여 안락하고 편안한 삶을 가르치고 있다. 진정한 기독교가 되기 위해서는 예수 부활의 영광을 가르치기 전에 수행을 통하여 십자가의 고난을 가르치고 체험하게 해야 한다.

사람들에게 떠오르는 불교의 상(像)은 육체적 쾌락을 단절하고 고고하게 수행하는 수행공동체의 모습이다. 그러나 수행의 체계는 조직적이고 체계적이지만 삶에 있어서 탐진치의 삶의 모습을 보여주는 경우가 많다. 종교가 욕망으로 차있는 인간의 마음이나 위무하고 복이나 빌어주는 형태가 되어서는 안 된다.

수행은 생활에서 이루어져야 한다. 불교의 수행이 불교인의 삶과 일치가 될 때, 사람들은 불교 수행을 자신의 수행 방법으로 수용할 것이다. 종교 간의 수행방법을 공유하기 위해서 종교의 불교 수행자와 종교지도자들의 수행에 대한 이해와 실천이 중요하다.

3. 재가입의 과정으로서의 수행과정

재가입의 단계는 주체적이고 통합적인 신앙인을 위한 수행과정이다.

신앙발달의 6단계를 말한 제임스 파울러에 의하면 이 단계에 이른 신앙인을 보편적 신앙단계에 이르렀다고 말한다. 이 수행 과정에 이른 사람은 과거 신앙의 위탁 양식들과 의미구성의 방법들을 재수용하는 단계에 이른 사람이다. 이 단계에서는 진리에 대한 더 이상의 모호성과 애매성 없이 진리에 확신을 가지며, 진리대로 삶의 의미를 파악하며 실천하려고 하는 단계이다.[17]

각 종교는 이 단계에서 이타적인 삶을 살 것을 요구하며 진리를 확산하는데 동참할 것을 가르치고 있다. 불교에서는 자비를, 유교에서는 인을, 기독교에서는 사랑을 내세워 신앙의 궁극적 목표로 삼로 있다. 이슬람은 남에게 자선을 베푸는 자카타(Zakat)가 있다.

물론 이 전단계의 수행과정에서도 자비, 사랑, 자선을 베풀 것이 요구된다. 그러나 재가입의 단계에 이른 사람에게는 이러한 것이 더 이상의 책임과 의무가 아니며 삶 자체인 것이다. 그들의 삶 자체가 진리를 드러내는 것이다. 이 단계에 이른 사람을 불교에서는 부처, 기독교에서는 하나님의 아들, 유교에서는 군자라고 일컫는다.

모든 종교는 그 발생의 근원에서부터 이타적인 삶을 창도(創道)의 목적으로 삼고 있다. 유교는 인(仁), 불교는 자비, 기독교는 사랑을 덕목으로 창도의 이념을 삼았다. '인', '자비', '사랑'은 관계적 언어로 상대를 위한다는 의미가 담겨 있다. 기독교의 핵심적 가르침은 사랑이다. 예수 가르침의 핵심 사상은 이타적인 삶이다. 기독교 성경의 주제가 사랑이라고 할 수 있다. 기독교의 황금률은 "네 이웃을 네 몸같이 사랑하라."[18]이다.

---

17) 『성경전서』 마태복음 22장 39절.
18) 정태혁, 『명상의 세계』 (서울: 정신세계사, 1999) , 85쪽.

기독교에서는 '행함이 없는 믿음은 그 자체가 죽은 것이라'고 하였다. 행함은 바로 이웃을 사랑하는 일이다. 따라서 기독교인에게는 인류를 구제하고 봉사하는 것이 수행 그 자체가 된다.

불교에서 대승불교의 수행은 이타생활에 강조점을 두고 있다. 물론 수행과정으로 선행을 강조하고 있으나 선행은 무아(無我)로써 이타행(利他行)을 실천하는 지혜와 자비를 체험하기 위한 것이다.[19] 대승불교에서는 선을 통하여 심즉시불(心卽是佛)이나 실유불성(悉有佛性)을 자기의 것으로 하여 그것을 인격화 하는 것에 강조점을 두었다. 그리고 인격화는 현실적인 삶을 통해서 해탈이라는 이상을 구현하는 것을 의미한다. 대승불교의 오십이위(五十二位) 수행과정에서 묘각에 이르기 위해서는 십행(十行)이나 십회양(十廻嚮)을 수행해야 하는데, 중생들을 기쁘게 하고 자기가 닦은 공덕을 중생들에게 베푸는 과정을 거쳐야 묘각(妙覺)에 이른다는 것이다.[20]

각 종교 간에 교리가 다르고 실천 과정도 다르지만 공통적으로 이타적 생활을 신앙인의 궁극적 목표로 삼고 있으며 실천의 덕목으로 삼고 있다. 그것은 인간은 관계적 존재이며 사회적 존재라는 공통된 인간이해에서 비롯된다. 인간은 본질적으로 상대적 존재인 것이다. 타를 부정하면 내가 부정되고 타를 긍정하면 내가 긍정되는 것이다. 그러므로 이타생활을 수행의 궁극적 목표로 삼아야한다. 종교 간에 수행과정으로서 이타생활을 함께 계도하고 실천하게 될 때 종교 간에 만남과 대화가 가능하게 될 것이다.

---

19) 增谷文雄, 위의 책 20쪽.
20) 같은 책

Ⅳ. 종교 간의 수행과정의 차이와 접촉점

1. 수행 목표의 차이

각 종교의 수행 방법은 그 종교의 교리, 혹은 진리를 표현하고 이를 체휼하기 위한 신앙의 양식(樣式)이라 할 수 있다. 교리, 혹은 진리의 주장이 다르기 때문에 수행의 과정도 서로 다르거나 상충될 수 있다. 특히 동양의 전통 종교와 기독교는 그 교리의 차이 때문에 수행과정을 공유하는데 어려움이 있다. 동양종교와 기독교는 무엇보다도 신(神)에 대한 인식의 차이가 있다. 동양 전통종교는 상대주의 입장을 취한다.[21] 그러나 기독교의 입장은 절대주의를 취하고 있다. 즉 신은 천지 만물의 창조주요, 만물에 대해서 최고의 유일한 존재가 된다. 신은 '하늘에 계신 아버지'로 인류를 주관하는 주관자의 위치에 있다. 따라서 신앙이란 절대의존(絶對依存)의 감정이고 인간은 신에게 절대의존하게 될 때 인격의 완성이 가능하다.

동양 종교의 수행 방법인 선(禪)이나 요가 등은 그 수행의 목적이 존재의 속박으로부터 벗어나 자아 해탈을 하는데 있다. 그러나 기독교의 명상인 기도는 "사념적 명상법"[22]이다. 즉 어떤 생각이나 대상을 쫓는 명상으로, 신을 생각하며 신에 대한 절대 의존의 감정을 고양시키는 것이다. 즉 신에게 자신이 묶이게 될 때 진정한 자유로운 인간이 되는 것이다.

---

21) Venerable Ajahan Chah, 「마음 길들이기」 김용호역, 『새불교 원초불교』 (서울 : 고요한 소리, 1994), 105쪽.

22) Thomas H. Groome, op. cit. p.82.

신앙의 궁극적 목적은 자유로운 인간이 되기 위함이다. 그러나 동양종교에서 얻고자 하는 자유와 기독교에서 말하는 그 자유의 의미에 차이가 있다. 동양종교에서 말하는 자유는 '∽로부터, 벗어나는 것이라면, 기독교의 자유는 '∽을 위한', 즉 신을 위한 자유이다. 이러한 신앙에 대한 본질적인 차이 때문에 수행의 목적이 상반될 수밖에 없다. 동양의 전통종교의 수행은 신을 포함한 일체의 속박으로부터 벗어나 자유를 얻기 위한 과정이다. "기독교 신앙은 인간 자유에 근거를 두고 있고 그 신앙의 열매는 현재 그리고 장래에 자유와 더불어, 자유 속에서, 자유를 위해 사는 것"23)이다. 기독교의 기도는 자유를 얻기 위해 절대 타자인 신에게 자신의 속박시키는 수행인 것이다.

동양의 전통종교나 기독교 신앙의 목적은 인간의 자유를 위한 것이며, 수행과정이란 자유를 위한 여정이라 할 수 있다. 그러나 동양 종교의 수행은 자유를 위하여 신을 포함한 일체의 속박으로부터 벗어나 이를 성취하기 위한 수행이다. 불교의 선(禪)이나 요가 등은 이 자유를 위해 속박의 인연을 끊는 것이고, 마음을 비우기 위한 수양이 된다. 그러나 기독교의 수행은 끊임없이 신을 향한 자신의 의지를 키워 그 신에 대한 의식을 내안에 충만하게 하기 위한 것이다.

2 기독교와 불교 수행의 접촉점

기독교, 특히 개신교는 '말씀이 있는 곳에 교회가 있다.'라는 명제 아래 교회사역의 핵심을 말씀에 두고 있다. 따라서 기독교는 말씀만 있고 수행

---

23) 『성경전서』 요한 복음 14장 20절.

이 없는 종교라는 말을 듣는다. 기독교의 궁극적 목적은 신과의 합일이다. "내가 아버지 안에 있고 아버지가 내안에 있다."[24]고 한 예수의 말씀처럼 기도는 나와 신과의 합일을 위한 수행과정이다. 기독교의 기도는 자신을 비우고 신의 은총을 기원하며 신의 가르침을 받기 위함이다. 따라서 자기를 중심한 욕망과 이기심을 버리고 마음을 집중하지 않고는 기도에 정진할 수가 없다.

기도는 초자연적인 신을 향하기 때문에 자연적 과정을 통한 자신의 내면세계로 향하는 불교의 명상과는 본질적으로 다르다고 할 수 있다. 그러나 기독교의 진보적 신관(神觀)인 내재적(內在的) 신관의 관점으로 신을 인식한다면 기독교의 기도와 불교의 명상과는 접촉점을 갖는다. 신은 초월적 타자로 존재하시는 것이 아니라 인간과 자연 안에, 그리고 역사 안에 살아계신 신으로 이해한다면 불교 명상은 내 자아 안에 존재하는, 그 자연과 역사 안에 존재하는 신을 자각하는 수행으로 유용할 것이다.

기독교 성경에는 자아 안에 내재하는 신을 설명하고 있다. 예수는 "그 날에는 내가 아버지 안에, 너희가 내안에, 내가 너희 안에 있는 것을 알리라"고 했으며, "마음이 청결한 자는 복이 있나니 저희가 하나님을 볼 것임이요"[25]라고 했다. 성서에서는 이처럼 마음이 깨끗하고 순수할 때 하나님을 보고 하나님의 나라에 들어갈 수 있다고 하였다.

위에서 고찰한 바와 같이 기독교의 신앙의 생활의 핵심인 기도는 마음을 비우고 신을 향한 집중이라는 점에서 불교의 선(禪)수행이 유용하게 활용될 수 있다고 본다. 기도와 선은 깨달음을 목표로 한다는 공통점을

---

24) 『성경전서』, 요한복음 14장 20절.
25) 『성경전서』, 마태복음 5장 8절.

가지고 있다. 기도는 신의 은총과 계시에 대한 깨달음이 목표요, 선은 자아에 대한 깨달음이 목표이다. 깨달음의 목표는 다르지만 깨달음에 이르게 하는 수단으로 불교 수행과정은 기독교 신앙 성장을 위해 유용할 것이다.

V. 수행과정을 통한 종교 간의 대화

지금까지의 고찰을 통해 어떤 종교의 수행과정이란 그 종교에서 주창하는 사상과 교의에 대한 내면화와 의식화를 위한 하나의 교육과정(敎育過程)이라고 할 수 있다. 따라서 각 종교의 수행 목표는 같을 수 없다. 그러나 종교의 궁극적인 목표가 인간화, 즉 인격교육에 있다고 한다면 각 종교가 표방하는 인간상을 구현하기 위하여 수행과정을 하나의 교육의 방법으로 받아드릴 수 있다.

1. 수행목표로서의 인격자 교육

종교는 그들의 종교교육의 목적을 그 교단을 창시한 창시자의 인격을 닮는 것을 목적으로 하고 있다. 그러나 실제 교회에서 실시하는 종교교육의 내용을 보면 진정한 인격자 교육이라기보다는 교단의 교리나 교인을 만드는 교육이 이루어지고 있다.

기독교 교회교육에서 '제자화'를 교육의 목적으로 삼고 있는데, 그 내용을 보면, '교인 만들기 위해서', '성경을 가르치기 위해서', '전도자를 기르기 위해서'라고 되어 있다. 기독교의 제자훈련을 위한 한 책의 내용을 보면, 기독교에서 양육하고자 하는 제자의 정의를 "그리스도를 구주로 고백하며, 전도의 사명을 감당하며, 전도의 열매를 보다 성숙한 그리스도인이 되도록 양육하고 있는 사람을 말한다."[26]라고 하였다. 기독교에서 기르고자 하는 한 인간상이 전도인 이라는데 초점을 두고 있는 것이다.

종교교육의 목표는 인격 교육이 되어야 한다. 이계학은 "사람이 사람인 것은 그의 사람다움에 있으므로 사람다움은 교육의 궁극적인 목표일 수밖에 없다. 사람이 사람다움을 구유(具有)하고 있을 때 그것을 인격이라고 한다. 따라서 인격은 교육의 궁극적이 목표일 수밖에 없다."[27]라고 하였다.

종교교육도 결국은 인간의 완성에 있으므로, 그 목표를 인격을 함양하는데 두어야 한다. 물론 각 종교에서 실시하는 종교교육을 인격 교육이라고 주장하겠지만 그 인격교육의 기준이 보편적 가치관을 근거로 한 인격교육이냐 하는 문제가 남게 된다.

이계학은 "인격의 실체란 한 개인이 가지고 있는 신념체제이며, 한 개인의 가치관이라고 하였다. 그리고 이러한 신념체제와 가치관은 지적(知的)으로 합리적이고 객관적인 것이고, 정적(情的)으로는 이타적이며 애타적(愛他的)인 것이며, 의적(意的)으로는 타율적인 것이 아니라 자율적인 것이다."[28]라고 하였다. 이러한 기준에서 보면 오늘날 각 종교에서 실시하고 있는 교육은 인격교육과 거리가 멀다고 할 수 있다.

불교의 종교교육이 인격교육을 위해서 결여된 것은 개인과 공동체 안

26) 김남식, 『새신자 양육론』 (서울: 정음출판사, 1984), 130쪽.
27) 이계학, 위의 책, 13쪽.
28) 같은 책, 37-38쪽.

에서의 균형 있는 삶일 것이다. 한 사람의 신념체계나 가치체계는 인간의 관계 안에서 그 객관성과 정당성이 드러날 수 있다. 따라서 인격을 위한 종교교육의 과정은 공동체 안에서, 인간관계 안에서 이루어져야 한다. '불교 교리의 근원적 깨달음인 무상과 무아를 깨닫기 위한 자기 수양이 어떻게 공동체적인 삶과 균형을 이루는 삶이 될 것인가?'하는 문제가 불교 종교교육의 과제일 것이다.

2. 인격 교육의 방법으로서 수행과정

교육이란 결국 사람다운 삶을 영위할 수 있는 인격자를 만드는 일이다. 인격자를 만드는 것을 교육의 목표로 삼게 될 때, 각 종교의 수행 방법을 종교교육의 방법으로 공유할 수 있다고 본다. 각 교단이 종교교육을 한 종교적 인간을 만드는 유일한 교육의 방법으로 인식하면서 다른 교단의 종교교육과 경쟁적 방법의 하나라고 본다면 종교교육의 방법은 공유할 수 없다. 종교교육은 인격자를 형성하는 하나의 보충적 기능을 가지고 있는 것으로 보아야 한다. 다시 말해 자기가 속한 교단의 종교교육 방법이 유일한 방법이고 전체라고 보는 것이 아니라, 인격 교육의 한 방법이고 부분이라고 생각해야 한다.

대부분의 종교는 그 종교의 교리와 사상을 표현하기 위하여 종교의식(宗教儀式)을 가지고 있다. 예배에서 표현되는 종교의식이나 수행과정도 종교적 내용을 표현하기 위한 형식이다. 형식은 종교의 내용을 내면화(內面化)하거나 의식화(意識化)를 위한 과정이다. 사람들은 종교적 형식에 참여하므로 그 종교에서 가르치는 교리나 사상을 이해하며 내면화 시킨다. 형식은 종교의 내용을 자각하게 하는 상징 작용을 하기 때문이다.

각 종교는 자기 교단의 교리나 사상을 사람들에게 의식화시키기 위하여 타 종교의 형식을 채택할 수 있다. 타 종교 형식에 자기 종교의 내용을 담을 수 있는 것이다. 이를테면 힌두교 전통에서 비롯된 불교의 사마타 명상은 기독교 신앙을 위해 유익한 명상법이라고 본다. 한 주제에 집중하여 명상을 하므로 신앙의 주체에 대한 의식을 끌어올리는 것이다. 또한 많은 종교에서 수행방법으로 채택하고 있는 만트람도 기독교 신앙심을 고양시키기 위한 효과적인 수행법이라고 본다. 하나의 종교적 주제를 반복하여 암송하므로 마음의 집중과 교리와 사상을 내면화 시키는 방법이기 때문이다.

기독교는 인격 수행을 위한 어떤 명상법이나 수행법이 타 종교에 비해 부족하다. 그러나 기독교는 타 종교에 비해 이웃에 대한 사랑과 봉사 정신을 강조하며, 이를 실천한다. 기독교인에게는 이웃에 대한 사랑과 봉사 활동이 수행 자체다. 그들은 이 활동을 통하여 자기 부정과 영적 정화(淨化)의 삶을 체험하는 것이다. 사랑과 봉사는 기독교 교리를 실천하는 일이지만 이것을 행하는 신도들에게 는 신앙심을 고양시키는 하나의 수행과정이다. 이들은 수행과정을 통하여 마음을 정화하고 자신의 욕망과 이기심을 버리며 순결한 마음을 갖게 된다.

그러나 이러한 가르침에도 불구하고 오늘날 기독교는 자신의 종교가 유일한 구원의 종교로 알고 타 종교에 대하여 배타적인 태도를 보인다. 이것은 예수의 진정한 가르침이 아니다. 기독교가 사랑의 종교가 되기 위하여 먼저 기독교인 자신의 내면세계에 대한 깨달음이 필요하다. 그리고 이를 위해 타종교의 수행과정을 수용하는 자세가 필요하다.

불교의 수행과정이 개인의 내면세계를 통찰하고 마음의 세계를 다스리는 수행으로서는 타 종교의 수행과정에 비해 앞서있다고 할 수 있다. 그러나 종교의 본질적인 가르침인 자비와 사랑을 실천하는 인격자 양성을 위한 수행의 방법으로 타 종교의 수행방법을 연구하고 수용할 필요가 있다.

3. 공동체적 삶을 위한 수행과정

신앙이란 인식하는 일, 사는 일, 행동하는 일을 포함하는 하나의 행동양식이다[29]. 인식, 삶, 행동 이 세 가지 면에서 변화를 가져 올 때 신앙이 성장했다고 할 수 있다. 명상이나 기도 등을 통해서 깨달음이 있다고 해서 곧 신앙이 성장했다고 할 수 없다. 신앙 자체가 우리의 행위에 관한 사항이고 하나의 활동인 것이기 때문에 신앙은 타인과의 관계를 통한 행동의 결과로써 생기며, 타인과 함께 행하는 활동을 통해서 변화되고 발전하게 된다.

인격형성은 사회화(社會化) 과정을 배제한 채 자력의 수행만으로 이루어질 수 없다. 인격형성을 위한 핵심적 의식인 자기의식은 우리의 사회적, 문화적 환경과의 상호작용의 결과이다. 사람은 자기의식에 의하여 행동하고 의미를 산출하는 자아개념. 가치체계, 세계관 등은 사회와 과정에 의하여 그 형태가 결정되는 것이다. 사회공동체와 개인의 자아의식과의 관계는 변증법적이다. 자아의식은 사회에 에토스(ethos)를 형성하며 사회발전을 촉진시킨다. 그리고 사회의 에토스는 인간의 정서에 영향을 미

29) John H. Westerhoff Ⅲ., op.cit. p.89.

친다. 따라서 인격형성을 위한 수행이 개인의 깨달음에 목적을 두지 않고, 그 깨달음이 신앙공동체 성장을 위해 영향을 주고 그 안에서 개인이 성장할 수 있는 수행과정으로 발전해야 한다.

불교의 수행과정은 대부분 자력수행의 방법이며, 자신의 깨달음과 해탈과 열반을 위하여 수행을 한다.30) 그러나 자기만족만을 위한 깨달음과 열반을 추구하는 수행이라면 이기심의 발로라고 할 수 있다. 태국의 스님 아잔차는 불교의 명상수행에서 빠질 수 있는 위험을 다음과 같이 경고하고 있다.

> 만일 명상 수행을 한다는 명분아래 자신의 책임을 회피하면서 이기심과 아만으로 사방 벽을 만들어 놓고 그 속에 숨어버린다면 명상은 한낱 자기중심적 성향을 가리는 가면에 불과하므로 분명히 그것은 현실도피이며 바람직하지 못하다.31)

진정한 수행은 중생을 교화(敎化)하고 구원하는 이타행을 수행하는 것과 연결되어야 한다. 불교인으로서 인격을 수행하고 사회를 정화하는 수행을 하려면 개인의 깨달음을 중시하는 수행과 공동체 안에서 더불어 사는 삶의 과정에서 이루어지는 수행을 개발해야 할 것이다.

한편 기독교에서는 “온 천하를 얻고 자신을 잃으면 무엇이 유익하냐?”32)는 성서의 가르침처럼 공동체 안에서 모이는 관계를 중심한 선교와 친교 활동도 중요하지만, 개인의 인격을 연마하는 불교의 자력 수행의 과

---

30) 황성기, 『불교학 개론』, 225-227쪽.

31) Acharya Buddharakkhita, 이경숙역, 「현대인과 불교명상」 『새불교 원초불교』 (서울 : 고요한 소리, 1994), 90쪽.

32) 『성경전서』, 마태복음 16장 26절.

정을 수용할 필요가 있다.

VI. 맺음말

오늘날 이데올로기에 의한 냉전의 시대는 종식되었다. 그러나 인류가 하나의 공동체를 이루어 평화세계를 이루어 살아가기에는 아직도 넘어야 할 장벽이 많다. 그 중에서도 종교 간의 갈등은 인류가 넘어야 할 마지막 장벽이 될 것이다. 중동에서 유대교와 이슬람의 갈등, 인도와 파키스탄의 힌두교와 이슬람의 분쟁, 중국과 티베트(티베트 불교 세력)와의 분쟁, 기독교와 이슬람간의 갈등 등 현재 전쟁 중이거나 휴화산으로 멈추어 있는 갈등 지역들이다.

종교가 화합하는 길은 여러 가지로 모색될 수 있다고 본다. 본 논문에서는 각 종교에서 수양을 위해 수행하고 있는 방법들을 서로 공유하므로 종교 간에 화해와 일치가 가능하다는 가정을 전제로 진술하였다.

수행 방법은 하나의 교육 방법이기 때문에 이를 공유하기 위해서는 교육의 목표가 같은 것이어야 한다. 따라서 보편적인 윤리와 도덕을 갖춘 인격형성을 종교교육의 목적으로 설정 한다면 종교 간에 수행방법을 공유할 수 있다.

기독교에서 부족한 점이 있다면 자력 수행에 의하여 신을 만나고 신의 계시를 깨닫는 점이다. 따라서 기독교가 불교의 선이나 인도의 요가 명상, 등을 수행과정으로 도입한다면 기독교 신앙을 더 강화할 수 있을 것이다. 한편 불교는 공동체 안에서 더불어 살기 위한 수행과정이 부족하다. 불교가 기독교의 적극적인 공동체 훈련이나 신앙 생활방식을 수용한다면 기독교와의 일치와 대화가 더 활발하게 이루어질 것이다.

<참고문헌>

김정빈, 『마음 다루는 법』, 서울: 물병자리, 1999.

나용화, 『영성과 경건』, 서울: 기독교문서선교회, 1999.

박석, 『명상길라잡이』, 서울: 도솔, 2000.

이계학, 『인격교육론』, 서울: 성지사, 1991.

정태혁, 『명상의 세계』, 서울: 정신세계사, 1987.

황성기, 『불교학 개론』, 서울: 도서출판 아름다운 세상, 1999.

增谷文雄, 이완섭 역, 『불교개론』, 현암사, 1976.

서명석, 「노장과 선가의 초월적 수양공부」, 『종교교육학 연구』, 종교교육학 13, 2001.

황금중, 「주자의 공부론 연구」, 연세대학교 대학원 박사학위 논문, 2000.

도서출판 고요한소리 편, 『새불교-원초불교』, 서울: 고요한 소리, 1994.

Dalai lama, 진우기, 신지욱 역, 『깨달음의 길』, 부디스트 웹 닷컴, 2006.

Cully, Iris, *Education for Spiritual Growth,* 오성춘 외 역, 『영적 성장을 위한 교육』, 서울: 대한예수교장로회총회교육부, 1986.

Easwaran, Eknath, *Meditation,* 김성균 역, 『명상의 기술』, 서울: 도서출판 강, 2004.

H. M. Enomiya, & S. J. Lassalle, 이남영, 정은순 역, 『선도-깨달음의 길』, 분도출판사, 1984.

Eliade, Mircea, *The Sacred & The Profane*, San Diego: Harcourt Brace Jovanovich, 1987.

Fowler, James, *Stage of Faith*, SanFrancisco: Harper Collins Publishers, 1978.

Groome, Thomas, *Christian Religious Education*, San Francisco: Happer & Row, 1980.

H. Westerhoff Ⅲ, John, *Will our Children have Faith?*, JNew York: The

Seabury Press, 1976.
H. Westerhoff Ⅲ, John, & William H. Willimon, *Liturgy and Learning Through the Life Cycle*, New York: The Seabury Press.

제8장

통일교 수행방법과 영성계발 -심정계발을 중심으로-

Ⅰ. 머리말

심리학자 칼 융(Carl Jüng)은 영성의 개념을 말하면서 "영성이란 위험한 주제이다. 왜냐하면 영성은 그 자체로서 주체이며, 그것 앞에서는 우리가 오히려 객체인 것처럼 느껴지는 주제이기 때문이다."[1)]라고 말하였다. 융이 영성에 대하여 이렇게 말한 것은 이를 다룬다는 것이 그만큼 중요하고 어렵다는 것을 의미한다.

최근에 종교학, 신학의 영역에서 뿐만 아니라 각 학문의 영역에서 영성은 중요한 연구 주제가 되고 있다. 특히 심리학, 사회학, 철학 등의 응용분야에서 영성을 연구의 대상으로 하고 있는 것은 인격 성장과 완성을 위해

1) Ann Belford Ulanov, *Spirituality & Psychotherapy*, 이재훈 역, 영성과 심리치료(서울: 한국심리치료연구소, 2005), 92쪽에서 재인용.

서 지향해야 할 핵심 가치가 되기 때문이다.

종교적 인간 형성을 목적으로 하는 종교교육학에서 영성은 목적 자체이고, 영성계발은 종교교육 과정(過程)의 핵심이 된다. 그것은 종교교육 목적이 영성적 인간이 되는 것이고, 종교교육의 과정은 영성적 인간화를 위한 과정이라고 할 수 있기 때문이다. 최근 기독교의 제자화 교육이 영성에 초점을 맞추는 것도 이러한 이유에서다.

본 논문은 통일교의 영성에 대한 이해와 그 영성 계발의 과정을 소개하고자 한다. 영성에 대한 새로운 개념 정립이나 영성계발을 위한 새로운 방법을 소개하고자 하는 것이 아니라 통일교의 영성 이해와 영성계발을 위한 방법과 수행과정을 소개하고자 한다.

II. 영성의 통일신학적 이해[2)]

통일교 교리와 신학의 원전이 되는 『말씀선집』이나 『원리강론』에서 영성이라는 용어는 사용되지는 않는다. 그러나 영성이라는 용어가 없다고 해서 영성의 중요성을 간과하는 것이 아니다. 영성의 개념을 포함하면서 차원을 달리한 개념으로 "심정"이라는 말을 사용하고 있다.[3)] 심정

2) 여기서 통일신학이란 통일교의 신학 서적을 말하는 것이 아니고 통일교회의 신학적 입장을 말하다. 즉 『말씀선집』, 『원리강론』, 『통일사상요강』 등에 나타난 종교적 주제에 대한 신학적 입장을 말한다.

3) 『말씀선집』은 『문선명 선생의 말씀선집』을 말하며 통일교를 창시한 문선명 선생의 설교를 묶어는 1천여 권의 설교집이다. 『원리강론』은 통일교 교리를 조직신학적 관점에서 진술한 책이다. 『말씀선집』이나 『원리강론』의 주제어 검색에서 영성이라는 말은 사용되지 않았음을 볼 수 있다.

은 영성의 개념을 형성하는 외연을 내포하면서, 영성의 본질을 설명하는 외연을 갖고 있다.

『말씀선집』이나 『원리강론』에서 사용한 심정의 개념에는 영성의 개념을 형성하는 외연(外延)을 포함하고 있다. 위 두 책에서 심정의 의미를 규정하는 관형사나 서술어(敍述語)를 보면 일반적으로 사용되는 영성의 의미와 거의 일치하는 것을 볼 수 있다.

심정을 규정하는 관형사를 보면 '하나님의 심정', '예수님의 심정'. '부모의 심정', '창조의 심정', '복귀의 심정', '충절의 심정', '애달픈 심정', '체휼해야 할 심정', '뜻에 대한 심정' 등의 용어가 있다. 심정을 규정하는 이러한 관형사들을 통해서 심정은 하나님과 인간의 관계성과 관계 맺는 방식을 말하고 있음을 알 수 있다.

심정의 서술어를 보면 '심정을 상속하자', '심정을 알자', '심정이 통하다', '심정을 닮자', '심정의 세계', '심정의 부활', '심정의 주인공', '심정의 실체', '심정의 기준', '심정의 계발', '심정의 혁명' 등으로 쓰이고 있다. 이러한 심정에 대한 서술어를 통해서 심정은 깨닫고 계발시켜야 할 인지적, 정서적, 행위적 영역에서 사용되는 용어임을 알 수 있다.

『통일사상』에서 심정이란 "사랑을 통해서 기쁘고자 하는 정적 충동"[4]으로 정의하고 있다. 심정은 하나님의 속성, 즉 신성의 핵심으로 심정이 동기가 되어 인간이 창조되었고 하나님은 심정을 통해 인간과 관계 맺는다.

하나님은 사랑하고 기쁘고자 하는 정적 충동에 의해서, 이 충동에 반응할 수 있는 대상으로 피조세계를 창조 하였다. 따라서 심정은 인간의 본

4) 통일사상연구원 편, 『통일사상요강』(서울: 성화출판사, 1993), 58쪽.

성이 된다. 인간은 심정적 존재로 인간이 존재하는 목적은 하나님께 기쁨을 돌리는 대상이 되는 것이다.

인간 안에 내재되어 있는 하나님의 형상(Imago Dei)이 무엇인가는 기독교 신학 담론의 중요한 이슈가 되어왔다. 통일신학의 관점에서 볼 때 인간 안에 있는 하나님의 형상은 심정으로 이해할 수 있다. 인간 안에 심정이 내재되어 있기 때문에 인간은 하나님과 관계 맺을 수 있는 존재가 될 수 있는 것이다.

심정에 대한 관형사와 서술어를 통해서 본 인간의 이해는 인간이 타락으로 말미암아 하나님과의 심정적 관계가 단절된 존재로서의 이해다. 즉 하나님의 사랑하고 기쁘고자 하는 충동에 반응하는 인간이 되지 못한 것이다. 하나님의 형상으로서의 심정을 상실한 인간이기 때문에 그분의 존재와 사랑을 깨닫지 못하는 인간의 실상인 것이다.

심정의 개념으로 볼 때 인간의 구원이란 곧 심정적 인간, 심정적 세계를 회복하는 것이라고 할 수 있다. 하나님의 사랑과 기쁨에 대하여 감응하지 못하는 타락한 인간이 하나님의 기쁨과 사랑의 대상이 되는 것이요, 인간과 인간의 관계가 심정적 관계로 회복되는 것을 구원이라고 할 수 있다. 인간의 구원을 위해 오신 분이 바로 메시아요 그리스도다. 타락성을 가진 인간은 스스로를 구원할 수 없기 때문에 하나님과 심정적 일체를 이룬 메시아가 세상에 강림하여 인간과 세상을 구원한다는 통일교의 구원론은 기독교의 구원론과 맥을 같이 한다.

앞에서 심정과 영성의 개념을 형성하는 외연이 거의 동일하다고 하였다. 심정과 영성의 개념은 거의 동일한 외연을 가지고 있지만 이들을 규정하는 관형사나 그것을 설명하는 서술어의 차이를 통해서 두 단어가 갖는 의미의 차이를 발견할 수 있다.

『원리강론』에서 모든 존재는 성상(性相)과 형상(形狀)의 이성성상(二性性相)의 관계로 되어 있다.[5])고 본다. 이러한 존재 방식에 의해 심정과 영성의 관계를 설명하면 심정은 성상이고 영성은 형상이라고 할 수 있다. 즉 심정은 원인과 주체적인 입장이고 형상은 결과와 대상의 입장으로 이해 할 수 있다.

『통일사상요강』에서 하나님의 신성을 로고스, 심정, 창조성 등으로 보고 있다. 로고스는 이법, 창조의 구상, 말씀 등을 외연으로 갖는 개념으로 로고스에 심정의 의지가 작용하여 피조물이 창조된 것으로 본다.[6]) 즉 심정은 본질과 존재를 연결해주는 의지요, 에너지다. 이와 같은 심정의 의미에서 영성은 심정에 의해 형성된 존재의 특성이다.

심정과 영성의 이러한 이해는 영성에 대한 환원주의(還元主義) 입장에 선다는 오해가 있을 수 있으나 심정과 영성의 관계는 서로의 의미를 보충해주고 온전하게 하는 상대적 관계라고 이해할 수 있다. 즉 심정의 빛에서 영성을 조명하게 될 때 보다 영성의 의미가 보다 구체화 된다. 심정의 빛에서 영성을 조명해 보면 영성을 지시하는 말들은 다음과 같다.

첫째, 영성은 하나님과의 심정적 관계에서 형성된다. 인간은 하나님의 심정이 동기가 되어 창조되었기 때문에, 즉 사랑하고 기쁘고자 하는 충동에 의해 하나님의 사랑과 기쁨의 대상으로 창조되었으므로 인간은 하나님의 심정에 반응할 때 영성적 인간이 될 수 있다.

둘째, 영성계발이란 심정에 의해 영성의 깊이와 폭을 넓혀가는 가는 것

---

5) 세계기독교 통일신령협회 편, 『원리강론』 (서울 : 성화사, 1991), 32쪽.
6) 『통일사상요강』, 58쪽.

이다. 심정 발달의 목표는 하나님의 심정과 일체가 되는 것을 말한다. 심정은 인간에게 내재되어 있는 본성의 회복이기 때문에 심정을 회복하는 과정에서 인간의 영성의 깊이와 폭을 넓혀간다.

셋째, 영성은 심정적 관계와 생활에서 계발된다. 심정은 마음과 몸의 수주작용에 의하여 계발된다. 마음에서 일어나는 사랑하고 기쁘고자 하는 충동을 몸으로 실천하게 될 때 영성이 성숙된다. 따라서 영성은 하나님의 심정을 추구하며 대상을 사랑하고 기쁘게 하는 생활을 통해서 형성된다.

넷째, 심정은 공동체 안에서 체휼되고 성장한다. 특히 가정공동체는 심정을 체휼하고 심정을 계발하는 요람이며 교육의 장이 된다. 인간은 가정에서만 부모의 심정, 부부의 심정, 부자(父子)의 심정, 형제의 심정 등 "사대심정권"[7]을 형성할 수 있다. 따라서 가정은 영성훈련을 위한 최선의 공동체다.

Ⅲ. 영성적 인간이해와 영성적 인간발달

종교교육의 목표, 종교교육의 과정, 종교교육의 방법 등 종교교육론을 논하기 위해서는 먼저 인간의 이해가 전제되어야 한다. 즉 어떤 인간을 어떻게 만들 것인가에 대한 이해가 전제되어야 한다. 종교교육의 목적은 영성적 인간형성이고, 그 과정을 영성계발이라고 할 수 있기 때문이다.

7) 통일교인들은 매일의 생활에서 가정맹세를 암송한다. 가정맹세에서 "사대심정권을 완성할 것을 맹세한다."는 구절이 나온다. 즉 부모의 심정, 부부의 심정, 형제의 심정, 부자의 심정을 말한다.

1. 심정적 인간

통일신학의 관점에서 인간의 존재목적을 알기 위해서는 먼저 창조주 하나님의 피조세계의 창조목적을 알아야 한다. 신의 창조목적이 곧 인간의 존재 목적이 되기 때문이다. 통일신학에서의 창조론은 "심정동기론"8) 이다. 즉 하나님의 사랑과 기쁨의 대상으로 인간을 창조하셨다는 것이다. 인간은 하나님의 사랑과 기쁨의 대상으로 창조되었기 때문에 인간의 존재목적은 '하나님의 기쁨을 위한 선의 대상'이 된다.

하나님의 기쁨의 대상이 되기 위해서는 인간에게 주신 "생육하고 번식하여 만물세계를 주관하라"(창세기: 1장 28절)고 하신 삼대축복을 완성해야 한다. 삼대축복완성은 통일원리에서 개성완성, 가정완성, 주관성 완성이라는 말로 구체화 되었다.9)

삼대축복의 완성은 하나님의 입장에서는 창조목적이지만 인간의 입장에서는 존재목적이 된다. 즉 개성완성, 가정완성, 주관성 완성은 인간이 추구해야 할 존재목적이다. 따라서 삼대축복의 완성은 종교교육의 목적이 되며, 이를 완성하기 위한 과정이 종교교육과정이다.

삼대축복은 개인, 가정, 만물 등 세 차원의 관계성 완성을 말한다. 개성완성은 하나님과 나와의 관계 완성, 가정완성은 나와 너의 관계완성, 주관성 완성은 나와 만물세계와의 관계 완성을 말한다. 이 세 차원의 관계에서 제 1축복인 하나님과 나의 관계는 존재의 근원적 관계가 된다.10)

---

8) 『통일사상요강』, 61쪽

9) 『원리강론』, 53-55쪽

10) Martin Buber, trans. by Ronald Gregor Smith, *I and Thou*(New York: Macmillan Publishing Company, 1987), 23쪽.

근원적 관계란 모든 존재의 관계를 가능하게 하는 관계의 근원이요, 관계의 중심을 말한다.

세 차원의 관계에서 원인자(原因者)가 되고 관계를 활성화시키는 동인(動因)이 심정이다. 심정은 상대를 사랑하고자 하는 의지이며, 상대를 통해서 기쁘고자 하는 충동이다. 따라서 심정은 선의 관계를 추구하며, 선의 관계를 활성화 시킨다.

통일신학에서는 인간을 "하나님의 형상이며, 타락한 존재"로 이해한다.[11] 창조본연의 인간은 하나님의 형상으로 창조되어 심정적 일체를 이룰 수 있는 존재로 창조되었지만 인간조상의 타락으로 하나님의 심정에 대하여 반응하지 못하는 무지(無知)한 인간이 되었다. 따라서 종교 사역의 목표인 인간의 구원은 먼저 인간으로 하여금 하나님의 심정을 알고 하나님의 심정에 대하여 반응하는 인간이 되어야 한다. 인간이 하나님의 심정에 반응하게 될 때 하나님과 나와의 관계를 원관계(原關係)로 하여 나와 너의 관계, 나와 만물과의 관계가 온전한 관계로 형성될 수 있다.

2. 영성계발의 요소

1) 영성계발의 통전성

일반적으로 종교에서 영성계발은 개인적이고 관상적인 영역에서 논의된다. 그러나 인간 삶의 전 영역에서 영성계발이 이루어질 때 영성적 인간으로의 변화와 성장이 가능하다. 육체적이고 정신적인 건강뿐만 아니

11) 『원리강론』, 제 2장 타락론 참조.

라 이웃과의 관계 회복, 자연과의 관계, 일과 놀이 등 전 영역에서서 영성 계발이 이루어질 때, 전인적이고 건강한 영성적 인간이 된다.

전인적이고 건강한 영성의 계발을 위해서 인간의 전 삶의 영역에 심정이 중심이 되어야 한다. 곧 사랑과 기쁨이 동기가 되어 자아, 이웃, 자연 등과의 관계를 맺어야 한다. 클라인벨은 영성계발의 요소를 몸, 마음, 관계, 직업, 놀이, 세상 등 6차원으로 말하는데,12) 통일신학의 입장에서 볼 때 이 6차원에 유기적이고 통일성을 부여해서 성장시키는 뿌리를 심정이라고 본다.

위 그림은 클라인벨(Howard Clinebell)이 영성을 설명하기 위한 다이어그램을 통일신학적 관점으로 변형시킨 것이다. 여섯 개의 꽃잎은 클라인벨이 사용한 영성의 여섯 차원을 말한다. 그는 꽃잎의 중심에 영성을

12) Howard Clinebell, 『Well Being』,(New York: Harper Collins Publisher, 1992), pp.6-7.

놓고 있다. 영성은 전인성(全人(性)을 위한 여섯 차원을 한데 모아주며, 인간의 전인성을 위한 여섯 차원을 유기적으로 통일성을 부여하기 때문이다.13)

클라인벨은 영성의 여섯 차원 중 '세상'을 넣고 있는데 우리말에서 세상이라는 말은 다의적(多義的) 표현이기 때문에 필자는 세상을 '자연'이라는 말로 대체하였다. 영성의 계발을 위해서는 자연과의 관계를 배제할 수 없기 때문이다. 영성계발을 위해서는 자연을 사랑하고 자연을 통한 기쁨을 유발할 수 있어야 한다.

위 다이어그램에서 태양의 빛과 같은 영역을 생소(生素)라고 표현하였는데, 생소라는 말은 통일신학에서 사용한 말로 하나님으로부터 오는 생명을 위한 에너지다. 즉 인간의 속사람 영인체(靈人體)를 성장시키는 요소를 말한다.14) 생소는 단순히 영인체만을 성장시키는 요소라기보다는 인간이 존재하기 위한 근본 에너지라고 할 수 있다.

클라인벨은 꽃나무의 뿌리에 해당하는 것에 대한 설명이 없으나 필자는 뿌리에 해당하는 부분을 심정이라고 본다. 심정은 사랑과 기쁨을 위한 충동으로 영성의 여섯 차원을 지지해 주고 이끌어 가는 뿌리이기 때문이다.

2) 영성계발과 3대축복 완성

앞에서 설명한대로 삼대축복은 하나님이 인간을 창조한 목적이고 인간

---

13) Ibid.
14) 『원리강론』, 70쪽.

에게는 존재의 목적이 된다. 따라서 삼대축복 완성은 영성계발의 목표이고 영성계발은 삼대축복의 완성을 위한 핵심과정이다.

(1) 영성계발과 개성완성

영성이란 교육과 훈련에 의하여 계발된다. 이 영성의 계발을 위하여 초점을 맞추어야 할 분야가 인간의 타락성 본성 해탈이다. 통일신학에서는 창조본연의 인간은 선한 인간으로 창조되었으나 타락으로 인하여 타락성을 갖게 되었다고 본다. 즉 인간은 본래 선한 성품으로 창조되었으나 인간조상의 타락행위로 타락성을 갖게 된 것이다.[15)]

타락성 본성은 인간조상 아담과 해와가 에덴동산에서 타락하는 과정에서 획득한 죄성(罪性)으로 인간에게 유전되고 모방이 된다. 이 죄성은 시기, 질투, 교만 등으로 인간의 창조본성을 파괴하는 속성이다. 따라서 인간의 영성을 회복하기 위해서는 타락성을 해탈하여 창조본연의 심정적 인간이 되어야 한다. 타락성은 태초의 인간조상이 저지른 죄로 말미암아 원죄가 형성되면서 인간의 속성으로 자리 잡게 되었고 유전되어 내려오는 죄의 뿌리에 해당하기 때문에 타락성을 해탈하지 않으면 인간의 욕망이 선을 추구할 수 없다.

통일신학에서는 죄로부터의 구원 받아 창조본연의 인간으로 회복하는 것을 복귀(復歸)라고 한다. 복귀란 타락한 인간이 창조본연의 인간으로 돌아가는 것을 의미하는데 복귀원리에 의하여 구원이 이루어진다. 복귀원리에서 가장 중요한 것이 탕감복귀(蕩減復歸)의 원리다. 즉 인간이 타락성을 벗고 창조본연의 위치로 돌아가기 위해서 어떤 탕감조건을 세워

15) 위의 책, 100-102쪽.

나가는 것을 의미한다.[16]

타락성 본성이란 인간의 창조본성을 파괴하고 인간을 죄의 굴레로 이끌어가는 시기, 질투, 교만 등과 같은 죄성이다. 이 죄성을 벗고 사랑하고 기쁘고자 하는 창조의 본성을 회복해 나가는 것이 부활(復活)이며 복귀이다. 영성계발이란 인간이 타락성을 벗고 창조본연의 인간으로 나가는 부활과 복귀의 과정을 말한다. 이 과정에서 탕감조건을 세워 타락성을 벗고 창조본연의 인간으로 회복하기 위한 과정이 종교적 수행과정이다.

(2) 영성계발과 가정완성

가정은 『말씀선집』에서 가장 많이 사용된 주제어 가운데 하나다. '가정을 통한 하나님의 나라 실현'이라는 표어는 통일교의 선교의 목표이며, '가정을 통한 하나님의 나라 실현'을 위한 참가정 실천 운동이 통일교 선교 사업의 중심이다.

통일교회 선교의 목표는 인류가 '하나님 아래 한 가족'을 이루는 것이다. 그것은 종교가 추구하는 천국은 가정에서부터 시작되며[17] 천국은 이상 가정을 확대한 것으로 보기 때문이다.[18]

통일신학에서 가정은 하나님의 심정을 상속 받고 하나님과 심정일체를 이루기 위한 장(場)이다. 하나님을 중심한 남편과 아내, 부모와 자식, 형제간의 사랑 안에서 심정적 가정을 이루는 것이 가정의 완성이다. 따라서 가정을 통하지 않고 창조본연의 인간 완성은 불가능하다.

가정은 인간 성장의 터전이고 성품이 형성되는 원천이다. 따라서 가정

16) 위의 책, 228-230쪽.
17) 『말씀선집』. 제 23권 54쪽.
18) 위의 책, 제 13권, 95쪽.

에서 형성된 영성이 통전적 영성이라고 할 수 있다. 통전적 영성이란 종적인 관계와 횡적인 인간관계 안에서 형성되는 영성을 말한다. 가정에서 이루어지는 종적인 관계와 횡적인 인간관계 속에서 형성된 영성은 관계성을 지향하고 사랑의 실천을 지향한다.

출산, 경제적 나눔, 전통과 인간의 사회화 등 가정의 본질과 기능은 바로 영성계발을 통해서 이루어진다. 즉 가정에서의 심정적 관계와 생활을 통해 변화되는 인간이 바로 영성적 인간의 징표로 나타난다.

(3) 만물 주관성 완성을 통한 완성

셋째 축복에 해당하는 주관성 완성은 인간의 삶의 터전인 자연과의 관계 안에서 이루어지는 상호작용을 말한다. 여기서 주관성 완성이란 단순히 만물을 다스린다는 의미가 아니다. 만물과의 관계 안에서 사랑과 미를 주고받는 것을 의미하며, 만물과의 상호작용을 통해서 만물로부터 창조주의 심정을 느끼며, 만물이 가지고 있는 창조성을 발현시켜 주는 것을 의미한다.[19]

『원리강론』에서 만물은 인간의 성상과 형상을 실체로 전개해 놓은 대상이라고 하였다. 따라서 인간은 그의 실체대상인 만물세계로부터 오는 자극으로 말미암아 자체의 성상과 형상을 상대적으로 느낄 수 있기 때문에 기쁨을 느낄 수 있다고 하였다.[20] 만물은 인간의 영성계발을 위한 무한한 자원이다. 만물을 통해서 하나님의 창조성을 느낄 수 있으며, 하나님의 사랑을 느낄 수 있고, 대상을 사랑하는 감성을 풍요롭게 할 수 있

19) 『원리강론』, 54-55쪽.
20) 위의 책, 55쪽.

다. 따라서 건강한 영성을 계발하기 위해서 만물과 사랑과 미(美)를 주고받는 심정적 교류를 해야 한다.

『말씀선집』에서 만물을 통해서 하나님의 심정을 느끼는 일은 기도보다 더 중요하다고 하였다.[21] 그것은 만물 안에 하나님의 심정이 깃들어 있기 때문이다. 만물 안에도 하나님의 신성(神性)이 내재되어 있으므로 오관을 통해 만물을 보고 느끼는 것은 바로 하나님과 대화하는 일이 된다. 따라서 만물을 관조(觀照)하고 만물의 창조성을 느끼는 일은 영성계발을 위한 중요한 과정이 된다.

3. 신앙발달과 영성계발

1) 영성발달의 영역

『원리강론』에서는 모든 피조물은 성장기간을 거쳐 완성하는 것으로 본다. 인간도 마찬가지이다. 인간 시조의 창조는 처음부터 완성한 인간으로 창조된 것이 아니라 어린아이로 태어나서 성장기간을 거쳐 성인이 된 것이다.[22] 통일원리에서의 성장과 완성이란 육신뿐만 아니라 영인체의 성장과 완성을 의미한다. 영인체는 육신의 성장과 더불어 성장하는 것으로 진리를 알고 진리를 실천하는 삶을 통해서 가능하다.

하나님은 지정의(知情意)의 본체가 되시기 때문에 그분의 형상으로 창조된 인간도 마음은 그 작용에 있어서 지정의의 세 기능을 한다. 육신은

21) 『말씀선집』 제 9권 174쪽.
22) 『원리강론』, 93쪽.

마음, 곧 지정의의 감응체로서 진미선(眞美善)을 추구하게 된다. 인간이 추구하는 진미선의 가치를 통해 인간은 발달하고 완성된다.

인간의 영성발달이란 진미선의 세 차원에서 이루어진다고 할 수 있다. 이 세 차원을 인간 발달의 세 영역 즉 인지적 영성발달, 정서적 영성발달, 행위적 영성발달의 영역에 해당한다. 따라서 인간의 영성 발달도 이 세 영역에서 이루어진다.

인지적(認知的) 영성발달은 인간의 이성을 통한 지각 활동이다. 인간의 이성이 하나님께서 창조한 세계를 인식하며, 인간이 자신이 피조물임을 인식하여 하나님의 창조목적 실현을 위한 바람직한 행위를 지향하는 의지라고 할 수 있다.

정서적(情緖的) 영성발달은 인간이 사랑과 미를 추구하는 감성의 발달이다. 모든 존재는 주체와 대상의 관계를 형성하고 있는데, 주체는 사랑하려고 하는 의지를 가지고 있고 대상은 주체에게 미(美)를 돌리려는 의지를 가지고 있다. 하나님과 인간의 관계에서도 마찬가지이다. 하나님과 인간의 관계는 주체와 대상의 관계로 하나님은 인간을 사랑의 대상으로 창조하셨고 인간은 하나님께 미를 돌리는 대상인 것이다.[23)]

행위적 영성발달은 인지적 영역에서 일어난 지각에 의해 정서적 영역에서 일어나는 미를 추구하고자 하는 의지를 행동으로 표출하는 것을 말한다. 절대 선의 주체이신 하나님의 선의 대상으로 창조된 인간의 의지는 선을 지향한다. 즉 하나님과 심정적 일체가 될 때 인간의 행위는 선을 지향하게 된다.

인간의 영성발달은 인지적, 정서적 행위의 조화로운 발달에 의해 이루

23) 『원리강론』 58-59쪽.

어진다. 교육과 훈련, 그리고 생활에 의해 이 세 영역의 발달이 이루어지기 때문에 영성계발을 위한 세 차원의 수행과정이 필요하다. 즉 인지적 영성발달을 위한 수행, 정서적 영성발달을 위한 수행, 행위적 영성발달을 위한 수행 과정이 필요한 것이다.

2) 영성발달과 부활

통일신학에서 사용하는 부활의 개념은 기독교에서 사용하는 부활의 개념과 상이(相異)하다. 전통적 기독교에서의 부활은 물리적, 심령적(心靈的) 현상으로 보고 있으나, 통일신학에서의 부활은 그러한 현상으로 보지 않고 새로운 존재로의 복귀로 보고 있다. 인간의 주검에서의 부활이 아닌 비존재에서 존재로의 복귀에 강조점을 두고 있다. 이처럼 부활의 개념이 기독교와 다른 것은 죽음에 대한 이해가 다르기 때문이다. 『원리강론』에서의 죽음은 육신의 기능이 멈춘 것만을 의미하지 않는다. 죽음은 육신의 죽음과 관계없이 가치적인 면에서의 죽음으로 인간이 하나님의 사랑의 주관권을 떠난 것을 의미한다. 『원리강론』에서 말한 부활의 정의를 보면 부활은 인간의 하나님의 직접주관권 즉 하나님의 사랑권내로 복귀되어 가는 과정적 현상을 의미한다고 하였다.

> 인간이 그의 타락으로 초래된 죽음 즉 사탄 주관권내에 떨어진 입장으로부터 복귀섭리에 의하여 하나님의 직접주관권내로 복귀되어가는 그 과정적인 현상을 의미하는 것이다. 따라서 죄를 회개하고 어제의 나보다 오늘의 내가 좀 더 선하게 되었다면 우리는 그만큼 부활한 것이다.24)

위의 부활에 대한 정의에서 볼 때 통일신학에서 말하는 부활은 영성발달과 그 의미를 같이 한다. 부활은 일시적이고 일회적인 사건이 아니라 인간의 삶의 과정에서 창조본연의 인간으로 복귀되어가는 과정이다. 기독교에서 예수 그리스도의 제자가 되어가는 과정을 영성발달로 보는 입장과 통일교회 부활의 과정은 같은 의미를 가지고 있다.

통일신학에서 부활은 인간 재창조의 과정으로 창조의 완성을 위하여 성장기간이 있듯이 부활도 완성을 위한 과정이 있다. 즉 부활은 소생부활, 장성부활, 완성부활의 과정을 통해 이루어진다. 이 부활의 과정이 영성발달을 위한 과정이다.[25]

부활은 가치적인 면에서 인간의 변화와 성장을 의미하기 때문에 인간의 속사람 영인체의 성장과정을 의미한다. 인간의 영인체는 육신의 성장과 더불어 완성하게 된다. 위 정의에서 볼 때 부활은 곧 영성계발의 과정과 같은 의미를 갖는다고 할 수 있다.

부활이라는 말의 영성적 의미를 새겨보면 첫째, 부활은 하나님과의 관계 회복이다. 하나님의 직접주관내로 복귀된다는 말은 인간이 하나님의 심정과 일체를 이루어 그의 뜻대로 사랑과 미를 완전히 주고받아 선의 목적을 이루는 것을 말한다. 직접주관의 상대적 개념인 간접주관은 하나님의 창조원리에 의하여 인간의 스스로의 책임을 수행하여 그분의 직접주관권내에 들어가기 위한 전 단계를 말한다.

둘째, 부활의 과정은 복귀의 과정이다. 통일교는 기독교의 구원이라는 말의 대응으로 복귀라는 말을 사용하고 있다. 복귀라는 말은 본래의 위치

---

24) 위의 책, 178쪽.
25) 위의 책 180-181쪽.

와 상태로 돌아간다는 뜻이다. 즉 하나님이 인간조상을 창조하면서 이상하셨던 본연의 세계 즉 창조본연의 세계로의 회복을 의미한다. 부활이란 곧 창조본연의 인간으로 복귀함을 의미한다.

셋째, 부활이란 구원을 위한 과정적 현상이다. 통일교에서 말하는 부활은 일회적인 회심을 의미하지 않는다. 부활은 목표가 있고, 그 목표를 이루기 위한 과정에서의 발달을 말한다. 즉 영성계발이란 일회적인 회심에 의하여 일어나는 것이 아니라 삶의 과정에서 지속적으로 일어나는 심정의 발달을 의미한다.

위에서 살펴 볼 수 있듯이 부활은 영성계발과 같은 의미를 갖고 있음을 알 수 있다. 영성계발은 하나님과의 관계회복, 본연의 인간성 회복, 단계와 과정을 통해서 이루어진다는 점에서 종교교육의 핵심적 과제다. 통일신학에서 그 단계를 하나님과의 관계 발전의 입장에서 행의시대(行義(時代), 신의시대(信義時代), 시의시대(侍義時代)로 구분하고 있다.[26]

소생기는 행함으로 완성되는 행의시대다. 행의시대는 자율적이고 자발적인 신앙보다 '하라'는 지시명령이나 '하지마라'는 금지명령 같은 명령적 계율에 따라 움직이는 신앙단계이다. 이 시기에는 주로 계율을 지켜나가거나 마음과 몸의 일체를 위한 율법주의적 수행과정이 필요한 시기이다.

장성기는 신의시대라고 한다. 신의시대는 믿음으로 말미암아 의로워지는 시기로 믿음을 완성하는 시기이다. 이 시기는 인간의 이성과 의지에 의하여 신앙을 갖는 관념적 신앙단계라고 할 수 있다. 타락으로 본연의 위치와 상태를 이탈한 인간이 하나님과 신뢰의 관계를 형성하여 부모와

26) 위의 책, 181-183쪽.

자식의 관계를 이루는 양자(養子)와 같은 입장에 있는 시기다. 이 시기의 신앙은 조건과 계약을 이행하는 교리적 수행과정의 단계라고 할 수 있다.

완성기는 시의시대라고 한다. 시의시대는 모심의 시대를 의미하는 것으로 하나님과 심정적으로 일체가 되어 인간이 하나님의 사랑의 실체가 되는 시기이다. 이 시기에는 인간이 하나님에게 기쁨의 대상이 되어 삶 자체가 그분께 기쁨을 돌리는 것이다. 즉 하나님의 자녀 시대로 그분의 신성을 닮은 인간, 하나님과 온전하심 같이 온전한 인간인 되는 시기이다. 이 시기는 자아실현을 위한 수행과정이라고 할 수 있다.

IV. 영성계발과 통일교 수행방법

소생기, 장성기, 완성기의 신앙발달이 연대기적(chronogical) 순서에 따라 발달하는 것은 아니다. 나무의 나이테가 전 단계를 품고 새로운 나이테를 형성하는 것처럼, 새로운 차원의 신앙단계는 전단계의 신앙단계를 포괄한다.[27]

이 세 단계는 카이로스적(chiros)으로 혹은 크로노직(chronogical)하게 발달할 수 있다. 이를테면 초신자가 회심에 의하여 순간에 하나님의 심정을 느낄 수도 있고, 오랜 신앙의 훈련을 통하여 하나님의 심정적 관계를 형성할 수 있다. 하루의 생활 가운데도 이 세 신앙발달 단계를 오르내릴 수 있다. 따라서 영성계발을 위한 수행과정은 단계를 통한 수행이

27) John Westerhoff III, *Will our children have faith?*(New York: The Seabury Press, 1976), pp. 90-91.

아니라 율법적 수행, 교리 및 성례전 수행, 자아실현 수행 등이 동시적이고 통전적으로 이루어져야 한다.

1. 통합적 수행 - 훈독회

훈독이란 경전을 낭독한다는 의미이고 이 경전을 낭독하는 모임을 훈독회라고 한다. 훈독회는 통일교인들의 라이프스타일을 대표하는 생활의례 중의 하나다. 아침 5시에 일어나 경배, 가정맹세 암송, 기도, 경전 훈독, 말씀에 대한 묵상 순으로 이루어진다.

통일교 창시자 문선명 선생은 1997년 9월 1일 모든 통일교회 신도들은 아침 5시에서 7시까지 가정맹세를 암송하고, 말씀을 읽고, 이에 근거한 삶을 살아야 한다고 명하였다. 문선명 선생은 매일 새벽 5시부터 가족과 교인들을 모아 2시간 이상 훈독회를 실시한다. 마찬가지로 통일교인들은 아침과 저녁에 두 차례에 걸쳐 가족, 혹은 교인들이 모여 훈독회를 실시하고 있다.

훈독회는 통일교의 전통과 정체성을 유지하기 위한 의미가 있다. 경전을 훈독하므로 하나님의 심정을 체휼하고 일체된 삶을 살게 된다. 훈독회는 말씀을 새기는 모임이다. 여기서 새긴다는 의미는 하나님의 말씀의 의미를 깨닫고 말씀을 간직한다는 의미가 있다.

훈독회의 텍스트 『천성경』, 『평화훈경』 등은 하나님의 심정과 뜻을 전달하기 위한 책이다. 이 책의 훈독을 통해서 하나님의 뜻과 내 뜻을 일치시키고 하나님의 말씀을 내 마음에 새기는 모임이 훈독회다. 훈독회는 말씀 안에서 살고, 말씀대로 살기 위한 통합적 수행과정이라고 할 수 있다.

훈독회는 영성생활을 위한 통일교의 가장 중심이 되는 수행으로 교리를 이해하고 실천하는 교리적 수행이며, 말씀을 이해하고 말씀대로 살기 위한 실천이 포함된 통합적 수행이다. 즉 율법적 수행, 교리 및 성례전 수행, 자아실현의 수행을 통합하는 수행방법으로 초심자나 신심이 깊은 신앙인 모두가 참여하는 생활의 의례가 된다.

2. 성례전 수행

웨스터호프(John Westerhoff Ⅲ)는 "인간은 본래 의식(儀式)을 위해 창조되고 또한 의식이 인간을 만든다."고 하였다.[28] 종교인이든 비종교인이든 일상적인 삶과 생의 특별한 단계에서 의식을 행하며 그 의식에 맞추어 인간다움이 갖추어진다고 할 수 있다.

신앙인은 종교의식이 이루어지는 곳에 신적인 힘이 작용한다고 믿는다. 성화된 장소나 성화된 물건, 성화된 시간 등에 신적인 힘과 능력이 내재되어 인간을 변화시킨다고 믿고 있기 때문에 종교의식에 참여한다.

종교의식은 인간에게 종교적 주제들과 만나게 하며, 종교적 주제들을 화육(化肉)시켜 준다는데 의미가 있다. 하나님과의 만남을 가능하게 해주며, 창조와 구원을 경험하게 해준다. 종교의식에 참여하므로 그 종교가 공유하는 삶의 방식을 형성하게 된다.

통일교에서 행하는 의례로 생활의례, 통과의례, 성별의례, 성력(聖曆) 의례 등으로 구분할 수 있다.[29] 생활의례로서 경배식, 훈독회, 기도가

28) Ibid.

있다. 경배식은 아침에 훈독회를 시작하면서, 외출 후 가정에 돌아와서 하나님께 보고하고 인사드리는 의례이다. 통일교회에서는 기도를 보고라고 한다. 보고생활은 부모이신 하나님을 모시고 산다는 의미가 있기 때문에 영성계발을 위한 중요한 수행과정이 된다.

통과의례는 봉헌식, 축복식, 승화식 등이 있다. 봉헌식은 아이가 출생하여 8일째 되는 날 하나님의 자녀로 입적(入籍)한다는 의미를 갖고 있다. 축복식은 성인이 되어 하나님을 중심한 한 가정을 이루는 의식이며, 승화식은 지상의 삶을 마치고 영원한 세상으로 돌아가는 장례식을 말한다. 이 통과의례는 영성계발의 출발과 완성의 과정이라고 할 수 있다.

성별의례는 성념 혹은 성수로 소유를 분별하는 의례이다. 인간의 타락으로 인간과 만물이 사탄의 주관권 하에 있으므로(고린도 후서 4장 4절) 성별에 의하여 하나님 소유로 분별한다. 금식과 철야기도 또한 성별의 의미를 갖고 있다. 몸을 마음으로 다스리기 위한 성별의례라고 할 수 있다.

통일교는 성력에 의한 재창조와 재가입의 의미를 갖는 날들이 많다. 8대명절, 선포일 등 이러한 날들은 타락한 세계가 창조본연의 세계로 복귀하는 과정을 보여준다. 복귀섭리역사의 한 단계를 매듭짓고 새로운 단계로 넘어가는 과정을 표현하는 의식이다. 이러한 종교의식에 참여하는 것을 성례전적 수행이라고 한다.

3. 자아실현수행

신앙발달을 말하는 학자들 대부분은 신앙발달의 최종단계, 즉 완성단

29) 이재영, 『심정교육론』(서울: 성화사, 1989), 43-49쪽.

계에 자아실현을 놓고 있다. 자아실현이란 자신이 더 이상 물음의 대상이 아니며, 위함을 받는 대상이 아니라 위하는 주체가 되는 것을 말한다. 통일신학에서 신앙발달의 최종단계는 하나님과 심정적으로 하나 된 사람으로 사랑을 실천하는 사람을 말한다.

말씀선집에 가장 많이 사용된 단어가 '심정'과 '위하여 살아라!'는 말씀이다. '심정'은 인간이 회복해야 할 본성이고, '위하여 살아라!'는 통일교인의 생활 규범으로 제시된 말씀이다. "위하여 살아라!" 것은 단지 신앙인의 좌표로서 주어진 명령이나 권고 사항이 아니라 인간은 본질적으로 위하여 살 때만이 존재가 될 수 있다는 정언적(定言的) 명령이라고 할 수 있다. 그것은 인간은 상대적 관계 안에서 존재하고 발달할 수 있기 때문이다. 상대적 관계란 단순히 두 인간의 교류가 아니라 존재를 위한 필연적 관계다. 상대를 부정하고는 내가 존재할 수 없는 것이다. 따라서 인간은 상대를 위해서 존재하는 "위하여 사는 존재"인 것이다. 각 종교에서 인간이 실현해야 할 궁극적 가치로 사랑, 자비, 인(仁)을 제시하는 이유도 자아실현의 완성을 위해서다.

심정이란 말은 관계적 언어로써 관계 안에서 그 개념이 이해되고 계발된다. 심정의 정의는 사랑하고 기쁘고자 하는 충동으로 정의 되고 있는데 사랑과 기쁨은 대상을 통해서 오는 정적 충동인 것이다. 심정의 유발에 의하여 형성되는 영성은 관계 안에서 계발되고, 위하여 사는 삶의 실천에서 계발된다고 할 수 있다. 일상의 삶에서 위하는 삶의 실천이 자아실현의 수행이다.

V. 맺음말

영성이라는 말이 각 분야에서 조금씩 의미가 다르게 쓰이고 있지만 인간이 지향해야 할 품성이라는 것은 공통적 사실이다. 인간성이 상실되어 가는 현대사회에서 영성의 계발은 공통적 화두가 아닐 수 없다. 특히 종교에서 영성의 이해와 계발은 그 종교의 존재의 의미이며 종교교육의 핵심 주제가 된다.

본 논문에서는 통일교에서 사용하는 영성의 의미와 영성계발에 대한 내용을 소개하였다. 통일교는 심정이라는 말을 영성을 포괄하고 설명하는 말로 사용하고 있다. 심정은 사랑하고 기쁘고자 하는 충동으로 영성의 원인과 주체로서 작용한다. 영성계발은 관계 안에서 사랑하고 기쁘고자 하는 충동과 반응, 즉 심정에 의해 이루어진다.

영성의 발달은 부활과정과 마찬가지로 단계적으로 발달한다. 따라서 영성계발을 위한 수행과정도 단계가 필요하다. 즉 율법적 단계, 교리적 단계, 심정생활의 단계 등으로 구분해 볼 수 있다. 그러나 이 단계는 영성발달의 단계라기보다는 영성발달의 유형에 더 가깝다고 할 수 있다. 영성발달은 카이로스적이고 크로노직한 것이기 때문이다.

통일원리에 의한 영성계발은 하나님과 나, 나와 너, 그리고 나와 자연의 3대 관계에서 이루어진다. 이 삼대관계가 심정적 관계로 형성될 때 영성이 계발되고 이를 통한 통일교회 수행과정으로 훈독회, 성례전 수행, 자아실현 수행 등이 있다.

<참고문헌>

문선명선생말씀편찬위원회 편, 『문선명선생말씀선집』, 서울: 성화출판사, 1992.

세계기독교통일신령협회 편, 『원리강론』, 서울: 성화사, 1991.

통일사상연구원 편, 『통일사상요강』, 서울: 성화출판사, 1993.

이재영, 『심정교육론 연구』, 서울: 성화사, 1989.

Westerhoff III, H. John, *Will Our Children Have Faith?,* New York: The Seabury Press, 1976.

Buber, Martin, translated by Ronald Gregor Smith, *I and Thou,* New York: Macmillian Publishing Company, 1987.

Clinbell Howard, *Well Being,* New York: Harper Collins Publisher, 1992.

제9장

명상이 학업집중력에 미치는 영향

Ⅰ. 머리말

학생들의 학습효과를 높이기 위해 필요한 것은 무엇보다도 집중력이다. 집중력을 갖고 공부할 때 짧은 시간에 더 많은 효과를 낼 수 있다는 것은 논증이 필요 없는 사실이다. 따라서 교사는 단순히 지식을 전달하는 것으로 자신의 역할을 다했다고 할 것이 아니라 학생들이 집중력을 갖고 수업시간에 임할 수 있도록 도와야 한다.

학생들이 수업시간에 집중력을 갖지 못하는 원인은 잡념, 혼침, 산만함 등이 있다. 집중력을 방해하는 이러한 것들은 정신적, 신체적인 것으로부터 나오기 때문에 집중력을 향상시키기 위해서는 정신적인 면과 신체적인 면에서 접근해야 한다. 수업에 집중하지 못하는 원인을 정신적인 면에서 찾거나 육체적인 면에서 찾아야 하며, 이를 개선하기 위해 정신적인 면이나 육체적인 면, 혹은 정신적이고 육체적인 변화를 통하여 접근해야 한다.

학생들의 집중력을 떨어뜨리는 요인을 알기 위해서는 학생들 스스로 정신적인 면이나 육체적인 면에서 일어나는 일들을 자각해야 한다. 마음에서 일어나는 잡념, 혼침, 산만함의 요인을 자각해야 한다. 집중력이 떨어진다는 것은 자신이 이러한 현상들을 자각하지 못하고 이러한 것들에 의해 끌려 다님을 의미한다.

자신의 마음이나 몸을 자각할 수 있는 힘을 기르기 위한 방법 중의 하나가 명상이다. 물론 명상의 방법은 여러 가지가 있으나 최근에는 성직자나 일반인들에게 가장 주목을 받는 명상 중 하나가 마음챙김 명상이다.[1) 마음챙김 명상은 동양의 전통적 명상에서 나온 것이지만 최근에는 서양인들이 더 활발하게 연구하고 실천하는 명상법이다. 최근 서양에서는 이 마음챙김 명상을 고통, 스트레스, 화 등을 다스리는 치유의 방법으로 사용할 뿐만 아니라 집중력, 통찰력, 평정심 등을 향상시키는 방법으로 사용하고 있다.

본 논문은 마음챙김 명상을 통해 수업에서 학생들의 집중력을 높일 수 있을 것인가에 대한 연구다. 연구자는 마음챙김 명상이 학생들의 수업 집중력을 높일 것이라는 가정 아래 지난 학기(2009학년도 1학기) 수업시작 전, 혹은 수업 중에 학생들에게 간단한 기(氣)체조와 마음챙김 명상을 실시하였다. 연구자의 경험을 중심으로 학생들의 수업에 대한 집중력 향상과 마음챙김의 상관성에 대한 연구와 집중력 향상을 위한 마음챙김 명

1) 마음챙김 명상이란 특별한 방법으로 현재의 순간에 일어나는 일들을 비판단적으으 알아차리는 명상이다. 마음챙김 명사에 대한 정의는 Chrise Mace, *Mindfulnes and Mental Health*(New York : Routledg, 2009) 참조.

상을 소개하고자 한다.

Ⅱ. 마음챙김 명상과 수업집중에 대한 반응

연구자는 지난 학기 학부 학생 43명, 대학원생 7명이 듣는 「예배와 설교」 과목을 강의하였다. 이 수업은 점심식사 후 세 시간 연속으로 이루어지는 강의로써 학생들이 쉽게 지루함을 느끼거나, 졸음에 빠질 수 있었다. 교수의 강의를 더 어렵게 만드는 것은 이 강의를 수강하는 학생 약 21명(42%)이 한국말 사용이 부족한 일본 학생들이라는 점이다. 연구자는 학생들이 어떻게 하면 지루함을 느끼거나 졸지 않고 수업에 집중할 수 있을 것인가를 고민하다가 수업시작 전 약 5분에서 10분간 명상을 실시하였다.

본 논문의 목적은 지난 한 학기 학생들의 수업 집중을 위해 실시하였던 명상이 수업집중을 위에 어떤 효과를 미치었는가를 조사 연구하는 것이며, 그 결과를 앞으로의 수업에 반영하고자하는 것이다.

수업집중을 위한 명상에 대한 효과성의 조사는 명상의 필요성, 수업집중을 위한 효과, 졸음 방지를 위한 효과, 적당한 명상시간, 명상에 대한 체계적인 공부의 필요성 조사 등 간단하고 평이한 물음이었다. 본 연구는 조사방법론에 의한 체계적인 분석과 통계처리 없이 학생들의 명상에 대한 필요성과 집중을 위한 효과성 여부를 묻는 간단한 다섯 문항의 설문으로 이루어졌다. 어떤 가설을 세운 양적 연구라기보다 수업중 실시한 명상이 어떤 현상을 가져왔는가에 대한 질적 연구라 할 수 있다.

1. 조사 대상

설문을 위한 조사대상은 연구자가 강의 하는 「예배와 설교」 수강 학생들로 주로 2학년 이상의 학생들이다. 남녀의 비율은 남학생 28명(56%), 여학생 22(44%)명이며 특이할 만한 사항은 한국어 구사에 자유롭지 못한 일본학생 비율이 21명(42%)이라는 점이다. 본 조사에서 남녀, 내외국인, 학년 등에 따른 응답의 성향의 차이는 큰 의미가 없다고 생각하여 조사하지 않았다.

2. 명상의 필요성에 대한 응답

학생들에게 맨 먼저 '효과적인 수업을 위해 명상이 필요하다고 생각하는가?'에 대한 질문을 하였다. 응답자 49명의 중 '꼭 필요하다.' 18명, '대체로 필요하다.'가 20명으로 긍정적인 답변을 한 학생이 78%였고, '그저 그렇다' 8명, '별로 필요하지 않다.'가 3명으로 부정적 답변을 한 학생이 22%나타났다. 대부분의 학생이 명상이 효과적인 수업을 위해 도움이 된다고 대답하였다. 특이한 사항은 연구자의 추측으로는 효과적인 수업을 위해 명상이 필요하다는 대답이 90%이상 나올 것으로 예상하였으나, 22%의 학생들이 필요성을 별로 느끼지 못하였다는 사실이다.

3. 수업집중을 위한 명상의 유효성

연구자의 강의를 수강한 학생들에게 '명상이 수업 집중에 도움이 되었는가?'를 질문하였다. '아주 좋았다.' 18명, '대체로 좋았다.' 18명으로 긍정적인 답변이 73%이며, '그저 그렇다가 10명, '별 도움이 안 된다.'가 3명으로 부정적 대답이 27%였다. 긍정적인 대답과 부정적인 대답의 비율이 명상의 필요성에 대한 물음의 응답과 비슷하게 나왔고, 수업집중에 별 도움이 안 된다는 대답(27%)도 예상보다 상당히 높게 나왔다.

4. 명상이 졸음 방지에 도움이 되는가?

연구자가 강의한 「예배와 설교」 과목은 월요일 점심시간 이후 배치되었기 때문에 졸음이 많이 오는 시간대이다. 연구자는 명상이 졸음방지에 상당한 효과가 있을 것이라는 예상을 하였다. 그러나 답변의 결과는 '아주 좋았다.' 8명, '대체로 좋았다.'가 20명 등으로 긍정적인 답변이 57%이며 '그저 그렇다.' 15명, '별 도움이 안 된다.'가 7명 등으로 부정적인 답변이 43%나 되었다. 이러한 답변을 예상하지 못하였기 때문에 왜 도움이 되지 않는다고 생각하는가에 대해 질문하지 못하였다. 명상이 눈을 감고 마음의 고요함을 추구하기 때문에 이에 익숙하지 못한 학생들에게는 졸음이 올 수 있다는 사실을 간과하였던 것 같다. 연구자는 수업 시작 전, 혹은 중간에 스트레칭이나 기체조 등 신체운동을 하고 명상을 하였다. 그러나 본 연구에서 신체운동과 졸음이 미치는 효과에 대하여는 학생들에게 질문하지 못하였고 명상에 대한 효과성만 질문하였기 때문에 신체운동과 졸음의 상관성에 대하여는 조사하지 못하였다.

5. 명상에 대한 체계적인 공부를 원하는가?

명상에 대한 체계적인 공부를 원하는가에 대한 질문의 답변은 '아주 그렇다.'가 20명 '대체로 그렇다.'가 14명으로 90% 이상의 학생들이 긍정적인 답변을 했고, '그저 그렇다.' 5명, '별 도움이 안 된다.'가 1명으로 10% 학생들이 부정적인 답변을 하였다. 이러한 대답은 학생들이 명상에 대한 학과목 혹은 수련에 참여하고 싶다는 생각을 표현한 것이라고 본다. 이런 학생들의 욕구를 반영하기 위해 연구자는 다음 학기에 「영성계발과 명상」이라는 주제로 강의를 하려고 한다.

6. 수업집중을 위한 명상에 필요한 시간은?

5분 이내가 8명, 6분에서 10분이 28명, 11분에서 15분이 4명, 15분 이상 6명 등으로 5분에서 10분 정도가 36명(73%)으로 가장 높은 비율을 차지하였고 10분 이상도 10명(27%)이나 되었다. 연구자의 경험에 의하면 수업시간에 들어가기 전 5분, 쉬는 시간이 지나고 다시 수업에 들어가기 전 5분 정도의 명상이 적당하다고 본다.

Ⅲ. 공부집중을 위한 마음챙김 수행의 활용

정신생리학자들의 연구에 의하면 명상은 인지작용에 영향을 미쳐 기억력이나 창의력을 높이는데 효과가 있다고 밝히고 있다. 이들의 연구에 의하면 명상은 학습이나 기억과 같은 주의 집중이 필요한 인지과정에 각성 영향을 미치는 AVP(arginine vasopression)라는 내분비 물질을 평소보다 5배나 더 많이 분비하여 각성을 높이는 작용을 한다고 주장하였다.[2] 또한 명상이 진행되면 고전압 θ파와 동기성 뇌파인 α가 가중되면서 흥분파인 β파의 방추발사가 출현하므로 명상은 깊은 이완상태와 동시에 창의성과 같은 심리적 기능이 두드러지게 향상된다고 언급하였다.[3]

수업을 시작하기 전 5분에서 10분 정도 명상을 하게 되면 집중력을 높일 수 있다는 사실이 본 연구자의 조사에서 확인되었다. 실제로 인도의 공립학교에서 수업 전 명상을 실시하고 있고, 한국의 종립학교에서는 수업 전 기도나 명상을 실시하는 학교들이 많다. 미국 고등학교 한 교사는 수업 전 명상을 실시함으로 "안정된 교실 분위기를 만들었고 신뢰와 의사소통 감각이 증대되었으며, 학생들이 수업을 잘 받아들이고 진지하게 임하였으며, 배움과 그들의 삶을 의미 있는 것으로 연결시키고, 시험 답안도 더 비평적이고 체계적으로 작성하게 되었다."고 보고하고 있다.[4]

본 연구자가 실시한 수업 전 명상에는 호흡법, 위빠사나, 요가 명상, 초월 명상, 소리관찰 명상, 금언 격언 명상 등이 있다. 불교 수행법에는 크게 사마타 수행과 위빠사나 수행으로 대별할 수 있다. 전자를 지법(止法) 수행이라 하고, 후자를 관법(觀法)수행이라고 한다. 지법 수행은 마음에서

2) D. deWeid & W. H. Gipsen, Behavior effect peptides in Gainer(Ed), Peptides in Neurobiology(New York : Plenum) pp.397-444.

3) D. W. Orme-Jonson & C. T. Haynes, EEG Phase Coherence, Pure Consciousness, Gretivity and TM-Sidhi Experience. International Journal of Neuroscience. 13. pp.211-217.

4) Dulce Maria Gray, Using Silence to Promote Spiritual Growth, Sharon Shelton-Colangelo & Carolina Mancuso, Ed. Teaching with Joy(Maryland : Rowman & littlefield Publishers Inc, 2007), p.49.

일어나는 상(像)들에 대한 지각작용을 멈추는 것이다. 관법 수행은 마음과 몸에서 일어나는 상들을 자각하면서 바라보는 것이다. 지법 수행은 마음과 몸에서 일어나는 일체의 상에 대하여 자각하지 않음으로 적정(寂靜) 상태에 들어가게 되며, 관법 수행은 여러 가지 인연으로 마음에 일어나는 현상들을 분별하여 관찰하므로 깨어있는 상태에서 깨달음을 얻을 수 있는 방법이다.[5)]

위 두 수행법을 통합하는 것이 마음챙김 수행인데 지법이나 관법 모두 다 마음챙김을 통해서 가능하기 때문이다. 대상이 무엇이든 마음챙김 없이는 표상에 집중하는 사마타도 삼법인을 통찰하는 위빠사나도 불가능하므로, 마음챙김은 지와 관을 위한 중요한 요소이며 지법과 관법 수행을 통해 가능하다.[6)]

본 연구에서 수업집중을 위하여 선택한 명상법은 마음챙김 수행이다. 마음챙김은 빨리어 'sati'를 번역한 말로 불교 초기경전에서는 기억 혹은 억념(憶念)을 의미하였으나 오늘날 한국에서는 '마음챙김', '마음지킴' 등으로 사용되고 있다.[7)] 마음챙김은 '마음을 챙김'과 '마음이 대상을 챙김'이라고 정의할 수 있는데 '마음이 대상을 챙김'이 더 보편적인 의미가 된다.

마음이 대상을 챙기는데, 그 대상은 신(身), 수(受), 심(心), 법(法) 즉 사념처를 말한다. 사념처는 불교경전 대념처경(大念處經)에서 체계적으로 설명하고 있다.[8)] 이 경전에서 중생을 정화하고, 슬픔과 비탄을 극복하

---

5) 박석, 『명상길라잡이』 (서울 : 도서출판 도솔, 2000), 216쪽.
6) 각묵 스님 역 및 주석, 『네 가지 마음챙기는 공부』 (울산 : 초기불전 연구원, 2008), 38-30쪽.
7) 위의 책, 17쪽.

게 하며, 아픔과 고뇌를 사라지게 하고, 숭고한 길에 도달하게 하고, 닙바나를 실현하게 하는 길이 위의 네 가지 알아차림의 확립이다.

> 비구들이여 여기(이 가르침에서), 어떤 비구가 몸에 대하여 몸을 관찰하며, 열심히, 분명하게 이해하고 알아차려서 세상에 대한 욕망과 고뇌를 버리고 지낸다. 그는 느낌에 대하여 느낌을 관찰하며, 열심히, 분명하게 이해하고 알아차려서 세상에 대한 욕망과 고뇌를 버리고 지낸다. 그는 마음에 대하여 마음을 관찰하며, 열심히 분명하게 이해하고 알아차려서 세상에 대한 욕망과 고뇌를 버리고 지낸다. 그는 담마에 대하여 담마를 관찰하며, 열심히, 분명하게 이해하고 알아차려서 세상에 대한 욕망과 고뇌를 버리고 지낸다.

대념처경의 주석에서 마음챙김은 대상에 깊이 들어가는 것, 대상을 거머쥐는 것, 확립, 마음을 보호하는 것이라고 설명하고 있다. 즉 마음챙김은 대상을 거머쥐고 대상에 확립되어 해로운 심리현상들이 일어나지 못하도록 마음을 보호하는 역할을 한다.

최근에 마음챙김수행에서 가장 많은 관심과 주목을 받고 있는 수행은 위빠사나이다. 분리한다는 "vi"와 계속해서 주시한다는 "passanā"의 합성어인 위빠사나는 올바른 직관 또는 내관이라는 뜻이다. 위빠사나는 마음을 개발하기 위해서 실천하는 수행으로 신(身), 수(受), 심(心), 법(法) 즉 사념처를 알아차려서 고요함을 얻고 집중의 힘으로 지혜를 얻어 열반에 이르는 수행이다.[9]

---

8) 우실라난다 사야도, 『네 가지 알아차림의 확립』(서울 : 보리수 선원, 2004), 259쪽.

9) Ashin Kundalā Bhivamsa, 김봉이 역, 『위빠사나 수행자의 근기를 돕는 아홉 가지 요인』(서울: 행복한 숲. 2009), 13-34쪽.

학생들이 집중하는데 방해가 되는 것은 졸음, 산만함, 망상, 졸음 등이다. 졸음, 산만함과 망상에 사로잡혀 있으면 책을 읽어도 내용이 머릿속에 들어오지 않고 글을 써도 좋은 글이 나오지 않는다. 따라서 학생들이 마음 집중하고 학업에 열중하기 위해서는 사념처에서 일어나는 작용을 알아차려야 한다.

첫째, 몸에 대하여 알아차려야 한다. 수행에서 몸의 건강과 자세를 중요시하는 것은 몸의 감각에 마음이 따라가기 때문이다. 몸은 마음을 이끌고 가게 되어 있다. 몸이 피로하거나 불편하면 마음을 집중할 수가 없다. 또 마음이 몸의 편안함과 안락함을 쫓아가면 마음을 집중 할 수가 없다.

둘째, 느낌에 대하여 알아차려야 한다. 사람들은 오관에서 일어나는 감각, 인간관계 등에서 즐겁거나 괴로운 느낌, 덤덤한 느낌을 갖게 된다. 공부하는 학생들은 이 느낌을 쫓아가다 교사의 가르침을 따라가지 못할 때가 있다. 느낌에는 여러 가지가 있는데 주로 즐거운 느낌, 괴로운 느낌, 덤덤한 느낌이 있다. 너무 즐겁거나 괴로운 느낌을 가질 때도 공부에 집중할 수가 없지만 덤덤한 느낌에도 집중할 수가 없다.

셋째, 마음에 대하여 알아차려야 한다. 불교에서 마음에는 의식과 정신적 요소의 두 개의 성분이 있다고 믿는다. 정신적 요소는 의식을 특징짓는 것으로 미움, 성냄, 어리석음, 믿음, 지혜 등을 말하며 반대로 미움이 없는, 성냄이 없는, 어리석음이 없는, 믿음이 없는, 지혜가 없는 등의 성격을 말한다. 이들 정신적 요소가 일어날 때 의식이 형성된다고 할 수 있다. 공부하는 학생들은 이런 정신적 요소와 의식의 상태를 알아차려야 한다. 마음이 정신적 요소와 의식의 상태에 끌려 다니지 않을 때 집중할 수 있게 된다.

넷째, 법(담마)에 대하여 관찰해야 한다. 담마는 '정신적 대상'이라고 번역되는데 정확한 번역이라고 할 수 없다.[10] 법에 대한 관찰은 앞에서 언급한 몸, 느낌, 마음의 알아차림에서 각각 분절된 느낌에서 정신적이고 물질적인 것에서 일어나는 상태와 현상들에 대한 무더기로 관찰하는 것이라고 할 수 있다. 수행에서 일어나는 장애들을 무더기로 알아차리는 것이다. 공부에서도 항상 공부에 장애가 되는 상태와 현상들을 알아차려야 한다.

Ⅳ. 공부 집중의 장애 요인들

위빠사나 수행에서 수행을 방해하는 다섯 가지의 장애를 말하는데 이 장애는 곧 공부의 장애 요인도 된다고 본다. 다섯 가지 장애는 감각적 욕망, 악의, 나태와 혼침, 들뜸과 후회, 의심 등이다.[11] 이 다섯 가지 중 감각적 욕망, 악의, 들뜸과 후회, 의심 등은 정신적 장애이고 나태와 혼침은 육체적 장애라 할 수 있다. 정신적 장애는 주로 생각에 묶이는 데서 비롯된다. 어떤 대상에 대하여 좋은 생각이건 나쁜 생각이건 간에 생각에 사로잡히면 공부에 집중할 수 없게 된다. 육체적 장애는 오관의 작용을 제대로 할 수 없도록 만든다. 피곤하거나 졸리게 되면 시각, 청각, 느낌 등의 기능이 떨어지게 되는 것이다.

10) 우실라난다 사야도, 위의 책, 138쪽.
11) 앞의 책, 162쪽.

1. 감각적 욕망

감각적 욕망은 욕망, 애착, 갈망, 동경, 탐욕 등 대상에 대한 욕망이다. 어떤 대상을 생각하면 그 생각에 빠지거나 끌려가게 되고 의식을 빼앗기게 된다. 의식하지 못하는 것이 공부에 집중하는 것을 방해하는 것이다.

위빠사나에서는 수행에 집중하기 위해서 마음에서 일어나는 감각을 알아차려야 한다고 한다. 즉 감각적 욕망이 있을 때 '내 안에 감각적 욕망이 있다'는 것을 알아차려야 한다는 것이다. 감각적 욕망은 본래 없었던 것이 마음과 몸 안에서, 혹은 밖에서 현상이 조건 지어지기 때문에 일어난다. 따라서 감각적 욕망이 일어나는 것을 알고 그 조건의 고리를 끊으면 감각적 욕망이 일어나지 않게 된다.

마음과 몸, 안과 밖에서 여러 현상들이 조건 지어질 때 마음에서 생각들이 일어난다. 따라서 눈, 코, 귀 등의 감각기관에서 일어나는 현상들을 알아차리고 통제한다면 생각들이 멈추게 될 것이다. 이렇게 알아차리는 것이 명상이다. 즉 생각에 묻히거나 따라가지 말고 생각하고 있음을 알아차리고 이를 바라보게 되면 생각이 사라진다는 원리에 의하여 수행에 집중하는 것이다.

공부에서도 마찬가지다. 강의를 듣거나 책을 읽으면서 다른 생각에 묻히거나 끌려 다니게 되면 공부에 집중할 수가 없으므로 이 떠오르는 생각들을 차단해야 한다. 생각을 차단하기 위해서는 학습자 자신이 이 사실을 알아차리는 일이 우선이겠지만, 교사가 학생이 다른 생각을 하지 않고 집중할 수 있도록 유도하는 것도 중요하다. 학생이 집중할 수 있도록 하는 여러 방법이 있겠으나 마음챙김 명상을 통해서 집중하도록 하는 방법이 효과적일 것이다.

2. 악의

악의는 분노, 성냄, 미움, 무서움, 걱정, 긴장, 낭패, 조바심 등을 말한다. 불교 수행에서 악의는 가장 경계해야 할 사항 중 하나로 욕망에서 비롯된다. 인간의 욕망에서 분노, 성냄, 미움, 걱정, 낭패, 조바심이 나온다. 마음에서 이러한 것들이 올라오게 되면 마음의 평정을 유지할 수 없고 사물과 현상에 대하여 올바로 판단하지 못한다.

학생들이 공부를 하는데도 악의가 일어나게 되면 책이나, 교사의 강의가 눈에 들어오지 않는다. 악의를 품으면 자신에게 화가 나고 다른 사람에게 화를 낼 수도 있다. 자신이나 타인을 향한 화가 분출되면 그 자신이나 대상을 싫어하게 되어 마음이 들뜨고 조바심이 생기게 된다. 따라서 공부하는 책이나 강의에 집중하지 못하고 수업시간이 빨리 끝나기를 바라며 시계만 바라보게 될 것이다.

악의도 감각적 욕망과 마찬가지로 자신이 악의를 가지고 있다는 사실을 알아차려야 한다. 자신에게 성냄, 분노, 미움, 걱정 등이 있음을 알아차려야 한다. 위빠사나 명상은 마음에서 이러한 악의가 있음을 알아차리고 바라보면 사라진다는 원리로 수행하는 것이다.

학생은 공부하면서 자신의 현재 마음에 무엇이 일어나는가를 알아차리고 그 알아차리는 현상을 바라볼 수 있어야 한다. 마음에서 일어나는 현상들이 사라지면 바로 교사의 강의에 집중을 해야 한다. 교사의 강의에 집중하다 마음에서 일어나는 현상에 빠져 있을 때 다시 그것을 알아차리고 바라보아야 한다.

3. 나태와 혼침

수행 초보자에게 가장 많이 일어나는 장애는 나태와 혼침이다. 나태와 혼침은 수행을 헛되게 만든다. 수행을 하면서 몽롱한 상태에 빠지게 되므로 자신이 지금 수행을 하고 있다는 사실조차 자각하지 못한다. 나태와 혼침은 자각의 기능을 마비시킴으로 수행의 의지를 막아버린다.

학생이 공부를 할 때도 마찬가지다. 나태와 혼침은 공부에 집중하는 것을 막는 가장 큰 요인이다. 연구자의 설문조사에서도 나타나듯이 명상이 졸음을 쫓는데 별 도움이 안 된다는 대답이 43%나 되었다. 나태와 혼침은 인간의 감각기관을 마비시킴으로 공부에 대한 의지를 꺾어버린다.

필자의 수업 경험에 의하면 학생들의 졸음은 습관적인 것임을 알 수 있었다. 수업 중 잠을 자는 학생은 대부분 매 수업시간마다 자는 것을 볼 수 있다. 그런 학생들은 마음에서 잠을 즐기는 습관이 있는 것 같다. 잠을 쫓으려는 의지가 부족하고 이를 달콤하게 즐기는 것 같다.

수행에서 나태와 혼침에 빠지지 않기 위해서는 우선 자신의 상태를 알아차려야 한다. 나태와 혼침은 몸 부위 중 머리, 눈 등이 무겁고 온 몸이 따뜻하고 나른함을 느낀다. 수행자는 이 몸에서 일어나는 감각을 알아차린 후 무겁게 느껴지는 몸 부위를 바라보면 나태와 혼침이 사라지게 된다.

나태와 혼침을 끊는 방법 중 가장 중요한 것은 나태와 혼침에 빠지는 자신을 알아차리는 것이다. 이것을 알아차리면서 공부에 대한 의지를 키우는 것이 공부에 대한 집중력을 키울 수 있다. 나태와 혼침에 빠지는 자신을 알아차리면서 물리적이 노력에 의해 이것을 쫓을 수 있어야 한다. 나태와 혼침은 그럴 수 있도록 몸에서 조건을 만들기 때문에 일어나는 것이다. 따라서 이 조건을 알아차리고 푸는 것이 나태와 혼침을 쫓을 수 있는 방법이다. 그 조건을 풀기 위한 방법은 다음과 같은 것들이 있다.12)

첫째, 먹는 것을 조절해야 한다. 보통 점심 식사 후 수업 시간에 졸음이 많이 오게 된다. 이는 위 속의 음식을 소화하기 위한 에너지가 많이 소화되기 때문이다. 따라서 수업 전 식사를 절제할 필요가 있다.

둘째, 자세를 바꾸어 본다. 턱을 괴거나 의자에 깊숙이 몸을 기대게 되면 졸음이 온다. 몸이 졸음이 올 수 있도록 스스로 조건을 만들어 주는 것이다. 따라서 수업 중 졸리면 허리를 곧게 피거나 잠시 일어나 강의실 뒤편에 서서 수강할 필요가 있다.

셋째, 빛의 지각에 대한 생각을 한다. 마음속에 햇빛, 전깃불, 달빛 등의 이미지를 그리고 그 이미지를 보거나 생각하면 졸음을 쫓을 수 있다. 마음에 어둠이 있기 때문에 나태와 혼침이 오는 것으로 미래의 희망적인 자신의 이미지를 그리는 일도 공부에 대한 의지를 키우는 방법이 될 것이다.

넷째, 좋은 친구가 있어야 한다. 학생들이 수업 중 잠자는 것을 보면 보통 같은 구역에 있는 학생들이 함께 조는 경우가 많다. 한 학생이 졸게 되면 옆자리 학생도 같이 졸게 된다. 따라서 옆 자리에 앉은 학생이 수업에 집중하거나 공부하는 데 경쟁 대상의 친구라면 수업 집중에 효과적일 것이다.

4. 들뜸과 후회

들뜸은 마음이 한 대상에 머무르지 못하고 산만한 상태를 말한다. 어떤

12) 앞의 책, 151-154쪽.

일을 성취하고 기분이 좋아서 들뜰 수 있고, 자존심이 상하거나 마음에 상처를 받아 기분이 나빠서 들뜰 수도 있다. 후회는 옳지 않은 일을 했을 때, 좋은 일을 하지 못했을 때 죄책감을 말한다. 수행을 할 때 죄책감이 떠오르는 경우가 많다. 죄를 저지른 그 장면이 마음에 떠올라 마음의 평정을 잃고 수행에 집중하지 못하는 것이다.

올바른 수행을 위에서는 이에 들어가기 전 마음을 챙겨야 한다. 지금의 마음 상태를 알고 마음을 잡도리 하고, 집중하고자 하는 의지를 키워야 한다. 후회를 하지 않기 위해서도 수행을 하기 전에 참회가 있어야 한다. 참회를 통해서 마음을 깨끗하게 한 상태에서 수행에 들어가야 한다.

수행 중 들뜬 마음의 상태를 알아차리고 과거 일에 대한 후회하는 마음을 알아차려야 한다. 지금 내가 들떠있다는 것을 알고, 후회하고 있음을 알아차리고 그 마음을 바라보게 되면 마음의 평정을 얻게 된다.

들뜸과 후회는 학생들이 공부하면서 가장 많이 일어나는 현상의 하나라 할 수 있다. 학생들은 수업 전에 보고 들었던 일과 말로 인해 들뜨게 된다. 그리고 과거 잘 못한 일, 부끄러운 일들이 이미지로 떠오르며 공부에 집중하지 못하게 된다. 이러한 상태를 소멸시키기 위해서 수업 전 명상이나 간단한 체조 등이 필요할 것이다.

5. 의심

의심은 대상에 대하여 옳고 그름을 판단하는데서 일어나는데, 의심하는 것이 꼬리를 물고 일어난다는 특징이 있다. 의심에 빠지면 이미 일어난 의심이 확대되고 새로운 의심이 일어난다. 수행 중 의심에 빠지면 신앙의 주체에 대하여, 믿었던 교리에 대하여, 심지어 자신이 하고 있는 수행 자체에 대하여 회의를 품게 된다.

의심이 일어나는 것은 대상에 대하여 옳고 그름을 판단하고 분별하기 때문이다. 수행에서는 몸 안과 몸 밖에서 일어나는 일에 대하여 분별없이 바라보아야 한다. 분별없이 바라보면 사라진다는 원리에 의한 수행이 위빠사나 수행이다. 마음에서 일어나는 현상에 대하여 좋고 나쁨의 판단도 없고, 즐거움도 불쾌함도 느끼지 않는 상태에서 바라보게 될 때 의심이 사라지게 되는 것이다.

공부하는데 방해가 되는 요소가 의심이다. 공부 중에 교수의 인격, 교수의 학문적 깊이, 교수가 가르치는 내용 등을 의심하면 공부에 집중할 수가 없다. 교수에 대하여 판단하므로 의심이 생기는 것이다. 하나의 의심은 꼬리를 물고 이어지면 확대된다. 이러한 의심에서 빠져나오기 위해서는 수업 중 질문을 하거나 판단을 유보했다가 강의가 끝난 다음 질문을 해야 한다.

Ⅴ. 공부 집중을 위한 유용한 명상법

제 3장에서 진술한바와 같이 명상은 크게 지법과 관법 수행이 있다. 사마타와 같은 지법 수행은 마음의 평정을 위한 수행이고 위빠사나와 같은 관법 수행은 마음의 집중을 위한 수행이라고 할 수 있다. 그러나 관법수행도 결국은 지법 수행 없이 불가능하다고 본다. 보통 명상에서 지법수행에 해당하는 호흡의 관찰을 통해서 관찰하는 것으로 시작해서 사념처에

서 일어나는 일들을 알아차리는 관법 수행으로 들어간다. 따라서 지법과 관법 수행의 통합을 통한 마음챙김이 공부집중을 위한 수행법으로 받아들여야 한다. 본 논문에서 공부집중을 위한 수행법으로 위빠사나, 호흡관찰 명상, 소리관찰 명상, 원기충전 체조, 명구 암송, 음악 명상 등을 소개한다.

1. 위빠사나 명상

위빠사나는 알아차림의 방법으로 인간의 4념처(身, 受, 心. 法)에서 일어나는 감각과 느낌을 알아차리는 것이다. 이 수행방법을 통해서 3독(貪, 嗔, 治)을 소멸시키고 마음의 평정과 청정을 얻게 되면 집중과 지혜가 성숙하게 된다.[13]

인간의 사념처에서는 수를 헤아릴 수 없을 만큼 많은 감각과 느낌들이 일어난다. 위빠사나는 이 감각과 느낌을 관찰하면 사라진다는 원리에서 나온 수행법이다. 몸에 대한 관찰은 몸에서 일어나는 움직임에 대한 관찰이다. 느낌에 대한 관찰은 육체에서 일어나는 즐거움, 괴로움, 즐겁지도 괴롭지도 않은 덤덤함 등의 감각에 대한 관찰이다. 마음에 대한 관찰은 정신적인 것들 즉 마음의 상태에 대한 관찰이다. 법(담마)에 대한 관찰은 물질과 정신적인 것들에 대한 관찰로 오계와 다섯 장애에 대해 관찰을 하는 것이다.

수업을 시작하기 전 5분 정도 위빠사나 수행을 실시하면 마음에 잡념을 떨치고 평정된 마음으로 수업에 임할 수 있다. 이 수행에 익숙해지면

---

13) Ashin Kundalā Bhivamsa, 김봉이 역, 위의 책, 15쪽.

수업 중에 일어나는 망상과 생각들이 일어남을 알아차리고 다시 교사의 강의에 집중할 수 있게 된다. 위빠사나 수행을 통해 집중과 지혜가 깊어지면 망상과 생각 느낌들이 일어남을 순간에 알아차리고 다시 강의에 집중하게 된다.

2. 호흡관찰 명상

인간의 호흡은 살아있음과 죽음을 표시하는 가장 중요한 현상이다. 건강한 사람과 그렇지 못한 사람의 호흡이 다르며, 마음의 상태에 따라 호흡의 상태가 다르다. 화가 났을 때 호흡이 거칠어지며 마음이 평정을 찾으면 호흡도 부드러워 진다. 이렇듯 호흡이 마음 상태와 밀접한 관계가 있는 것은 자율신경과 관계가 있기 때문이다.

호흡은 마음 상태와 관련이 있기 때문에 대부분의 명상에서 호흡을 닦는 수련을 한다. 깊은 명상에 들어가기 위해 명상 앞 단계에서 호흡을 가다듬거나 호흡 자체를 계속 관찰하는 명상도 있다. 한편 요가나 선도에서는 호흡 수행을 심신 강화를 위한 방편으로 사용하기도 한다.

학생들이 수업에 들어가기 전에 호흡관찰 명상을 실시하므로 마음의 평정을 이룬 상태에서 공부에 집중할 수 있다. 수업에 들어가기 전 5분 정도 호흡관찰 명상을 하면 들뜬 마음을 가라앉힐 수 있기 때문에 마음의 평정을 찾게 되며 집중력을 높일 수 있을 뿐만 아니가 주위환경을 비롯하여 수업의 내용을 객관적으로 바라보고 들을 수 있다.

호흡관찰 명상이 학생들의 공부집중을 위해 상당한 효과가 있음을 볼 수 있으나 설문조사에서 나타나듯이 명상에 익숙하지 못한 학생들에게는 졸음을 부추길 수 있다는 단점이 있다. 호흡관찰 명상을 통해 마음이 평정을 찾고 편안해짐으로 졸음이 따라오게 된다. 따라서 호흡관찰 명상에 익숙해지기 위해 수업시간 외에 별도의 집중훈련이 필요할 것이다.

3. 소리관찰 명상

소리관찰 명상은 지법 명상 가운데 하나로 좌선의 자세에서 주변의 소리를 관찰하는 것이다. 소리를 듣는다고 말하지 않고 관찰한다는 것은 단순히 귀로 소리를 듣는 것이 아니라 오관을 통해서 소리를 받아들인다는 것을 의미한다. 주변의 특정한 소리에 집중하는 것이 아니라 주변에서 들려오는 소리와 내 신체 안에서 일어나는 크고 작은 모든 소리에 집중하므로 마음에서 일어나는 망상과 생각들을 떨쳐내는 것이다.

소리관찰을 하면서 망상과 생각들이 일어나면 그것을 알아차리고 다시 소리관찰로 들어가는 것이다. 소리관찰 명상을 하면서 자신도 모르게 망상과 생각으로 빠지게 될 때가 있다. 이때 자신이 바로 소리 관찰을 놓쳤음을 알고 다시 들어가게 된다. 이러한 수행과정에서 인간에게 많은 번뇌가 있다는 사실을 알고 소리에 집중하게 되면 마음이 고요해지고 평정을 찾게 된다.

4. 원기충전 체조

요가 수행에서는 명상에 들어가기 전 아사나(체조)를 한다. 아사나 자체가 명상의 과정이라고 볼 수 있지만 깊은 명상을 위한 준비단계로 체조를 한다. 필자가 캐나다에서 자아실현교회(Self Realization)의 명상 예배에 참여하였을 때, 예배의 처음 순서에 원기충전을 위한 체조를 20여 분간 하는 것을 보았다. 체조를 하는 이유는 몸과 마음의 통일과, 몸의 에너지를 활성화시키기 위함이라고 한다. 일반적으로 운동은 에너지를 소모하는 것이지만 요가나 기체조는 에너지를 모으는 운동이라고 한다.

일반적으로 '건강한 신체에 건강한 정신이 온다.'라는 말을 많이 하고 있다. 이 말은 "건강한 정신에 건강한 신체가 온다."라는 말로 바꿀 수도 있다. 신체와 정신은 서로 의존관계에 있기 때문이다. 몸과 마음이 서로 의존하고 있지만 명상을 하는 사람들은 몸이 마음에 미치는 영향보다 마음이 몸에 미치는 영향이 훨씬 크다고 믿는다. 따라서 신체적인 훈련보다 정신적인 훈련을 우선해야 한다.14) 신체적 훈련은 깊은 명상에 들어가기 위한 준비 단계라고 보아야 한다.

마음상태는 몸의 상태에 변화를 준다는 사실은 주지의 사실이다. 놀람, 화, 증오 등이 일어나면 몸의 근육이 경직된다. 근육이 경직되면 쉽게 피로하고 머리 아픈 현상이 일어난다. 이렇게 근육이 경직되면 수업에 집중할 수 없음은 당연하다. 따라서 근육을 이완하는 체조는 수업에 많은 효과를 가져 올 수 있음은 굳이 입증할 필요가 없을 것이다.

수업 집중을 방해하는 요인들 중에는 신체적인 요인들이 많다. 나른함, 졸림, 피곤함 등에 의해 혼침이 오게 된다. 이를 막기 위해서는 몸 안에 에너지를 활성화 시킬 수 있는 기체조가 필요하다. 수업 전 간단한 스트레칭이나 기체조는 마음의 스트레스를 완화하고 몸의 에너지를 활성화

---

14) 아오마 요가 아카데미 편, 『아오마 요가지도자 코스 기본교재』 미간행 강의집, 79쪽.

시켜 수업에 집중할 수 있도록 한다.

5. 명구 암송, 마트람 명상

필자가 고등학교 시절, 한 선생님이 칠판 위 한 구석에 사자성어, 격언, 명언 등 한 소절 을 써놓고 같이 소리 내어 읽거나 잠시 동안 글귀를 바라보며 묵상을 한 일이 있었다. 교사가 써놓았던 '견마지로(犬馬之勞)', '굴러가는 돌에는 이끼가 끼지 않는다.', '學而時習知 不易樂好' 등의 글귀들이 지금도 생생하게 기억난다.

명상이란 마음을 고요하게 하고 평정하는 것이다. 좋은 글에 대한 묵상이나 암송은 마음을 평정하고 고요하게 하는 효과가 있다. 필자도 수업 시간 전이나 수업 중에 명언 한 소절을 소개하며 학생들에게 용기와 소망을 불어넣어줄 때가 있다. 많은 학생들이 집중하여 명언을 들으려고 하는 현상을 볼 수 있었다. 이러 수행은 수행자들이 잡념과 망상에 사로잡히지 않기 위해 암송하는 마트람과 같은 효과를 갖는다 할 수 있다.

VI. 맺음말

지금까지 종교교육이나 학교교육에서 수업 집중을 위해서 몸이 차지하는 비중을 무시해왔다. 몸과 마음의 연관성을 강조하면서 수업집중을 위해 몸에 대한 돌봄은 무시해 왔고 지적, 감성적, 영성적 조화를 강조하면서도 수업에서 영성적 분야는 관심 밖이었다.

그것은 교육이 지식 위주의 교육이기 때문이라고 본다. 지식의 양을 강조하는 교육이었기 때문에 수업시간을 할애하여 스트레칭을 한다거나, 명상을 한다는 생각을 가질 수 없었다. 한편 수업에서 어떤 명상을 한다고 하면 종교적 편향이 아닌가라고 의심을 받을 수도 있다.

많은 학생들이 딱딱하고 불편한 의자에 오랜 시간 앉아야 하고, 교사는 학생들에게 인내심과 똑바른 자세는 강조하지만 학생들의 몸의 자유로움에 대한 배려는 없었다. 따라서 학생은 수업이 지루하고, 졸리며, 수업에 집중하지 못할 수밖에 없다. 교육환경이 수업에 집중할 수 없는 조건을 만들어주었다고 할 수 있다.

오늘날 학교 수업이 규격화되고 권위적인 수업이기 때문에 학생들이 자유로운 반응과. 창의적이고 다양한 수업을 할 수 없도록 되어있다. 학교교육이나 종교교육이 지덕체(智德體)를 겸비한 전인적인 교육이 되어야 함에도 불구하고 실세 커리큘럼에서는 그렇지 못하나. 커리큘럼을 구성하면서 학생들의 지덕체의 성장과 지성과 감성과 영성의 조화로운 인격 성장에 목표를 두어야 할 것이다.

이러한 지덕체의 성장과 지성, 감성, 영성의 조화로운 수업을 위하여 수업시간에 지식 전달 위주의 수업만을 진행할 것이 아니라 명상, 체조, 경전독경 등 다양한 교수-학습방법이 활용되어야 한다. 무엇보다도 몸과 마음의 이분법적 사고를 버리고 몸과 마음이 통일된 상태에서 교수-학습이 이루어져야 할 것이다.

필자의 학습동기 유발을 위한 명상에서 발견된 문제점은 학생들이 명상을 하면서 마음이 편해지고 몸이 이완됨으로 인해 잠에 빠진다는 사실이다. 이것은 어떤 명상을 하느냐에 따라 차이가 있을 것이다. 어떤 명상이 나태와 혼침을 쫓고 집중할 수 있는가에 대한 연구는 앞으로 더 연구해야 할 과제다.

본 연구에서는 연구자가 수업 시간에 마음챙김을 중심한 명상을 실시한 결과가 수업집중에 효과를 가져왔다는 사실을 입증하면서 수업집중에 도움이 되는 명상을 소개하였다. 수업에 도움이 되는 명상들에 대한 연구는 앞으로 계속되어야 할 연구 과제라고 본다.

<참고문헌>

대념처경 주석서, 각묵 스님 옮김, 『네 가지 마음 챙기는 공부』. 울산: 초기불전 연구원. 2008.

박석, 『명상길라잡이』. 서울: 도서출판 도솔. 2000.

아오마요가아카데미 편, 『아오마요가 정3급 지도자코스 기본교재』, 서울: 아오마요가원, 미간행 교재.

Ashin Kundalā Bhivamsa, 김봉이 역, 『위빠사나 수행자의 근기를 돕는 아홉 가지 요인』. U śilānanda Ven. Sayadaw *The Four Foundation of Mindfulness*, 심준보 역, 『네가지 알아차림의 확립』. 서울: 보리수 선원, 2004.서울: 행복한 숲. 2009.

Chris Mace, *Mindfulness and Mental Health*, New York: Routledge. 2008.

D. deWeid & W. H. Gipsen, *Behavior effect peptides in Gainer*,(Ed), Peptides in Neurobiology. New York : Plenum. 1980.

D. W. Orme-Jonson & C. T. Haynes, *EEG Phase Coherence, Pure Consciousness, Gretivity and TM-Sidhi Experience*. International Journal of Neurosciences. 1989.

Sharon Shelton-Colangelo & Carolina Mancuso Ed., *Teaching with Joy*, New York: Rowman & Littlefield Publishers, Inc. 2007.

제10장

통일교의 욕망 이해와 욕망 다스림

Ⅰ. 머리말

대부분의 종교는 인간의 욕망을 죄악시하며 이를 억제하기 위한 방법을 가르치고 있다. 욕망이 탐욕으로 확대되고, 그 탐욕이 죄의 결과를 낳기 때문이다. 따라서 죄로부터 인간을 구원하기 위해서는 욕망을 다스리는 일이 선결되어야 한다. "욕심이 잉태하여 죄를 낳고 죄가 자라서 사망을 낳는다."(야고보서 1장 15절)는 기독교 성경 말씀처럼, 욕망은 죄의 원천이며 인간 생활의 무질서와 파멸을 가져온다.

한편 인간의 욕망은 삶에 대한 의지와 역동이 된다. 인간에게 욕망이 있기 때문에 성장하고 완성하려고 하는 욕구를 갖게 된다. 이처럼 욕망 자체는 선도 아니고 악도 아닌 가치중립적인 특징이 있는데 욕망이 본심(本心)을 지향하는가, 사심(邪心)을 지향하는가에 따라 선도 될 수 있고 악도 될 수 있기 때문이다.

이러한 욕망의 방향성을 제어하는 것이 양심이다. 인간은 창조본성으로써 선을 지향하는 양심을 가지고 있다. 인간은 하나님의 형상(形象)으로 창조되었기 때문에 인간의 마음은 선을 지향하는 양심을 가지고 있다. 양심은 욕망이 항상 선의 방향으로 나가도록 이끌어 간다. 그러나 타락인간은 무지의 상태에 떨어져 양심의 기준을 모르기 때문에 욕망이 선의 방향보다 악의 방향으로 빠지기 쉽다고 보는 것이 통일교의 욕망에 대한 관점이다.1)

구원의 보충적 기능을 갖는 종교교육에서 욕망의 다스림을 가르치는 일은 핵심과제라 할 수 있다. 죄로부터 인간을 구원하기 위해서는 욕망을 다스리는 일이 구원과정의 첫걸음이기 때문이다. 따라서 욕망은 종교교육에서 다루어야 할 중심 주제이며 키워드(key word)가 된다.

통일교 교리서 『원리강론』 총서론 첫 장에서 욕망의 문제를 언급하고 있다. 욕망이 인간의 행복과 불행을 좌우한다고 언급하면서 악을 지향하는 욕망은 인간을 불행으로 이끌어 가고 선을 추구하는 욕망은 인간을 행복하게 만든다는 것이다.

> 행복은 어떻게 해서 오는 것인가? 인간은 누구나 자기의 욕망이 이루어질 때 행복을 느끼게 된다. 욕망이라고 하면 우리는 흔히 그 본래의 의미를 흐려서 생각하기 쉽다. 그것은 욕망이 선보다 악으로 나아가기 쉬운 생활환경 가운데 우리가 살고 있기 때문이다. 그러나 불의를 맺는 욕망은 인간의 본심에서 나오는 것은 아니다. 인간의 본질은 이러한 욕망이 자신을 불행으로 이끌어 간다는 것을 잘 알고 있기 때문에, 악을

1) 세계기독교통일신령협회 편, 『원리강론』 (서울: 성화사, 1991), 15쪽.

지향하는 욕망을 물리치고 선을 추구하는 욕망을 따라, 본심이 기뻐하는 행복을 찾으려고 필사적인 노력을 하고 있는 것이다.[2)]

욕망의 문제를 다루는데 '욕망이 어떻게 발현되는가?' 하는 문제와 '그 욕망을 어떻게 다스리는가?' 하는 것이 핵심 과제다. 본 논문에서는 통일교에서 보는 욕망의 발현과 그 욕망을 다스리는 종교교육의 과정에 대하여 다루고자 한다.

Ⅱ. 통일교의 인간과 욕망의 이해

1. 창조와 인간의 욕망

통일교 교리서 『원리강론』에 의하면 모든 존재는 성상(性相)과 형상(形狀)의 이성성상(二性性相)이 상대적 관계로 존재한다고 말한다. 즉 두 가지 성품이 상호 의존적이고 상호 보충적으로 수수작용(授受作用)을 하면서 생존하고, 번식하고, 작용하게 된다. 이성성상의 관계는 존재를 위한 필연의 관계로 어느 한 쪽을 부정하면 다른 한 쪽이 존재할 수 없는 관계다. 존재는 본질적으로 그 구조와 체계가 이성성상으로 되어 있음을 의미한다.[3)]

존재하는 것은 모두 이성성상의 프랙털(fractal) 구조와 단계로 되어

2) 위의 책, 13쪽.
3) 위의 책, 31-35쪽.

있다. 만물의 최소단위인 소립자로부터 원자, 분자, 동식물의 세계, 우주, 신에게 이르기까지 이성상의 프랙털 구조와 단계로 되어 있음을 볼 수 있다. 보이는 물질세계뿐만 아니라 보이지 않는 존재의 내면세계도 이성성상으로 존재한다.

존재하는 것은 모두 외형에 있어서는 양성(陽性)과 음성(陰性)의 이성성상으로 존재하고, 본질에 있어서는 성상과 형상의 이성성상으로 존재한다. 여기서 성상과 형상의 이성성상이 양성과 음성의 이성성상에 비해 보다 본질적이다. 즉 존재는 보이지 않는 내성의 세계와 보이는 외형으로 존재한다는 것이다.

인간도 역시 보이는 육체와 보이지 않는 영인체로 존재한다. 인간의 육체는 성상인 육심(肉心)과 형상인 육체(肉體)로 되어 있으며, 영인체는 성상인 생심(生心)과 형상인 영체(靈體)로 되어 있다. 육체의 육심과 영인체의 생심이 수수작용을 하는 것을 마음작용이라고 한다. 육심과 생심이 균형 있는 수수작용을 할 때 마음작용에서 일어나는 욕망이 본심을 따를 수 있지만 육심이 지배하는 욕망이 강할 때 사심을 따라가는 욕망이 된다.[4]

인간의 마음이 어떤 대상과 수수작용을 하면 그 대상을 자각하게 되는데, 여기서 욕망이 발현된다. 그 대상을 대하면서 본심을 지향하면 선의 욕망이 되고, 악을 지향하게 되면 사심이 된다. 욕망이 어떤 대상과 상대기준을 맺어 어떻게 수수작용 하는가에 따라 본심이 될 수도 있고 사심이 될 수 있다. 욕망이 선의 절대 기준인 하나님과 수수작용을 하게 되면 본심이 작용하고, 악의 표상인 사탄과 수수작용을 하게 되면 사심이 작용한다.

4) 위의 책, 72-73쪽.

본심의 작용으로 선을 지향하는 마음의 현상을 양심작용이라고 한다. 인간은 본래 선의 절대 기준인 창조주에 의해 창조되었기 때문에 본성적으로 선을 지향하게 되어 있다. 그러나 인간은 인간조상의 타락으로 무지한 상태에 떨어졌기 때문에 선의 절대적 기준을 알지 못하고 인간 스스로 선이라고 판단하는 것을 마음이 지향하게 되는데 이것을 양심이라고 한다.5)

『원리강론』에서 인간은 타락으로 무지(無知)한 상태에 떨어졌다고 한다. 따라서 무지한 상태에 있는 인간의 양심이 지향할 수 있는 선의 절대적인 기준을 모르기 때문에 양심을 주장하는 사람들 사이에도 충돌이 일어난다. 양심이 지향할 수 있는 절대 선에 대한 무지로 인해서 선이라고 주장하는 일에도 투쟁과 파괴가 일어나게 된다. 이렇듯 욕망이 선을 지향할 수도 있고 악을 지향할 수도 있는 것은 인간의 양심이 절대 선의 기준을 지향하지 못하기 때문이다.

욕망의 사전적 의미는 '무엇과 관계 맺고 싶거나 소유하고 싶은 마음의 지향성'이다. 욕망이 대상과 관계를 맺고 소유하고자 하는 것은 인간의 창조본성이라고 할 수 있다. 이 욕망이 있기 때문에 인간은 성장하고 완성하고자 하는 의지를 갖게 된다. 따라서 욕망 자체를 선하거나 악하다고 평가할 수는 없다. 그 욕망이 절대 선에 기준을 둔 양심의 지향성에 의해 작용하는가, 아니면 자신의 탐욕을 채우기 위해 지향하는가에 따라 욕망은 창조의 동력이 될 수도 있고 파괴의 동력이 될 수도 있다.

---

5) 위의 책, 73쪽.

2. 인간의 타락과 욕망

통일교는 구약성서 창세기에 나오는 창조설화에서 인간의 타락의 동기와 구원에 대한 실마리를 찾고 있다. 『원리강론』에 의하면 인간의 타락은 인간 조상 아담과 해와의 과분한 욕망에 의해 타락한 것이라고 언급하고 있다. 아직 하나님의 창조목적을 성취하기 위한 과정에 있는 미완성기의 아담과 해와가 '때 아닌 때에 때의 것을 바라는 과분한 욕망'으로 타락되었다는 것이다.[6)]

기독교 성경에서 말하는 아담과 해와가 실존 인물이었는가 하는 문제는 논외로 접어두더라도 우리는 역사를 거슬러 올라가 인간조상을 추론할 수 있다. 아담과 해와는 구약성서 모세오경 기록자들이 추론한 인간조상을 표상한 인물이다. 인간의 역사를 거슬러 올라가 태초의 인간시조를 아담과 해와로 명명했다고 할 수 있다. 따라서 아담과 해와는 고유명사로서의 이름이라기보다 보통명사로서의 인간시조를 말한다.

귀납적인 추론을 하더라도 인간의 시조를 상상할 수 있고, 현상 세계를 통해서 인간시조의 타락 동기와 과정을 유추해 볼 수 있다. 오늘날 인간의 현상(現象)을 놓고 보면 인간의 타락의 동기를 유추해 볼 수 있는 것이다. 현상의 세계를 놓고 볼 때 인간 타락의 동기는 욕망이고, 욕망 중에서도 애욕(愛慾)이라고 할 수 있다. 우리가 거슬러 올라 갈 수 있는 역사의 시점(始點)에서부터 인간을 고뇌와 파멸로 유인한 것이 바로 인간의 애욕이다.

창세기의 창조설화에 의하면 아담과 해와는 어린 아기로 창조되어 완

---

6) 위의 책, 90쪽.

성을 향하는 성장기에 타락한 것으로 본다. 해와가 하나님의 창조원리와 스스로의 책임분담에 의하여 완성해야 할 미완성기에 뱀으로 비유된 천사의 유혹으로 선악과를 따먹었고, 그것을 아담에게 따먹으라고 유혹한 것이 타락의 동기였다고 한다. 즉 천사가 해와를 유혹하고 다시 해와가 아담을 유혹한 것이 타락의 원인인데, 통일교는 이 유혹의 동기와 과정이 애욕이라고 본다. 즉 천사와 인간이 자신의 위치가 아닌 위치에서, 때 아닌 때에, 때의 것을 바라는 과분한 사랑의 욕망에 의해 타락의 기원이 된 것이다.[7)]

창세기에 나오는 에덴동산의 아담 가정은 인간 세상의 원형(原形)이며, 오늘날 인간 세상의 축소판이다. 역사 이래 인간들은 에덴동산에서 벌어진 최초의 사건을 대물림하고 있으며 반복해서 모방하고 있다. 에덴동산에서 인간시조의 비원리적 애욕에서부터 하나님의 창조원리 파괴, 사랑의 질서 파괴, 소유의 질서 파괴가 벌어졌고 인간은 이 사건을 대물림하고 모방하는 것이다.

이처럼 인간이 타락행위를 아담 가정으로부터 대물림하고 모방하는 것은 인간시조 아담 가정에서 물려받은 타락성 본성이 있기 때문이다. 타락성 본성은 아담 가정에서 시작된 죄성이 인간에게 유전되어 내려오는 것을 말한다. 즉 시기, 질투, 혈기, 교만이 인간 타락성의 본성인데. 이 타락성 본성이 아담 가정에서 뿐만 아니라 오늘날 인간을 죄악의 길로 유인하는 요인이 된다.

타락성 본성은 아담 가정에서 벌어진 타락의 동기와 과정에서 획득된 죄성(罪性)이다. 아담 가정에서 죄의 시초는 천사의 욕망으로부터 비롯

---

7) 위의 책, 91쪽.

되었다. 천사도 하나님이 창조한 존재로서 창조의 본성인 욕망과 지능을 가진 존재였다. 천사의 위치와 역할은 하나님 창조를 돕고, 미완성기의 아담과 해와를 도와 그들이 완성하도록 돕기 위한 것이었다. 따라서 아담과 해와가 완성하면 천사는 아담과 해와의 주관을 받아야 할 종의 위치에 있었던 것이다.

이렇게 천사의 과분한 욕망으로 창조의 원리와 질서가 무너지게 되었고 에덴동산에서 실낙원의 동기다. 1)천사는 하나님의 입장에서 아담 해와를 사랑하지 못하고, 2)종으로서의 위치에서 인간을 유혹하게 되었고, 3)인간의 주관을 받아야 할 천사가 인간을 주관하게 되었으며, 4)천사의 유혹을 받은 해와는 다시 아담에게 죄를 전가하게 된 것이다.[8)]

『원리강론』에서는 위 네 가지 사건으로부터 죄의 뿌리가 되는 타락성 본성, 혹은 타락성 근성이 비롯되었다고 본다. 아담 가정에서 성립된 타락성 본성이 아담 해와의 후예인 인간들에게 유전되고 모방되는 것이다. 인간에게 유전되는 타락성 본성은 인간에게 원형으로 남아 있고, 아담 가정에서 있었던 최초의 원형적 사건을 반복하므로 오늘의 죄악세계를 만들게 되었다.

프로이드가 인간은 출생시부터 원초적인 성욕(id)을 갖고 태어난다고 본 것은 『원리강론』에서 보는 인간의 타락성의 발현과 상당한 일치를 보인다. 『원리강론』에서 인간이 가지고 있는 사랑의 욕동으로 인해 에덴동산에서 천사와 해와, 해와와 아담 간에 사랑의 질서 파괴가 되었다고 본다. 이러한 인간조상의 타락성 본성이 인간의 무의식 속에 자리 잡고 유전 된다.

---

8) 위의 책, 100-102쪽.

인간조상의 타락성 본성은 융이 말한 인간 무의식에 자리 잡은 "원시적 동기"가 된다.[9] 인간 조상으로부터 물려받은 원시적 동기와 심상들이 인간의 무의식에 자리 잡게 되었고, 무의식 세계의 욕동 표출이 인간의 욕망이다. 이 욕동의 표출로 인간은 그의 조상의 타락 행위를 반복하게 되는 것이다.

3. 욕망의 특성

위에서 고찰한 「인간 창조와 인간의 욕망」, 「타락과 인간의 욕망」의 이해를 통해 통일교서 보는 욕망의 특성을 욕망의 이중성, 욕망의 확장성, 욕망의 주관성으로 정리해 볼 수 있다.

첫째, 욕망은 이중성을 가지고 있다. 욕망은 창조의 욕동이 될 수도, 파괴의 탐욕이 될 수도 있다. 욕망은 창조성을 가질 수도 있고, 파괴성을 가질 수도 있다. 이렇게 창조성을 가질 수도 있고 파괴성을 가질 수 있음은 그 욕망이 본심을 지향하느냐 사심을 지향하느냐에 따라 달라질 수 있다. 통일교에서는 본래 인간의 욕망이 본심을 지향하도록 창조되었다고 본다. 그러나 인간의 타락으로 타락성이 내재되어 있기 때문에 사심을 지향하는 욕망이 발현된다고 본다.

둘째, 욕망은 확장성을 가지고 있다. 욕망은 제어하지 않으면 끝이 없고 계속 확장되는 경향성을 갖고 있다. 인간에게 소유에 대한 욕망, 명예에 대한 욕망, 권력에 대한 욕망 등은 끝없이 높아지고 넓어지는 것이다.

---

9) 권석만, 「욕망의 자각과 조절」, 『욕망-삶의 동력인가 괴로움의 뿌리인가』(서울: 운주사, 2008), 262쪽에서 재인용.

이렇게 나선형으로 확장되는 욕망을 제어하고 본심의 방향으로 이끌어가는 것이 양심이다. 양심은 항상 선을 지향한다. 양심이 이렇듯 선을 지향하는 것은 인간이 선의 하나님에 의해 창조되었기 때문이다. 그러나 절대선의 기준인 하나님에 대한 신앙을 갖지 않을 때 양심은 올바르게 작용할 수 없는 것이다.

셋째, 욕망은 주관성이 있다. 『원리강론』에 의하면 주관성이란 본래 대상에 대하여 창조성을 발현시켜주어 대상의 창조목적을 성취하도록 돕는 것을 말한다.[10] 그러나 인간의 타락으로 인간의 주관성은 대상을 소유하고 지배하고자 하는 특성을 갖게 되었다. 인간의 부, 명예, 권력에 대한 욕망은 대상을 소유하고 지배하고자 하는 욕망에서 비롯된 것이다. 창조본성의 주관성은 대상의 창조목적을 완성하도록 돕는 창조성을 갖지만, 타락한 인간의 주관성은 탐욕을 충족시키기 위한 수단으로 대상을 소유하고자 한다.

본심과 사심의 욕망이라는 이중성에서 본심의 방향으로, 나선형으로 확장되는 인간의 탐욕에서 본심의 확장으로, 파괴성의 주관성이 창조의 주관성으로 향하는 욕망이 되기 위해서는 인간의 마음이 심정적 바탕을 이루어야 한다. 심정은 "사랑하고자 기쁘고자 하는 충동"으로 수직적으로는 하나님을 사랑하고 기쁨을 드리고자 하는 충동이고, 수평적으로는 인간을 사랑하고 기쁨을 주고자 하는 충동이다. 인간 마음의 바탕이 심정으로 충만하게 되면 사심의 욕망은 발현될 수 없고, 욕망이 본심대로 작용하여 창조와 사랑을 향해 작용을 하게 된다. 이 마음의 바탕을 심정적 바탕이 되게 하기 위한 과정이 종교적 수행이다.

---

10) 『원리강론』 61-62쪽.

Ⅲ. 통일교의 구원관과 욕망의 다스림

1. 인간의 구원과 욕망의 다스림

통일교는 인류역사를 복귀섭리 역사라고 말한다. 즉 '인류역사는 타락한 인간으로 하여금 창조목적을 완성케 하기 위하여, 그들을 창조본연의 인간으로 복귀하여 나가는 하나님의 섭리역사'라고 본다. 복귀 섭리는 창조목적을 다시 찾아 이루려는 재창조 섭리이기 때문에 창조원리에 의하여 섭리하게 되는데, 이를 복귀원리라고 한다. 복귀원리는 바로 구원의 원리가 된다. 복귀라는 말에서 주는 의미처럼 창조본연의 세계로 돌아가는 원리를 말한다.[11]

통일교의 복귀원리는 탕감복귀원리다. 탕감복귀란 "무엇이든 본연의 위치와 상태 등을 잃어버리게 되었을 때 본래의 위치와 상태로 복귀하려면 반드시 거기에 필요한 어떠한 조건을 세워야 한다. 이러한 조건을 세워서 창조본연의 위치와 상태로 다시 돌아가는 것을 탕감복귀라고 하며, 탕감복귀를 위해서 세우는 조건을 탕감조건이라고 한다."[12]

인간의 타락은 결국 인간 욕망의 타락이라고 할 수 있다. 본래 창조성으로 창조되었던 욕망이 타락성으로 전락한 것이다. 따라서 인간의 구원은 창조본연의 욕망을 회복하는 것이다. 창조본연의 욕망 회복은 욕망의 선화(善化), 혹은 욕망의 정화(淨化)를 통해 이루어지는데 욕망의 선화(善化)나 정화(淨化)는 탕감복귀원리의 핵심이라고 할 수 있다.

---

11) 위의 책, 227쪽.
12) 위의 책, 229-230쪽.

타락성의 욕망을 창조성의 욕망으로 회복하기 위해서는 인간에게 타락성 본성이 자리 잡게 된 반대의 경로를 취하는 탕감조건을 세워야 한다.[13] 즉 인간 조상 아담과 해와가 타락한 반대의 경로를 통해 인간의 타락성을 해탈할 수 있다. 인간의 타락으로 획득된 죄성 즉 시기, 질투, 혈기, 교만 등의 타락성을 해탈하기 위해서는 반대의 경로인 온유, 겸손, 순종의 길을 가야 하는 것이다. 인간 조상이 타락성을 갖게 된 동기와 그리고 그 반대의 경로는 다음과 같다.[14]

첫째, 인간을 유혹한 천사가 하나님의 입장에 서지 못하였다. 해와를 유혹한 천사는 아직 미완성기에 있는 아담과 해와에 대하여 하나님과 같은 입장에서 그들이 완성할 수 있도록 도와야 했다. 그러나 오히려 천사의 과분한 욕망으로 하나님의 자녀로 세워진 아담과 해와를 유혹하여 타락시켰다. 천사가 미완성기의 아담과 해와에 대하여 하나님의 입장에 서야 한다는 것은 하나님과 같은 심정으로 그들을 사랑해야 함을 말한다. 마찬가지로 인간 세상에서도 욕망을 다스리기 위해서는 하나님과 같은 심정으로 인간을 사랑해야 한다.

둘째, 자기의 위치를 떠난 것이다. 천사장 누시엘은 아담과 해와의 완성을 도와야 할 종의 위치에서 불의(不義)한 욕망으로 자녀의 입장에 있었던 아담과 해와를 유혹한 것이다. 자기의 분수와 위치에 맞지 않는 욕망에 따라 행동한 것이 타락성의 원인이 된 것이다. 모든 존재는 하나님의 창조목적을 가지고 있고 이 창조목적이 존재의 목적이 되기 때문에 인간은 자기의 위치가 있고 자기의 위치에 합당한 욕망이 작용할 때 창조의

13) 위의 책, 231쪽.
14) 같은 책.

질서가 세워진다.

셋째, 주관성이 전도(顚倒)되었다. 인간의 주관을 받아야 할 천사가 해와를 주관하였고, 아담의 주관을 받아야 할 해와가 거꾸로 아담을 주관한 데서 타락의 원인이 되었다. 이와 같이 자기의 위치를 떠나서 주관성이 전도되므로 인간의 타락성 본성이 발현된다. 인간 세상에서도 마찬가지다. 인간에게는 위격(位格)의 질서가 있다. 가정에서도 사회에서도 위격의 질서에 따라 주관의 위계질서를 형성하고 있는 것이다. 따라서 위격의 질서 안에서 욕망이 다스려질 수 있는 것이다.

넷째, 범죄 행위를 번식하는 것이다. 성서에 보면 천사의 유혹으로 타락한 해와가 다시 아담을 유혹하였다고 하였다. 해와가 자기의 죄를 아담에게도 번식시켜 그를 타락하게 만들었다. 이처럼 자신의 타락행위에 타인을 끌어들이는 타락성 본성을 갖게 된 것이다. 타락성은 범죄 행위에 타인을 끌어 들이거나 책임을 타인에게 전가하는 경향성이 있다. 이러한 범죄의 행위의 번식은 욕망이 확장성을 갖고 있기 때문이다. 따라서 욕망을 다스리기 위해서는 다른 사람에게 선의 뜻을 번식해야 한다.

2. 심정의 계발과 욕망의 다스림

통일교에서는 하나님을 심정의 하나님이라고 이해한다. 여기서 심정이라는 말은 사전에서 규정짓는 일반적인 개념과 다르다. 심정은 '기쁘고자 사랑하고자 하는 충동'으로 하나님의 인간 창조의 동기가 되며, 구원의 동기가 된다. 하나님은 심정의 하나님으로 기쁨과 사랑을 위한 대상으로 인간을 창조하셨다는 것이다.[15]

그러나 인간의 타락으로 하나님은 기쁨과 사랑의 대상을 잃고 슬픔과 한(恨)의 하나님이 되었다. 인류역사는 절대자 하나님이 사랑과 기쁨의 대상으로 창조된 인간을 포기하지 않고 구원하시는 구원섭리 역사요, 창조본연의 세계를 회복하고자 하는 복귀섭리역사가 된다.

인간의 타락은 바로 하나님의 심정에 대한 배신이요 유린이다. 하나님과 심정일체가 되어 기쁨과 사랑을 돌려야 할 인간이 타락하면서 하나님의 심정에 반응하지 못하는 인간이 된 것이다. 따라서 구원이란 심정을 회복하는 것이요, 하나님과 심정일체를 이루는 것이다.

만약 인간이 하나님과 심정일체를 이루었다면 인간은 타락할 수 없었다. 하나님과 심정일체를 이루었다면 인간의 욕망은 사심을 지향할 수 없기 때문이다. 인간 안에 하나님의 형상(Imago Dei)이 내재할 때 사심의 욕망이 발현될 수 없는 것이다. 오직 하나님께 기쁨을 드리고자 하는 본심만이 발현되게 된다. 사심을 지향한 욕망은 자신뿐만 아니라 하나님께도 고통을 드리는 행위가 되기 때문에 욕망이 사심의 방향으로 작용할 수 없는 것이다.

하나님과 일체된 심정을 갖게 될 때 욕망은 본심을 따라 사랑과 선을 지향하게 된다. 따라서 타락한 인간이 욕망을 다스리기 위해서는 심정을 회복해야 한다. 인간은 하나님의 심정이 동기가 되어 창조된 존재로 인간 안에 하나님의 형상으로서의 심정이 내재되어 있다고 볼 수 있다. 다만 타락으로 그 심정이 사심에 가려 작용하지 못하고 있는 것이다.

타락한 인간의 심정 회복은 복귀원리에 의하여 가능하다. 통일교 복귀원리에 의하면 타락 인간은 스스로 창조본연의 심정을 회복할 수 없다.

---

15) 통일사상연구원 편, 『통일사상 요강』 (서울: 성화출판사, 1993), 58-61쪽.

반드시 하나님과 심정 일체가 된 중보자 메시아를 맞아 심정을 회복할 수 있다. 통일교는 종교의 창시자들이 메시아적 역할을 하였다고 본다. 메시아는 개성을 완성한 즉 하나님과 심정 일체를 이룬 분으로 타락한 인간을 구원하는 사명을 가지고 있다.[16]

여기서 구원이란 타락으로 무지의 상태에 떨어진 인간이 메시아를 통해 하나님의 심정을 회복하고 하나님과 심정 일체되는 인간으로 회복하는 것을 말한다. 인간이 하나님의 심정을 회복하게 될 때 욕망은 창조성을 가지게 된다. 메시아는 하나님의 선택을 받은 분으로 스스로의 수행을 통해 하나님의 심정을 체휼한 분이다. 그는 인간에게 하나님의 심정을 인지적으로, 정서적으로, 행동적으로 보여주는 위치에 있다고 할 수 있다.

통일교는 종교교육을 심정교육이라고 한다.[17] 종교교육은 심정적 인간을 목표로 한 인간의 형성, 인간의 심정계발과 유지를 위한 교육이 되어야 하기 때문이다. 즉 하나님과 심정일체화 된 인간 형성이 종교교육의 목표이며, 심정일체의 인간을 형성하기 위한 실천이 종교교육의 과정이 된다.

종교교육은 심정적 인간 회복을 위하여 진리에 대한 깨달음의 과정을 제공하는 것이다. 즉 창조본연의 심정을 품고 살기 위하여 생활 속에서 진리에 대한 깨달음의 과정을 제공하는 것이다. 진리에 대한 깨달음의 과정으로 삶 속에서 위하는 삶, 절제와 금욕, 말씀 안에서 삶을 살아야 한다.

16) 『원리강론』, 앞의 책, 247-251쪽.
17) 심정교육이란 하나님의 심정을 이해하고 체휼하도록 하는 교육이며 심정 계발을 위한 교육이다. 이재영, 『심정교육론 연구』 (서울: 성화사, 1989) 16쪽.

1) 위하여 사는 삶

모든 종교는 위하는 삶, 즉 이타적인 삶을 강조하고 있다.[18] 신앙인의 가장 큰 덕목을 '사랑', '자비', '인' 으로 삼고 있다. 욕망은 대상을 소유하려고 하고, 지배하려는 특징을 가지고 있기 때문에 이타적인 삶의 실천이 욕망을 비우거나 다스리는 최선의 길이다. 이타적인 삶은 어떤 종교의 선교 목적이거나 종교적 가치관을 실현하기 위해서라기보다는 신앙인의 인격 성장을 위해 필요한 것이다.

통일교 교리서인 『원리강론』과 통일교 창시자의 설교 내용의 핵심은 '위하여 살자'이다.[19] 『원리강론』과 말씀에 의하면 존재하는 것은 모두 '위하여 사는 존재'로 되어 있다고 말한다. 존재의 최소 단위인 소립자에서부터 우주에 이르기까지 '위하여 사는 존재'의 홀라키(holarchy)로 되어 있다는 것이다. 존재하는 것은 그 자체로서 존재 목적이 있지만 보다 큰 존재를 위해서 존재한다. 소립자는 소립자 그 자체로서의 목적과 원자 형성을 위해 존재하고, 원자는 분자 형성을 위해 존재하며, 분자는 광물과 동식물을 위해 존재하고, 광물과 동식물은 인간을 위해 존재하고, 인간은 절대자 하나님을 위해 존재한다.

『원리강론』에서는 이것을 존재의 이중목적(二重目的)이라고 말한다. 존재 자체를 위한 목적과 자신을 통합하는 보다 큰 존재를 지향하는 이중목적의 연체로 되어 있다는 것이다.[20] 이중목적의 연체로서의 존재

---

18) 기독교는 사랑, 불교는 자비, 기독교는 인을 최고의 덕목으로 삼고 있다. 사랑, 자비, 인은 이타적인 삶의 실천에서만 감득되어진다.

19) "위하여 살자"는 통일교 창시자 문선명 선생의 말씀집에 주제어로 가장 많이 사용되고 있다.

이해는 통합심리학자 켄 윌버(Ken Wilber)의 존재하는 것은 홀론(holon)과 홀라키(holarchy)로 되어 있다는 주장과 상당히 일치한다. 윌버는 모든 존재의 단계는 저차원의 의식에서 보다 큰 차원의 의식의 세계를 지향하는 의식의 단계가 있다고 주장한다.[21]

존재의 타락은 인간이 이중목적의 연체를 부정하고 자신만을 위한 삶이 될 때 일어난다. 이기적 욕망으로 자신만을 위하고 보다 상위적 위격에 있는 존재를 부정하게 된다. 여기서 존재의 타락과 세계의 무질서가 이루어진다. 그러나 이타적 욕망을 갖게 되면 창조의 질서와 조화가 이루어진다. 창조의 질서와 조화를 위한 욕망이 되기 위해서는 이타적 욕망을 가져야 한다. 종교가 봉사하는 삶을 강조하는 것도 헌신과 봉사가 자신의 욕망을 다스리는 기제가 되기 때문이다.

2) 금욕 생활

대부분의 종교는 금욕생활을 강조하고 있다, 종교에서 금욕생활을 강조하는 것은 욕망을 다스리기 위함이다. 의식주 생활의 금욕뿐만 아니라, 육체적 쾌락을 절제하는 것은 욕망을 다스리기 위해서다. 통일교에서도 식욕, 성욕, 수면욕 등에 대한 금욕생활을 강조하고 있다. 이러한 금욕에 대한 훈련으로 통일교 신자들에게 금식, 순결, 기도 등의 신앙생활을 강조한다.

통일교의 금욕에 대한 이해는 탕감의 의미가 담겨 있다. 『원리강론』

---

20) Ken Wilber, Integral Psychology, 조옥경 역, 『통합심리학』(서울: 학지사, 2008).

21) 『원리강론』, 앞의 책, 243-247쪽

에서 타락 인간이 본연의 위치와 상태로 회복하기 위해서는 어떤 조건을 세워야 하는데 이 조건을 탕감조건이라고 한다.[22] 인간의 타락이 자신의 욕망을 충족하기 위해서 이루어졌기 때문에 창조본연의 인간으로 회복하기 위해서는 탕감조건으로 금욕생활이 필요하다.

『원리강론』에서 인간의 복귀를 위해서 소생기, 장성기, 완성기의 신앙단계를 거쳐야 한다고 한다. 소생기 신앙단계는 금욕생활로 탕감조건을 세우는 단계이다.[23] 소생기는 행함으로 의로움을 받는 행의(行義)시대로 금지와 지시를 지켜야 한다. 즉 '하라' '하지마라'의 지시와 금지의 계율을 지켜야 하는 시기다. 계율의 수행과 금욕적인 생활은 소생기 신앙단계에서 필요하다.

장성기는 신의(信義)시대라고 한다. 믿음으로 의로움을 받는 시대라는 의미다. 이 시대는 진리를 믿고 따름으로 신앙의 성장이 이루어지는 시기다. 진리의 실체가 되어 진리대로 살려고 하는 시기라고 할 수 있다. 이 시기는 진리의 실천을 통해서 타락성을 해탈하는 시기다.

완성기는 시의(侍義)시대로써 하나님의 심정과 하나 되어 사랑의 본체가 되는 시기로 이 시기는 타락성을 완전히 해탈하고 하나님의 심정과 일체되는 것을 말한다. 따라서 이 시기에 도달한 인간의 욕망은 더 이상 이기적이거나 타락성을 가진 욕망이 아니다. 오직 위하고자, 사랑하고자 하는 창조본연의 욕망을 갖게 된다.

---

22) 위의 책, 244쪽.
23) 같은 책, 57-58쪽.

3) 훈독(訓讀)의 생활화

종교는 전통적으로 경전(말씀)을 읽거나 암송을 강조한다. 말씀을 읽거나 강조하는 것은 말씀을 이해하고 말씀대로 살기 위한 의미가 있지만 다른 한편 말씀의 훈독은 사심의 욕망을 억제하는 기능을 한다. 중세의 가톨릭 수도사들이 성서를 필경하였던 것도 잡념이나 욕망을 다스리기 위해서였으며, 불교의 승려들이 독경이나 간경을 하는 것도 마음을 다스리기 위함이었다.

통일교에서도 아침과 저녁에 통일교 창시자의 말씀을 읽는 모임을 갖는데 이 모임을 훈독회라고 한다. 훈독회는 통일교 전통과 정체성을 유지하기 위한 수행의 한 과정이다. 통일교의 경전인 『천성경』을 훈독하므로 말씀을 이해하고 말씀대로 살기 위한 수행과정의 하나다. 훈독회는 그 효과에 있어서 죄성을 분립할 수 있는 효과를 갖는다. 말씀의 화육(化肉) 즉 말씀의 실체가 되면 파괴적인 욕망을 떨치고 욕망의 선화와 정화가 이루어진다.

훈독회는 불교수행 가운데 간경(看經)과 같은 의미와 효과를 갖는다. 간경은 "부처님의 말씀을 몸과 마음으로 체인(體認)하여 우리들의 삶을 부처님의 삶으로 전환시켜 마음의 본성을 밝히고 깨달음을 성취해 가는 수행법"[24]이다. 즉 간경 수행을 통하여 무명(無明)에서 벗어나 탐(貪)·진(嗔)·치(痴)의 삼독을 다스릴 수 있으며, 신(身)·구(口)·의(意)의 삼업(三業)을 짓지 않는다고 한다.

---

24) 고명석, 「간경 현황과 수행지침의 방향」, 대한불교조계종 편, 『수행법 연구』 (서울: 조계종출판사, 2005), 341쪽.

마찬가지로 훈독회를 통하여 타락성 본성을 해탈할 수 있으며, 삶 속에서 일어나는 시기, 질투, 혈기, 교만 등 타락성을 지향하는 욕망을 해탈하고 사랑, 온유, 겸손의 마음을 갖게 된다. 훈독회는 사심의 지향성을 끊고 본심의 지향성을 갖게 한다. 따라서 훈독회는 파괴적인 욕망을 버리고 창조본성을 회복하기 위한 수행과정이라고 할 수 있다.

Ⅳ. 맺음말

창조본연의 욕망은 '선하다' '악하다' 말 할 수 없다. 인간이 타락하여 무지의 상태에 떨어졌기 때문에 욕망은 본심이 지향하는 방향보다 사심이 지향하는 방향으로 나아가게 된 것이다. 인간의 양심은 욕망을 다스리도록 되어 있는데 인간이 무지에 떨어져 양심의 바른 기준을 모르기 때문에 욕망이 악을 지향하게 된다.

통일교는 인간의 욕망이 사심을 지향하는 것은 인간조상의 타락에서 비롯되었다고 본다. 즉 성경 창세기에 나오는 에덴동산의 실낙원 사건에서 원죄를 낳게 되었고, 이 원죄의 죄성이 인간에게 유전되고 모방되기 때문에 인간의 욕망이 사심을 지향한다고 보았다.

통일교에서는 인간의 구원을 복귀라고 말하며 구원의 원리를 복귀원리라고 한다. 복귀원리란 타락한 인간이 창조본연의 인간으로 회복하는 것을 말한다. 인간 조상이 타락하여 죄성이 성립된 것을 타락성 본성이라고 하는데 이 타락성 본성을 해탈하는 길은 복귀의 원리에 의하여 이루어진다.

복귀원리의 핵심은 타락한 인간 스스로 타락성을 해탈할 수 없기 때문에 중보자 되는 메시아를 맞이하여, 그를 통하여 잃어버린 창조본성을 회복하는 것이다. 인간이 잃어버린 창조본성은 하나님의 심정이다. 메시아를 통하여 이 심정을 회복하면 인간의 욕망은 사랑과 선을 지향하는 창조본성의 욕망으로 회복할 수 있게 된다.

심정은 사랑하고자, 기쁘고자 하는 충동을 말하는데 이 심정의 계발을 위하여 메시아를 맞이하고 모셔야 한다. 메시아를 통하여 하나님의 심정을 이해하고, 심정적 생활이 이루어져야 한다. 심정을 계발하기 위해서는 종교적 수행을 해야 한다. 이 종교적 수행은 1)위하는 삶 2)금욕 생활 3)훈독의 생활이 중심이 되어야 한다. 이러한 수행을 통하여 욕망이 창조본연의 욕망으로 발현될 수 있게 된다.

<참고 문헌>

김종욱 편, 『욕망 - 삶의 동력인가 괴로움의 뿌리인가』, 서울: 운주사, 2008.

대한불교조계종 편, 『수행법 연구』, 서울: 조계종 출판사, 2005.

문선명선생말씀편찬위원회 편, 『문선명선생 말씀선집』, 서울: 성화출판사, 1992.

세계기독교통일신령협회, 『원리강론』, 서울: 성화출판사, 1994.

소병일, 「헤겔철학의 관점에서 본 욕망의 지위와 역할」, 『철학연구』, 제32권 (서울: 대한철학회, 1981)

이재영, 『심정교육론 연구』, 서울: 성화사, 1989.

조효남, 상보적 통합, 서울: 학수림, 2008.

통일사상연구원편, 『통일사상요강』, 서울: 성화출판사, 1993.

Wilber, Ken, *Integral Psychology,* 조옥경 역, 『통합심리학』, 서울: 학지사. 2008.

Wilber, Ken. *Integral Spirituality,* Boston & London: Integral Books, 2006.

제11장

청소년들의 죽음에 대한 의식과 종교교육

Ⅰ. 머리말

'사람은 누구나 죽는다.'는 사실은 어느 누구도 부인할 수 없는 진리이다. 사람들은 죽음이 누구에게나, 언제나, 어디서나 일어날 수 있다는 사실을 알고 있고, 자신도 여기에 해당한다는 사실을 안다.

그러나 살아가면서 죽음을 의식하며 죽음을 대비하는 사람은 많지 않다. 사람들은 주변의 가까운 사람의 죽음을 목격하거나 자신의 죽음이 임박해서 죽음을 생각하며 과거 자신에게 소홀했던 점을 후회하게 된다.

특히 청소년들은 자신이 죽는다는 사실을 의식하지 못하며 산다. 청소년들은 '죽음은 노인들의 문제이지 나와 상관없는 일'이라고 생각하는 경향이 있다. 이처럼 청소년들은 죽음에 대한 의식이 성인에 비해 부족하지만 자살의 충동을 제일 많이 느끼는 세대이다.

목적지가 어디며 그 목적지에 가서 무엇을 할 것인가를 알고 가는 사람과 그렇지 못한 사람이 길을 가는 자세는 크게 다를 것이다. 마찬가지로 죽음을 의식하며 사는 사람과 그렇지 못한 사람의 삶의 자세는 큰 차이가 있다.

인생에서 하루하루 살아야 할 날이 줄어들고 죽음에 이르는 날이 하루하루 다가온다는 것을 생각한다면 일상의 삶을 보다 의미 있게 살려고 노력할 것이다. 이런 면에서 죽음 대비 교육이 필요하다.

죽음 대비교육이란 죽음을 바르게 인식하고 현재의 삶을 바르게 살고 있는지를 점검하기 위함이다. 또한 누구나 맞이해야 할 죽음이고 언제 맞이하게 될지 모르는 죽음에 대하여 불안해하거나 절망하지 하지 않고 죽음을 편안하게 맞이할 수 있기 위해서 죽음 대비교육이 필요하다.

따라서 죽음 대비교육이란 삶을 위한 교육이라 할 수 있다. 죽음 대비교육을 통하여 인간으로서의 존재 의미와 가치를 깨닫고, 삶을 바르고 성실하게 살도록 이끌어 주는 것이 죽음 대비교육의 목적이다.

죽음 대비교육이 삶을 위한 교육이라면 어느 세대보다 청소년들에게 죽음 대비교육이 필요하다. 그러나 청소년들은 살아온 생애보다 살아야 할 시간이 더 많이 남아 있기 때문에 죽음에 대하여 절박하게 생각하지 않는다. 청소년들은 충동적으로 행동하고 찰나적인 기쁨을 추구하기 때문에 언제 다가올지 모르는 죽음에 대하여 심각하게 생각하지 않는다. 청소년들의 이런 성향으로 인하여 많은 청소년들이 삶의 의미를 상실한 채로 방황하며 때로는 일탈(逸脫)의 행위를 하게 된다.

청소년들을 위한 죽음 대비교육의 필요성에도 불구하고 우리나라의 학교교육에서나 교회의 종교교육에서 청소년들을 위한 죽음 대비교육이 거의 이루어지지 않고 있는 실정이다. 필자의 조사에 의하면, 우리나라 중·고등학교 도덕 교과서나 종립학교의 종교 교과서에서 죽음 대비에 관한 내용을 거의 다루지 않고 있었다. 마찬가지로 교회에서 사용하고 있는 종교교육 공과에서도 사후의 세계에 대한 내용은 다루고 있지만 죽음에 대비한 내용은 다루지 않고 있음을 발견할 수 있었다.

본 연구의 목적은 청소년들의 죽음에 대한 의식을 조사하여 분석하고 청소년들을 위한 죽음 대비교육의 교육과정 구성을 위한 교육의 구조와 과정을 연구하기 위함이다.

Ⅱ. 청소년들의 죽음에 대한 의식

1. 설문 답변자의 일반적 특성

청소년들의 죽음에 대한 이해와 의식을 조사하기 위하여 고등학교 학생을 대상으로 설문지 218매를 배부하여 전량을 회수하였다. 수업시간 중 학과목 담당선생님 지도하에 설문지를 작성하게 하고 회수하였기 때문에 100% 회수할 수 있었다.

설문 대상자는 천안시 남자고등학교 1개교 2개 반, 여자고등학교 1개교 1개 반, 서울 남녀 공학 1개교 3개 반을 대상으로 실시하였다. 도시 학생과 지방 학생, 그리고 남학생과 여학생의 죽음에 대한 의식의 차이가 있다는 가정에서 설문을 조사하였으나 의식의 차이가 거의 드러나지 않아 이를 구분하여 분석하지 않았다.

설문 조사에서 중학생은 대상에서 제외하였다. 16세에서 19세 고등학생은 중학생의 시기를 통과하였기 때문에 고등학생 의식이 청소년의 의식을 일반화 할 수 있다고 생각하였기 때문이다.

<표 1> 설문지 답변자의 특성

나 이	사는 곳		성별		종교			비고
	서울	지방	남학생	여학생	유	무	무응답	
16세-19세	105명	113명	142명	76명	125명	82명	11명	

<표 2> 설문지 구성

	설문지 구성	설문 세부 항목
1	죽음대비교육 수업여부	수업 시간 중 죽음에 관한 교육을 받은 일이 있는가?
		죽음 대비교육을 받을 필요가 있다고 생각하는가?
		나에게 왜 죽음 대비교육이 필요한가?
2	임종이나 주검 목격 경험여부	가족 중 임종하는 자리를 지켜 본 경험이 있는가?
		시체를 가까이서 본 일이 있는가?
3	영혼 및 사후 세계 존재여부	사람의 영혼이 영원하다고 생각하는가?
		죽은 후 천국이나 지옥에 간다고 생각하는가?
		빙의 현상이 가능하다고 생각하는가?
4	자살충동경험과 그 원인	평소 나의 죽음에 대하여 생각해 보았는가?
		자살의 충동을 느낀 적이 있는가?
		자살 충동을 느꼈다면 언제인가?

2. 청소년들의 죽음에 대한 이해와 의식

1) 죽음에 대한 교육의 부재(不在)

청소년들의 죽음에 대한 의식 조사에서 <표 3> '학교의 정규 수업 중 죽음에 관한 교육을 받은 일이 있는가?'라는 질문에서 218명의 답변자 중 '있다' 10명(5%), '단편적으로 조금 있었다' 58명(26%), '전혀 없었다' 150명(69%)으로 나타났다. 설문 답변을 통해 학교에서 죽음에 대한 공식적 교육이 거의 없었음을 볼 수 있다.

이러한 죽음에 대한 교육 부재 현상은 우리나라 사람들이 대체로 죽음에 대해 말하는 것을 금기시 해왔고, 죽음에 대해 말하는 것을 불길한 것으로 간주하여 대화의 화재로 삼지 않기 때문이다.

가족의 임종을 지켜보거나 주검을 본 경험을 물은 결과 <표 4>, 임종을 지켜 본 경험이 없는 학생이 86%에 달했으며, 시체를 본 경험이 없는 학생이 76%에 달했다. 우리나라는 전통적으로 가족이 아닌 주검의 장례식에 청소년들의 참석을 배제시키고 참석하였다고 하더라도 시체와의 신체접촉은 거의 금기 사항으로 되어 있다. 따라서 임종이나 주검 앞에서 자연스럽게 이루어 질 수 있는 청소년들을 위한 죽음 대비교육이 차단되었다고 할 수 있다.

청소년을 위한 죽음 대비교육은 공립학교의 도덕이나 윤리 교과서, 종립학교의 종교교과서에서 다루어야 할 영역이다. 본 연구를 위해 조사한 바로는 우리나라 고등학교의 도덕이나 윤리 교과서에서는 조상들의 삶과 정신에 관한 내용은 많이 다루고 있으나 죽음에 관련된 내용은 거의 다루고 있지 않다. 죽음에 관련된 내용은 제사나 장례의식, 중학교 2학년 도덕 교과서에서 사형제도와 안락사 문제 정도를 다루고 있을 뿐이다.[1] 기독교 설립 고등학교에서 대부분 채택하고 있는 한국 기독교 연맹에서 발행한 중학교와 고등학교의 『종교』 교과서에서도 전혀 죽음에 대한 내용을 다루지 않고 있다.[2] 마찬가지로 기독교의 교회교육에서 교재로 사용하는 공과에서도 죽음의 문제는 거의 다루지 않고 있다.

이러한 죽음에 대한 교육 부재 현상은 학교에서 죽음에 대한 논의가 금기시되었고, 죽음에 대한 전문적 연구가 이루어지지 않았다는 점을 시사해주는 것이다.

<표 3> 학교 수업 시간에 죽음에 관한 교육을 받은 일이 있는가?

있다	단편적으로 조금 있었다	전혀 없다	전체
10명(5%)	58명(26%)	150명(69%)	218명(100%)

<표 4> 임종이나 시체를 목격한 경험

	있다	없다	전체
임종하는 자리를 지켜 본 경험이 있는가?	30명(14%)	188명(86%)	218명(100%)
시체를 가까이서 본 경험이 있는가?	52명(24%)	166명(76%)	218명(100%)

1) 서울대학교 사범대학 국정도서 편찬위원회 편, 『도덕, 전통윤리, 윤리와 사상』, 교육인적자원부, 2003.
2) 한국기독교 학교 연맹 편, 『종교』, 서울: 한국기독교 연맹, 1995.

2) 사후의 세계에 대한 이해

영혼의 존재 여부를 묻는 설문에서 <표 5> '영혼이 존재한다'는 응답이 전체 응답자 218명 중 82명(37.4%)이었고, '영혼이 없다'는 대답이 38명(17.2%)이었으며, '잘 모르겠다'는 대답이 96명(44.6%)으로 가장 많은 대답이었다.

영혼의 존재여부에 대하여 종교인과 비종교인을 나누어 조사한 결과 <표 5>, 조사대상 218명 중 종교인은 127명, 무교가 80명, 무응답이 11명이었다. 127명의 종교인 중 '영혼이 없다'는 대답이 10명(7.7%)이고, '영혼이 있다'는 대답이 64명(50.6%), '잘 모르겠다'는 대답이 53명(41.5%)이었다.

청소년들은 대체적으로 영혼의 존재여부를 잘 모르고 있으며 '영혼이 존재한다'고 믿는 청소년들이 '영혼이 없다'고 믿는 청소년 보다 두 배 이상 많은 것으로 나타났다. 종교를 가진 학생 대부분은 영혼이 존재한다고 믿고 있으며 '잘 모르겠다'는 대답도 53명(41.5%)에 달했다.

<표 5> 사람이 죽은 후에 영혼은 존재한다고 생각하는가?

	없다	있다	잘 모르겠다	무응답
전체 218명	38명(17.2%)	82명(37.4)	96명(44.6%)	2명(0.7%)
종교인 127명	10명(7.9%)	64명(50.6%)	53명(41.5)	

천국과 지옥의 존재 여부는 교회에서 실시하는 종교교육의 중요한 주

제였다. 신앙인으로 '선하게 살면 천국 간다'는 교리는 교회에서 죽음 대비 교육을 위해 가장 많이 사용하였던 주제다. 설문에서 <표 6> '천국과 지옥의 존재를 믿는다'는 학생이 88명(40.4%), '천국과 지옥의 존재를 믿지 않는다'는 학생이 69명(31.6%), 그리고 '잘 모르겠다'는 학생이 61명(28%)을 차지했다. 이러한 결과는 종교교육에서 강조하였던 천국과 지옥에 대한 설명이 청소년들에게 별로 설득력이 없음을 보여준다.

<표 6> 사람이 죽은 후 천국이나 지옥에 간다고 생각하는가?

그렇다	그렇지 않다	잘 모르겠다	무응답	전체
88명(40.4)	69명(31.6%)	61명(28%)	0	218명(100%)

3) 자살의 충동 경험과 원인

청소년을 위한 죽음 대비교육에서 의미 있는 삶을 살도록 하고 자살의 비윤리성과 비종교성을 교육하는 일은 중요한 교육적 과제다. 설문에서 <표 7> '자살의 충동을 느껴보았다'라는 학생이 218명 중 92명(42.4%)이었다.

<표 8>에서 나타난 것처럼 자살의 충동을 느껴 본 92명의 청소년 중 자살 충동을 느끼게 된 것은 '생의 의미를 상실했을 때'라고 한 답변이 54(59.2%)명으로 가장 많았고, '관계 단절에 의한 소외감'이 27명(29%), '성적이 떨어졌을 때' 6명(6.5%), '남에게 무시당했을 때' 5명

(5.3%) 순으로 나타났다.

위 결과에서 청소년을 위한 죽음 대비교육에서 자살 문제, 삶의 의미와 가치, 그리고 인간관계와 삶을 중요한 내용으로 다루어야함을 보여준다.

<표 7> 자살에 대한 충동을 느껴본 일이 있는가?

있다	없다	전체(백분율)
92명(42.4%)	126명(57.6%)	218명(100%)

<표 8> 어떤 때 자살 충동을 느꼈는가?

생의 의미를 상실했을 때	남에게 무시를 당했을때	성적이 떨어졌을 때	관계 단절에 의한 소외감	전체
54명(59.2%)	5명(5.3%)	6명(6.5)	27명(29%)	92명(100%)

3. 청소년들을 위한 죽음 대비교육의 필요성

설문 답변에서 청소년들은 죽은 이후 영혼의 존재 여부에 대하여 '존재하지 않는다'와 '잘 모르겠다'는 대답이 60% 이상을 차지하고 있다. 사후의 세계를 믿는 사람은 죽음에 대하여 더 편안한 마음으로 수용을 할수 있을 것이다. 데켄((Alfons Deeken)은 사후의 세계를 믿지 않는 사람들은 로스(Kübler Ross)가 말한 죽기까지의 과정 5단계 '죽음을 수용'하는 단계에서 죽음을 맞지만 사후세계의 존재를 믿는 사람은 6단계 죽음 후의 세계에 대한 '기대와 희망' 단계에서 죽음을 맞는다고 하였다.[3] 종교교육에서 청소년들에게 사후의 세계에 대한 보다 설득력 있는 교육이 요구된다.

설문에서 자살 충동 경험이 있다고 대답한 학생이 42.4%에 이르렀다. 청소년들에게 평소의 죽음 대비교육을 실시한다면 그 교육이 곧 자살 예방 교육이 된다. 평소에 죽음을 대비하는 사람은 자살을 시도하지 않을 것이다. 자살은 자신에게 봉착한 어려운 문제를 해결할 수 없고 남아있는 사람들에게 더 많은 문제와 고통을 안겨준다는 사실을 알기 때문이다.

설문에서 <표 9> 자신이 '죽음 대비 교육을 받은 필요성이 있는가?'라는 질문을 한 결과, 응답자 218명 중 102명(46.8%)이 '필요하다'고 대답하였고, 이 '필요가 없다'는 대답이 69명(31.6%)이었으며, '잘 모르겠다'가 47명(21.6%)명이었다. '죽음 대비교육이 필요 없다'는 대답 69명(31.6%)과 '잘 모르겠다'가 47명(21.6%)에 이른 것은 예상외의 결과였다. 죽음 대비교육이 아직 생소하고 죽음에 대한 논의를 피하고자 하는 일반적 경향이 나타난 것이라고 할 수 있다.

죽음 대비교육이 필요한 이유에 대하여는 무응답이 78명(36%)이었고, 138명이 응답을 하였는데 <표 10>, 죽음 대비교육이 필요한 이유는 '지상에서 가치 있는 삶을 살기 위하여' 103명(47%), '죽음에 대한 불안과 공포를 없애기 위하여' 26명(12%), '사후에 천국에 가기위해서' 6명(2.8%)' 품위 있는 죽음을 위해' 5명(2.2%) 순으로 나타났다. 이 결과에

---

3) Alfons Deeken, *Si To Dou Mukiauka*, 오진탁 역, 《죽음 어떻게 맞이할 것인가》, 서울; 궁리출판, 2002. 138쪽.

서 죽음 대비교육의 내용은 지상에서 가치 있는 삶을 위한 목표가 되어야 함을 보여준다.

삶을 의미 있고 가치 있게 산 사람은 죽음을 삶의 완성이라고 이해하며 지상에서의 삶에 대한 회한이 없기 때문에 죽음에 대한 불안과 공포가 덜할 것이다. 죽음에 직면한 사람은 인생을 불완전하게 마치는 공포, 사후 심판에 대한 공포, 가족과 사회에 부담이 있다. 삶을 의미 있고 가치 있게 산 사람은 이러한 불안과 공포에서 더 자유로워 질 수 있기 때문이다.

<표 9> 죽음에 대한 대비교육을 받을 필요가 있다고 생각하는가?

있다	없다	잘 모르겠다	전체
102명(46.8%)	69명(31.6%)	47명(21.6%)	218명(100%)

<표 10> 죽음 대비교육이 왜 필요하다고 생각하는가?

죽음에 대한 불안과 공포를 없애기 위해	지상에서 가치 있는 삶을 살기 위해	품위 있는 죽음을 위해	사후에 천국에 들어가기 위해	무응답	전체
26명 (12%)	103명 (47%)	5명 (2.2%)	6명 (2.8%)	78 (36%)	218명 (100%)

Ⅲ. 죽음 대비교육을 위한 종교교육과정의 구성

1. 죽음 대비교육의 목적 진술

죽음 대비교육을 연구하는 학자들은 공통적으로 죽음 대비교육의 목적은 삶을 위한 것이라고 말한다. 도날드(Donld P. Irish)는 "죽음교육의 목적은 죽음에 대하여 몰입하도록 하는 것이 아니라 사람들에게 더 나은 현실을 살도록 돕는 것"[4]이라고 하였다.

히구치 가치히코 역시 "죽음에 관해 배운다는 것은 실은 어떻게 사는가를 생각하는 것이다. 이처럼 우리는 끊임없이 죽음을 생각하고 자기의 가치관이나 사생활을 고쳐나가며, 시간의 귀중함을 알고 새로운 것에 도전해 갈 것이다."[5]라고 하였다.

정진홍은 "나 자신의 죽음을 예상하고 그 죽음을 기점으로 할 때 비로소 삶은 전체 모습을 다 드러냅니다. 죽음을 시점으로 할 때 삶은 투명해집니다." 라고 말하며 "죽음에 대한 물음은 곧 삶의 물음"[6]이라고 말하였다.

위와 같이 죽음 교육이 삶을 위한 교육이라는 단순한 목적 진술은 포괄적이고 추상적이 서술이다. 그러나 구체적이고 현실적인 죽음 대비교육의 목적을 진술한다는 것은 쉽지 않다. 그것은 첫째, 죽음 대비교육의 목적이 대상에 따라 구체적 진술이 필요하기 때문이다. 각 세대에 해당하는

---

4) *Death Education,* ed. Betty R. Green & Donald P. Irish. Massachusetts: Schenkman Publishing Company, 1971, p.41.
5) 히구치 기치히코, 이원호 역, 《죽음에의 대비교육》, 서울: 문음사, 2002, 184쪽.
6) 정진홍, 『만남-죽음과의 만남』, 서울: 궁리출판, 2003, 52쪽.

죽음 대비교육, 죽음에 직면한 자를 위한 죽음 대비교육, 죽음에 직면한 환자의 가족에 대한 죽음 대비교육, 임종을 돌보는 호스피스에 대한 죽음 대비교육 등에 따라 교육목적이 달라진다.

둘째, 죽음 이후의 세계를 알 수 없다. "죽음은 존재의 없음이고 존재의 끝이기 때문에 경험을 이야기 할 수 없다."[7] 이런 면에서 죽음 이후의 세계에 대하여 관념론이나 경험론적 방법에 의하여 설명한다는 것은 불가능하다. 물론 각 종교에서는 관념론이나 경험론에 의해 설명을 시도하고 있지만 그 이론의 타당성을 실증하기가 어렵다. 다만 현상 세계의 유비(類比)에 의한 사후 세계의 설명이 가능할 뿐이다.

셋째, 청소년들을 대상으로 한 죽음 대비교육이 어렵다. 청소년들은 살아 온 날 보다 앞으로 살아야 할 날들이 더 많이 남아있기 때문에 그들에게 죽음을 말한다는 것이 금기시되어 왔다. 청소년들 자신도 죽음은 아직 나의 문제가 아니라는 인식이 있기 때문에 죽음 대비교육에 대한 관심을 갖기가 어렵다.

그러나 죽음 대비교육이 어렵다는 이유로 청소년들을 대상으로 한 죽음 대비교육을 소홀히 할 수는 없다. 죽음 교육이 삶을 위한 교육이라면 죽음 대비교육은 청소년들에게 더욱 절실하게 요구 된다.

청소년들을 대상으로 한 죽음 대비교육은 앞에서 언급한 것처럼 현재 그들의 삶을 위한 것이다. 따라서 청소년들이 생명의 소중함을 깨닫게 하여 올바른 인생관이나 가치관을 정립하며, 자신에게 한정된 시간의 소중함을 깨달아 매일 매일의 삶을 성실하게 살도록 이끌어주기 위한 것이다.

---

7) 위의 책, 44쪽.

이러한 죽음 대비교육의 목적 진술은 죽음의 필요성과 당위성의 준거를 제시해준다. 이 목적을 교육의 구조로 하여 피교육자에 따른 구체적이고 전략적인 죽음 대비교육의 목표설정이 되어야 한다.

2. 죽음 대비 종교교육의 내용

설문의 답변에 나타난 결과를 볼 때 청소년들을 위한 죽음 대비교육 내용은 첫째, 생사관(生死觀)에 대한 교육으로 가치 있는 삶을 살도록 돕는 것이어야 한다. 삶과 죽음의 의미는 무엇이며, 어떻게 사는 것이 가치 있는 삶인가 하는 내용이어야 한다. 둘째, 삶의 희로애락이 대부분 인간의 관계 안에서 이루어지는 것인 만큼 죽음으로 인해 흩어지는 인간관계와 그에 따른 고통과 그 극복에 대한 내용이어야 한다. 셋째, 생명에 대한 소중함과 자아에 대한 존중감을 고양시키는 내용과 자살의 예방에 관한 내용이 다루어져야 한다.

1) 생사관(生死觀)에 대한 교육

죽음 대비교육의 목적은 무엇보다 삶의 의미와 가치를 교육하는데 있기 때문에 죽음에 대한 종교교육에서 생사관을 중심 주제로 다루어야 한다. 종교교육은 그 특성상 정치적(政治的)인 학문이다. 여기서 정치적이란 각 종교의 이념을 바탕으로 한 종교교육의 목적 하에 의도적이고 계획적인 방향으로 피교육자를 이끌어 가는 것을 말한다.[8]

---

8) Thomas H. Groome, *Christian Religious Education*(San Francisco: Harper &

죽음 대비를 위한 종교교육도 정치적(政治的) 성격을 갖는다. 죽음 이후의 세계는 경험할 수 있거나 과학적 실증에 의하여 설명될 수 없기 때문에 사후의 세계에 대한 교리는 선언적(宣言的)이다. 따라서 교회에서 이루어지는 사후의 세계에 대한 종교교육은 선언과 교리에 대한 믿음을 근거로 한 죽음 대비교육이 된다.

종교교육의 정치적 성격 때문에 지금까지 종교교육에서 사후의 세계에 대한 교리를 핵심 주제의 하나로 삼았다. 지상에서 선악의 생활에 따라 사후에 천국이나 지옥에 간다거나, 윤회환생(輪回還生)의 급이 달라짐을 강조하였다. 이러한 사후세계에 대한 교리교육은 지상의 삶에 대한 회의주의적(懷疑主義的) 태도나 현실도피적인 내세주의와 권선징악(勸善懲惡)을 강조하는 종교교육으로 발전하였다.

죽음 이후 사후의 세계는 현실의 삶과 상관적(相關的) 관계로 이해되어져야 한다. 현실이 삶에 대한 직시와 성실한 삶의 자세는 죽음 이후의 세계에 대한 불안에서 벗어날 수 있게 한다. 따라서 죽음 대비교육은 현재 삶의 의미와 현실의 삶에 성실할 것을 강조하는 교육이어야 한다.

유교를 제외한 대부분의 종교는 지상의 세계와 내세와의 관계를 상관적 관계로 설명하고 있다. 불교에서의 죽음에 대한 이해는 무상(無常)에 대한 기본적인 인식에서 가능하다고 할 수 있다. 무상이 현실세계의 실체적 현상이라고 할 때 죽음 역시 변화의 한 과정이다. 이런 사고에서 죽음은 유(有) 의 단멸(斷滅)이 아니라 생의 연속인 것이다.[9] 따라서 불교에서는 사후의 세계의 존재여부에 대한 관심보다는 현실에서의 죽음

Row, 1980), p.15.

9) 정승석, 「죽음은 곧 삶이요 열반」, 한국종교교육학회 편, 『죽음이란 무엇인가』 (서울: 도서출판 창, 2001), 84쪽.

의 문제를 어떻게 극복하고 초연할 수 있는가를 추구한다. 즉 죽음을 극복하기 위하여 3法人, 즉 고(苦), 무상(無常), 무아(無我)의 현상세계의 진실을 깨달으면 죽음의 문제로 인한 더 이상의 번뇌는 있을 수 없고 업(業)을 쌓지 않게 된다는 입장이다. 이런 불교의 죽음에 대한 이해의 바탕 위에 불교에서의 죽음 대비교육은 고, 무상, 무아에 대한 깨달음을 위한 교육이 된다. 그리고 이 깨달음을 위하여 부단한 정신적 수행을 통하여 무심(無心)의 상태에 도달하도록 하는 것이 죽음 대비교육의 목적이 된다.

유가(儒家)에서는 죽음 자체의 의미나 죽어서 시작하는 또 다른 세계에 대하여 인정하지 않는다. 죽음을 신귀(神鬼) 과정으로 보지만 이 신귀는 생시(生時)의 개체 인물과 동일성을 유지하는 항존적(恒存的)인 어떤 존재가 아니며 인간의 죽음을 개체의 소멸로 본다. 유가에서는 삶과 죽음을 시작과 마침의 개념으로 바꾸어 이해한다. 그들은 생사에 대한 생물학적 혹은 종교적 관심에서 벗어나 자기 책임 아래 인생을 살아간다는 자율의 도덕론적 관심으로 정착된다.[10] 이런 유가의 죽음에 대한 이해에서 죽음 대비교육의 목적은 일회적인 인생의 소중함을 알며 삶에 대한 열정과 사랑을 하라는 것이 된다.

기독교의 죽음에 대한 이해는 교파에 따라 다소의 차이가 있다. 그리고 성서의 해석에 따라 죽음에 대한 이해가 다르지만 공통적으로 인간은 육체와 영혼으로 되어있으며 영혼불멸을 믿는다. 기독교 신앙을 영생(永生)의 신앙이라고 할 수 있다. 예수는 그의 말씀 가운데 자주 영생을 언급하고 있다. 예수의 가르침을 보면 영생에 대한 언급이 영혼불멸만을 말하

---

10) 유인희, 「인간적 문화에서의 영생」, 위의 책, 161쪽.

는 것이 아님을 알 수 있다. "육신의 죽음 후에 인간의 생명을 받으시는 주(主) 하나님이 생명을 에워싸기 때문에 인간의 생명은 무화(無化)되지 않고 하나님 안에서, 하나님 앞에서 보존되고 살게 된다는 신앙이다. 따라서 사후의 인간생명이 어떤 존재로서든지 보존되는 것은 유한한 인간 그 자신의 본질적 속성의 결과가 아니라 삶과 죽음의 주(主)가 되는 하나님의 은총의 개입사건"[11]으로 보고 있다. 따라서 기독교의 죽음 대비교육의 목적은 죽음 이후에 하나님과의 대면에서 죄인이 아닌 선하고 의로운 존재로서 설수 있는 것이다. 죄인과 의인의 갈림길은 지상에서의 삶의 결과에 따라 갈라진다. 따라서 죽음 대비교육의 목적은 지상에서 하나님의 뜻에 따라 살다가 죽음 후에 영원하신 하나님의 사랑 안에 거하는 새로운 존재 양식으로 태어나기 위하 준비교육이다.

통일교의 『원리강론』에서는 영혼을 육체의 상대적 개념으로 영인체(靈人体)라고 부른다. 영인체는 지상에서의 육신의 삶에 따라 성장하고 완성하며 지상에서 경험과 의식이 사후의 세계에서 반향(反響)되는 것으로 본다. 따라서 천국이나 지옥은 공간적인 개념이 아니고 지상에서 경험과 의식이 영인체 안에서 자아를 속박하는 상태가 지옥의 상태고 자아의 해방과 자유의 상태가 천국의 상태다. 지상의 삶의 의미란 지상에서 완성한 영인체가 사후의 세계에서 영존(永存)하기 위함이다. 따라서 통일교회의 죽음 대비교육은 지상에서 영인체의 존재를 인식하고 선한 영인체로 성장, 완성시켜 영원한 삶을 준비하는 것이다.[12]

11) 김경재, 「영생을 향한 삶의 방식」, 위의 책, 220쪽.
12) 세계기독교통일신령협회 편, 『원리강론』 (서울: 성화사, 1994), 662-69쪽.

2) 죽음에 직면한 사람을 위한 도움 교육

가까운 장래에 죽음을 앞에 둔 사람은 불안과 공포에 떨게 된다. 청소년들이 죽음에 직면한 사람들을 위해 편안하게 죽음을 맞도록 돕는 것은 청소년들에게 생사관을 교육하고 생명의 소중함을 깨닫게 하는 효과적인 교육의 장(場)이 될 것이다.

죽음에 직면한 사람에게 어떤 도움을 줄 수 있을 것인가? 첫째, 죽음의 불안과 공포로부터 벗어나도록 한다. 그들을 돕기 위해 먼저 불안과 공포의 내용이 무엇인가를 알고 접근해야 한다. 알폰스 데켄(Alfpns Deeken)은 죽음에 대한 불안과 공포는 고통에 대한 공포, 가족과 사회에 부담이 되는 것에 대한 두려움, 알지 못하고 있는 것을 눈앞에 대하고 있는 불안, 인생을 불안전한 상태로 마치는 것에 대한 불안, 자기 소멸에 대한 불안, 사후 심판에 대한 불안이라고 하였다.[13]

죽음에 직면한 사람에게서 불안과 공포를 완전히 극복하게 한다는 것은 불가능 하다. 이들에 대한 어느 정도 죽음의 공포를 완화시키는 것, 고통을 지탱하며 견딜 수 있도록 도와줄 수 있을 뿐이다. 그리고 무엇보다 혼자가 아님을 깨닫게 해주는 보살핌이 필요하다.

둘째로 죽음에 직면한 사람이 품위 있게 죽도록 도와준다. 죽음다운 죽음을 맞이할 수 있게 도와주는 것이다. 정진홍은 죽음에는 '죽음다운 죽음'과 '염려스런 죽음'이 있다고 했다. 죽음다움 죽음이란 "죽음의 구석구석에 의미를 채우는 죽음이라고 하였고, 염려스런 죽음이란 죽음이 삶이 자연스러운 귀결이라는 사실을 전혀 의식하거나 이해하지 못한 채 살다

13) Alfons Deeken, 앞의 책, 128-132쪽.

가 자신의 죽음을 맞는 모습이다."라고 하였다.[14)]

셋째로 죽음에 직면한 사람으로 하여금 주변정리를 하여 죽음의 자리가 정결할 수 있도록 도와야 한다. 한 사람의 죽음은 주변의 상황에 많은 영향을 끼친다. 죽음에 직면한 사람이나 그의 가족은 마음의 평정을 잃어 상황을 바르게 인식하고 주변을 정리할 수 없다. 죽음 대비교육을 통해 남은 가족의 고통을 덜어주고 죽음 후에 비난이나 경멸을 받는 죽음이 되지 않도록 도와야 한다.

3) 생명의 가치와 자살 예방교육

경찰청 통계에 의하면 2002년 우리나라 인구 10만 명당 자살자가 19.13명으로 세계 1위라고 하였다.[15)] 특히 20대의 사망원인 가운데 자살이 1위를 차지하고 있다.[16)] 필자의 설문 조사에서도 청소년 가운데 자살 충동을 느껴 본 경험이 있는 학생이 218명중 92명(42.4%) 에 달하고 있다. 따라서 죽음 대비교육의 내용 중 자살 예방에 관한 주제를 다루어야 한다.

설문에 의하면 자살 충동을 느꼈던 때는 '생의 의미를 상실했을 때'라는 대답이 답변자 92명 중 55(59.2%)명에 이르고 다음으로 관계 단절에 의한 소외감 27명(29%)이다. 따라서 자살 예방교육으로써 생의 의미, 생명의 소중함 등을 주요 주제로 다루어야 하며, 관계의 단절에 의한 소외감, 인간관계의 해체와, 자살로 인해 다른 사람에게 주는 고통 등도 주요한

14) 정진홍, 앞의 책, 81쪽.
15) 오진탁, 『죽음-삶이 존재하는 방식』 (서울: 청림출판사, 2004), 111쪽에서 재인용.
16) 「자살 20-30대 사망원인 1위」 , 중앙일보, 2004년 9월 23일 제 12면.

주제로 다루어야 한다.

청소년의 자아 개념은 유기체와 환경과의 상호작용에 의해 형성되는 것이므로 생명에 대한 교육은 신체, 인간관계, 환경 등의 문제와 함께 다루어야 한다. 생명의 소중함을 깨달아 자아에 대한 존중감을 갖도록 하는 것이 죽음 대비교육을 위한 중요한 내용이 된다. 청소년들에게 생명의 가치를 교육하기 위하여 낙태 문제, 안락사 문제, 생태계 보호, 평화 운동, 등에 관심과 참여를 고무시키는 내용이 포함되어야 한다.

3. 죽음 대비 종교교육의 접근 방법

1) 공식적 교육과정에서의 죽음 대비교육

우리나라 대부분의 고등학교에서 도덕 혹은 국민윤리의 과목을 통하여 학생들에게 인생관, 가치관, 세계관 등을 교육하고 있고 종립학교에서는 종교라는 교과목을 통해서 종교적 인생관, 가치관을 가르치고 있다.

그러나 죽음에 대한 이해는 인생관과 가치관 형성에 큰 영향을 미침에도 불구하고 고등학교 도덕 혹은 국민윤리 교과에서 죽음에 대한 주제를 거의 다루지 않고 있다. 그 이유는 죽음에 대한 주제가 금기시되는 점과, 죽음에 대한 연구와 전문성이 부족하다는 점을 들 수 있다.

한편 죽음의 이해가 종교성과 관련을 가지고 있기 때문에 도덕 교과서나 국민윤리 교과서에서 종교적 주제를 다루는 것은 어렵고 조심스러운 일이다. 우리나라는 다종교사회이기 때문에 각 종교의 교리 간에 균형을 잃지 않고 죽음의 문제를 다룬다는 것이 쉽지 않기 때문이다. 종교교육은 학생들에게는 깨달음과 선택 그리고 행위를 위한 교육이라 할 수 있다. 따라서 종교 교과서에서 어느 특정한 종교의 죽음에 대한 이념이나 교리를 주입하는 교육이 아니라 주요 종교의 생사관을 균형 있게 소개하여 학생들로 하여금 깨닫고 선택할 수 있도록 돕는 교육이어야 한다.

도덕이나 국민윤리 교과과정을 구성하는데 종교적 주제들을 배제하고 구성하는 것은 불가능하다. 오인탁의 주장처럼 윤리의 뿌리가 종교 안에 있으며, 도덕이 그 한계를 고하는 곳에서부터 종교의 본래적인 영역이 펼쳐지기 때문에, 그리고 윤리의 힘은 종교성에서부터 나오기 때문에 도덕이나 국민윤리 과목이 종교과목으로 확대되어야 한다.[17]

2) 죽음 대비교육의 접근 방법

죽음에 대한 물음을 인식적 물음, 정서적 물음, 실천적 물음으로 분류할 수 있다.[18] 따라서 죽음에 대한 이해도 이 세 차원으로 접근할 수 있다. 죽음에 대한 인식적 이해는 죽음 이후의 세계, 영혼의 존재 등에 대한 이성적이고 합리적인 이해를 추구하는 것이다. 죽음에 대한 정서적 차원의 이해는 이에 대한 불안과 공포, 허무감 등의 극복을 위해 도움을 주는 방법이다. 마지막으로 죽음에 대한 실천적 접근은 죽음 판정의 시점, 뇌사자 장기 적출, 안락사의 도덕적 문제 등의 문제에 대한 접근 방법이다.

종교교육이 실천 되는 장(場)은 공동체이다. 사람들은 공동체 안에서 타인과의 관계 안에서, 종교적 행동에 참여 하며 깨닫고 성장하게 된다.

---

17) 오인탁, 『기독교교육』 (서울: 종로서적, 1984), 147쪽.
18) 유호종, 앞의 책, 7쪽,

공동체 안에는 잠재적 커리큘럼(Hiden Curriculum)[19]이 내재해 있어서 공동체 안에서 만나고 참여함에 따라 무의도적으로 학습이 이루어지는 것이다. 따라서 죽음 대비를 위한 종교교육도 공동체 안에서 공동체 문화로 접근해야 한다. 죽음에 대한 이해가 공동체 안에서의 문화화(文化化)될 때 삶과 유리된 죽음으로 이해하지 않고 삶의 계속으로, 귀결로 받아들이게 된다.

종교교육은 공동체 안에서 경험과 의사소통에 의하여 이루어진다. 은준관은 경험과 의사소통에는 1)느낌의 통로, 2)언어 구사의 통로, 3)상징의 통로, 4)현장 참여의 통로 등 네 통로를 통해서 이루어진다고 하였다.[20]

죽음 대비교육을 위한 교수-학습의 방법으로 이 네 통로를 통하여 적용해 보면 다음과 같은 죽음 대비교육의 접근 방법들이 있다.

(1) 언어구사의 통로

인식적 차원에서의 접근을 위해 언어구사의 통로를 활용할 수 있다. 대부분의 종교는 신앙의 입문과정에 있는 사람들에게 공동체의 일원이 되기 위한 교리 교육을 한다. 죽음 대비교육도 이러한 교리 교육의 맥락으로 이루어져 왔다. 기독교에서의 교리 문답교육(Catechesis), 불교에서의 설법 등이 여기에 해당한다. 카테키시스에 의한 죽음 대비교육 접근 방법은 죽음에 대한 선이해(先理解)를 제공하므로 학습자의 이해의 지평을 넓혀 죽음의 장(場)에서 학습자 스스로 깨닫고 판단할 수 있게 한다.

---

19) John H. Westerhoff III, op. cit. p.16.
20) 은준관 변미정 외, 『어떻게-기독교교육 방법을 중심하여』(서울: 성광문화사, 1982), 13-15쪽.

(2) 느낌의 통로를 통한 죽음 대비교육

정서적 차원에서의 접근은 느낌을 교육의 통로로 하는 관점이다. 신앙은 사실에 대한 분석과 판단에 의한 앎보다 느낌을 통해 배우게 된다. 공동체 안에서 이루어지는 의례는 그 안에 잠재적 커리큘럼(Hidden Curriculum)이 내재되어 있다. 의도적이고 계획적인 커리큘럼이 아니더라도 공동체 의식(儀式)에 참여하므로 학습자의 지식, 태도, 가치관, 행동, 감수성 등 전인적인 발달을 촉진시킨다. 임종의 자리나 장례의식의 참여하는 일은 죽음 대비 교육을 위한 가장 효과 있는 방법의 하나다. 장례식의 참여로 죽음의 문화를 이해할 수 있으며, 교리 교육을 통해 배운 죽음에 대한 의미를 깨닫게 된다.

(3) 상징의 통로

상징을 활용하는 교육 또한 정서적 차원의 교육 통로다. 종교교육에서 상징을 통한 교육은 중요한 교육적 통로가 된다. 그것은 종교적 주제들을 관념론이나 경험론으로 설명하기 어렵기 때문이다. 상징을 통한 유비(類比)에 의해 종교적 주제들을 설명하는 것이 효과적이다.

가츠히코는 죽음을 '큰 죽음'과 '작은 죽음'으로 나눈다. 큰 죽음이란 인생의 종결로 모든 것이 끝장에 이르는 두려운 죽음을 말하고, 작은 죽음이란 의식(意識)의 죽음으로 의식 상태가 사라지는 것을 말한다.[21] 의식 상태가 사라짐은 곧 새로운 의식의 생성을 의미함으로 작은 죽음은 재생을 가능하게 하는 죽음으로 해석된다.

존재의 소멸과 생성을 죽음과 재생으로 이해한다면 우리는 매일의 생

21) 히구치 가츠히코, 앞의 책, 37-38쪽.

활 속에서도 죽음이 있고, 죽음과 함께 살고 있는 것이라는 자각으로 죽음을 냉철하게 바라보며 죽음에 대비하는 생활을 할 수 있을 것이다.

자연의 소멸과 생성을 인간의 태어남과 죽음을 상징하는 것으로 이해한다면 인간의 죽음도 자연의 순리에 따라 귀결되는 것으로 이해할 수 있다. 이러한 이해는 사람들로 하여금 죽음을 자연스럽게 수용하는 자세를 갖게 할 수 있게 된다.

(4) 현장 참여의 통로

실천적 인식의 접근을 위해 현장참여의 통로를 활용할 수 있다. 현장참여의 통로란 삶의 문제와 삶의 현장에 참여함으로 그 곳에서 삶의 실재를 경험하도록 하는 교육이다. 실재를 경험하고 성찰하는 교육의 한 방법으로 파울로 프레이의 프락시스(praxis) 방법론을 적용해 볼 수 있다. 프락시스 방법이란 자신의 처한 상황에 대해 분석, 사고 한 뒤에 살아보고, 삶을 성찰하고 그 결과로써 행동하는 방법이다.[22]

우리의 삶은 생명을 위협하는 상황에 직면해 있다. 이 생명을 위협하는 상황에서 생명의 존중, 평화 운동, 환경보호 운동 등에 참여하는 것은 죽음으로 몰고 오는 상황을 성찰하고 행동하며 반성하는 프락시스적 죽음 대비 교육이 된다.

---

22) Paulo Freire, *Pedagogy of Oppressed*,(New York: The Continuum Publishing Company, 1990), pp. 10-11.

Ⅳ. 맺음말

청소년의 죽음에 대한 의식과 종교교육의 연구에서 우리나라 고등학교에서 이루어지는 도덕교육과 종교교육은 죽음에 대한 주제를 거의 다루지 않고 있음을 발견하였다. 종교교육은 인간의 본질을 다루는 교육이므로 학교에서, 혹은 교회에서 죽음을 대비한 교육을 해야 한다.

청소년들은 일반적으로 종교에서 강조하는 사후의 세계에 대한 확신이 없는 것으로 나타났다. 그것은 사후의 세계에 대한 가르침이 내세 지향적이고 권선징악적인 신앙과 연관된 것이기 때문이라고 본다. 죽음 대비교육은 현실의 가치 있는 삶의 바탕 위에 사후 세계에 대한 불안으로부터 자유로워지는 교육이어야 한다.

청소년들을 위한 죽음 대비교육의 목적은 그들로 하여금 생명의 소중함을 깨닫고 올바른 가치관과 인생관을 정립하여 매일의 삶을 성실하게 살도록 이끌어 주는 것이 되어야 한다. 그리고 그들을 위한 교육의 내용은 생사관, 죽음에 직면한 사람을 위한 도움, 생명의 소중함과 자살의 문제에 대한 내용을 다루어야 한다.

청소년을 위한 죽음 대비교육의 장(場)은 공동체 안에서 이루어져야 한다. 공동체 안에서 만나고 참여하는 가운데 깨달음을 돕는 교육이어야 한다. 지금 까지 이루어져 왔던 교리 주입의 죽음 대비교육을 지양하고 보다 적극적으로 반생명적인 사회 상황에 대응하는 활동에 참여하므로 생명의 소중함을 일깨워 주는 교육이 필요하다.

<참고문헌>

손원영, 「기독교적 죽음 교육의 연구 유형과 새 방향」 『죽음 삶의 현장에서 이해하기』, 서울: 한국신학회, 제 7집 2002.

심상태, 『인간-신학적 인간학 입문』, 서울: 서광사, 1977.

정진홍. 『만남 죽음과의 만남』, 서울: 궁리출판, 2003.

오진탁. 『죽음 삶이 존재하는 방식』, 서울: 정림출판사, 2004.

유호종, 『떠남 혹은 없어짐-죽음의 철학적 의미』, 서울: 책세상, 2002.

은준관 외, 『어떻게-기독교교육방법을 중심으로』, 서울: 감리교신학대학편, 1975.

이은봉, 『여러 종교에서 보는 죽음관』, 서울: 가톨릭 출판사. 1995.

한국종교교육학회 편, 『죽음이란 무엇인가』, 서울: 도서출판, 창, 2000.

히구치 가치히코, 이원호 역, 『죽음에의 대비교육』, 서울: 문음사, 2002.

포그리믈러, 심상태 역, 『죽음-오늘의 그리도교적 죽음이해』, 서울: 성바오로 출판사, 1982.

Kubler- Ross, Elisabeth, *On Death and Dying*, 성염 역, 『인간의 죽음』, 왜관: 분도출판사, 1982.

Rawlings, Maurice. 편집 윤향연 역, 『죽음을 준비하는 그리스도인』, 서울: 아가페 출판사, 1993.

Deeken, Alfons. *Si To Dou Mukiauka*, 오진탁 역, 『죽음을 어떻게 이해할 것인가』, 서울: 궁리 출판. 2002.

Green R. Betty & Irish P. Donald. (Ed.) *Death Education*, Massachusetts: Schenkman Publishing Company, 1971.

Freire, Paulo. *Pedagogy of the Oppressed*, New York: Continuum, 1990.

Groome H. Thomas. *Christian Religious Education,* San Francisco: Harper & Row Publisher, 1980.

Hick, John. *Death & Eternal Life, Kentucky*: John Knox Press, 1994.

Seguin, Marilynne. *Gentle Death*, Toronto: Key Potter Book Limited, 1994.

Westerhoff Ⅲ, H. John, *Will Our Children Have Faith*, New York: The Seabury Press, 1976.

Spiro, M. Howard(Ed.). *Facing Death*, New Haven and London: Yale University Press, 1996.

제12장

소그룹 이론과 운영

Ⅰ. 소그룹의 이해

1. 그룹이란 무엇인가?

"그룹이란 두 사람 이상의 멤버로 구성되어 주어진 환경 속에서 공통의 목표를 추구해 나가는 모임"이라고 정의할 수 있다. 이 정의에서 그룹이라는 개념을 구성하는 키워드는 구성원의 수, 주어진 환경, 공통의 목표, 모임 등이다. 이 키워드를 통해 그룹에 대한 이해를 할 수 있다.

1) 구성원

그룹은 최소 두 사람 이상으로 구성된다. 그리고 몇 사람으로 구성되느냐에 따라 소그룹과 대그룹으로 구분한다. 그러나 몇 명 이하로 구성될 때 소그룹이고, 그 이상이면 대그룹이라고 말하는 것은 쉽지 않다. 같은 수의 구성원이라도 그룹의 특성에 따라 소그룹도 될 수 있고 대그룹도 될 수 있다.

소그룹에서 적당한 수의 구성원이란 그룹을 활성화 시킬 수 있고, 그룹 구성원들 간에 원활한 의사소통을 할 수 있으며, 그룹이 추구하고자 하는 목표를 효과적으로 수행할 수 있는 구성원 수를 말한다.

보통 교회 사역에서 적당한 소그룹 구성인원은 6명에서 12명 정도다. 이 정도의 구성원으로 그룹이 구성될 때 역동적인 의사소통과 효과적으로 그룹의 목표를 성취할 수 있다.

2) 주어진 환경

그룹 활동은 교회, 학교, 사회단체, 회사 등 다양한 분야에서 이루어진다. 어떤 단체에서 그룹을 운영하는 것은 그 단체가 추구하는 목표를 보다 민주적이고 효율적으로 성취하기 위해서다.

소그룹은 공식적 그룹일 수도 있고 구성원들 임의로 구성한 비공식적 그룹일 수도 있다. 공식적 그룹은 단체의 하위 그룹의 성격을 갖고 상위 그룹에 기여하고자 하는 목적으로 구성되는 경우가 많으며, 비공식적 그룹은 그룹 구성원들의 욕구를 달성하기 위하여 자발적으로 구성된 경우가 많다. 조직의 환경은 소그룹 과정에 많은 영향을 미친다. 상위 그룹으로부터 구속을 받는 과정일 수도 있고, 자발적이고 자율적으로 운영되는 과정일 수도 있다.

3) 공동의 목표

그룹은 생산성 향상, 정보의 교환, 친목도모, 조직의 활성화 등을 추구하는 목표를 갖고 있다. 이러한 그룹의 목표를 달성하기 위한 그룹의 활동에 따라 교육적 그룹, 개발적 그룹, 치료적 그룹으로 나눈다.

교육적 그룹은 교사 중심의 수직적 교육 형태에서 피교육자 중심의 수평적 그룹을 지향한다. 소그룹 과정을 통하여 피교육자 중심의 참여 학습, 경험학습 등의 형태를 갖는다. 교육적 그룹에서는 가치관 향상, 정보의 교환, 연구과제 해결 등을 위하여 소그룹이 활용 한다.

개발적 그룹은 조직의 응집력과 활성화를 지향하는 그룹이다. 여기에는 리더십, 멤버십, 의사소통, 갈등해결, 과제 해결 등을 위한 그룹이 있다.

치료적 그룹은 집단 상담을 위한 그룹으로 그룹 안에서 개인의 자아 성장과 대인관계 개선 등을 위한 그룹이다. 치료적 그룹은 지도 차원의 그룹, 상담차원의 그룹, 치료 차원의 그룹으로 분류할 수 있다.

4) 모임

그룹은 단순히 사람들의 집합이 아니라 어떤 목적을 중심하고 모인다. 그룹은 어떤 결집된 힘을 갖게 하고 상호 도움이 되기 때문에 만들어진다. 대그룹과 다르게 소그룹은 상호상면적, 상호의존적, 상호작용적 관계를 갖는다. 그룹은 서로 얼굴을 대면하여 서로에게 도움이 되며, 집단의 힘을 이용하여 어떤 문제 해결이나 추구하는 목표를 달성하기 위한 모임이다.

2. 소그룹의 필요성

1) 현대사회와 소그룹

현대 문화의 특징을 고립화, 대극화(對極化), 인간의 물질화라고 한다.

이러한 현상의 배경에는 인간의 개인주의적 사고가 깔려있기 때문이다. 개인주의적 사고는 인간을 공동체에서 소외시키고 너와 나를 경쟁자로 만들고 있다.

오늘날 어린이들은 핵가족에서 태어나 형제들 사이에서 자라지 못하고 혼자 아니면 한 명의 형제와 자라기 때문에 자기중심적이고 이기적인 삶을 살아가는 경우가 많다. 가정에서 여러 명의 형제가 자라면 타인에 대한 이해와 배려 등을 배울 수 있으나 한 자녀로 자라게 되면 자기중심적인 사고를 갖기 쉽다.

어린이가 학교에 들어가면 그룹에 접하게 되지만 오늘날 학교교육은 성공과 출세를 위한 경쟁의 장이 되고 있기 때문에 그룹에서 배워야 할 인간관계와 인성적인 면을 제대로 배울 수가 없다. 특히 한국의 학교 교육이 교사 중심이고, 교과 중심의 교육이기 때문에 그룹 중심의 토의와 과제 해결 수업이 부족하다.

학교를 졸업하고 직장 생활도 마찬가지다. 현대인의 직장은 그룹으로 이루어진 조직 사회이지만 칸막이 공간에서 각자 컴퓨터를 갖고 일을 한다. 따라서 그룹의 구성원 간에 서로 상면적이고 상호의존적인 업무가 잘 이루어지지 않는다. 현대 직장의 업무형태가 인간을 고립화 시킬 수밖에 없다. 업무의 프로세스가 기계화되고 전문화되었기 때문에 인간도 기계화, 물질화 되어가고 있다.

정보화 기기의 발달은 현대인이 서로 대면하여 일을 하거나 그룹을 만들어 만날 필요성을 더욱 감소시켰다. 정보화 기기에 의해 의사소통을 하고, 정보화 기기에 의하여 정보를 수집하게 되므로 업무를 놓고 서로 만날 필요성이 줄어들게 된 것이다. 따라서 얼굴을 맞대고 감정을 주고받거나 깊은 인간관계를 맺을 수 있는 기회를 상실하게 되었다.

이와 같이 현대사회에 살고 있는 인간들은 소외감, 고립감을 경험하게 되며 심리적으로 외로움과 고독감을 갖게 된다. 현대인들에게 정신신경계통의 질환이 많은 것은 이러한 현대 문화와 무관하다고 할 수 없다. 따라서 현대인들에게 소그룹 활동이 절실하게 요구된다.

2) 한국인의 심성과 소그룹

집단 구성원의 가치관, 성격, 그리고 교육적 배경은 집단의 성격과 집단의 과정에 큰 영향을 미친다. 집단의식으로 자리 잡고 있는 한국 사람의 성격으로 볼 때 집단에 익숙하지 못한 경향이 있다. 한국인은 모래 알 같은 성격을 가지고 있어 개별적으로 우수하지만 단합성이 부족하다고 말한다.

한국인은 "우리" 의식이 강하지만 그것은 혈연이나 지연을 중심삼은 우리 의식으로서 집단에 부정적인 영향을 미칠 수 있는 의식이다. 구성원들이 우리의식이 강하면 집단은 있으되 패거리와 같이 비생산적인 집단이 된다. 우리 의식은 타 집단에 속한 사람들에게 배타적이고, 집단 이기주의에 빠질 수 있는 위험한 것이 될 수 있다.

한국 사람의 특징 가운데 가장 현저한 특징 가운데 하나가 인정(人情)이라고 할 수 있다. 인정 또한 집단을 효율적이고 합리적으로 이끄는 데 부정적인 요소가 된다. 인정에 얽혀 집단이 사조직화 될 수 있고 합리적인 집단과정을 이끌어가는 데 걸림돌이 될 수 있다.

한국인의 체면치레 즉 겉치레는 집단의 과정에 걸림돌이 된다. 집단은 진솔한 자기 개방과 자기표현이 필요한데 체면치레가 많으면 적당히 감추거나 자기감정을 가장할 수 있을 것이다. 체면치레가 많은 사람이 모인 집단은 의사소통이 활성화 될 수 없고 집단이 지향하는 본래의 목적대로 진행될 수가 없다.

우리나라 사람들은 학교 교육을 통해 교사중심이고, 지식중심의 주입식 교육을 받아 왔기 때문에 집단에서 자기를 표현하고 합리적 의사결정을 하는데 서툰 면이 있다. 집단에서 주체가 되어 적극적으로 참여하지 못하고 집단에 순응적으로 될 수 있으며, 몇몇의 자기주장이 강한 사람에 의해 집단이 좌지우지 될 수 있다.

3) 미래의 교회형태와 소그룹

교회의 미래를 예측하는 학자들에 의하면 미래의 교회는 대형 교회가 퇴조하고 소그룹 교회가 주류를 이룰 것이라고 말한다. 그것은 현대인들에게 권위적이고 형식적인 조직을 기피하는 현상이 있기 때문이다. 대형교회는 조직의 특성상 인간관계 중심이라기보다는 일 중심이고 관료적인 형태를 띠게 된다.

현대인들은 누구에게 종속되기를 싫어하고 권위에 복종하기를 싫어한다. 조직의 주인으로서 참여하기를 바라고 리더와 파트너가 되기를 바란다. 따라서 대형교회에서 조직인으로 있기보다는 가족과 같이 사랑으로 결속된 구성원이 되기를 바란다. 어떤 한 지도자의 지휘 아래 획일적으로 움직이는 회중이 아니라 회중이 중심이 되는 교회가 될 것이다.

미래의 교회상은 첫째, 평신도중심의 교회가 될 것이다. 미래의 교회는 전문목회자가 그렇게 필요하지 않을 것으로 본다. 평신도의 지식수준이 높고 이해가 빠르기 때문에 지금과 같은 권위적이고 일방적인 설교형태가 유지되지 못할 것이다. 소그룹 안에서 성서를 읽고 해석하여 말씀을 삶에 적용하는 설교 형태가 될 것이다.

둘째, 미래의 교회는 가족형의 교회가 될 것이다. 가정은 출산을 하여 가계(家系)를 이어가는 기능, 경제적 생산과 분배의 기능, 자녀를 양육하는 교육적 기능, 오락과 휴식의 기능 등이 있다. 교회는 하나의 확대된 가정이라고 할 수 있기 때문에 가정의 기능과 같은 기능을 가지고 있다. 그러나 대형 교회는 가정의 이러한 기능을 수행하기에 적합하지 않다. 물론 전도, 경제적 분배, 교육, 오락 등의 기능을 더 큰 규모로 수행할 수 있을지 모르나 가정에서와 같이 사랑을 밑바탕으로 한 교회의 기능을 수행하기는 쉽지 않다. 따라서 미래의 교회는 가정과 같은 소규모의 교회가 주류를 이룰 것이다.

셋째, 미래의 교회는 교육과 친교의 공동체가 될 것이다. 교회가 선교를 위한 기동부대적 조직체제가 아니라 사랑과 친교를 나누는 사랑의 공동체가 될 것이다. 따라서 소그룹의 모임에서 가족중심의 예배, 가족중심의 교육, 가족중심의 선교가 목회의 주류를 이룰 것이다.

결론적으로 인간의 기계화, 소외화, 고립화 현상이 점점 심화되는 현대사회에서 소그룹이 더 필요하고 활성화 되어야 한다. 따라서 소그룹을 지원하여 성장 시킬 때 교회가 성장한다는 사실에 주목해야 한다.

3. 소그룹의 목표

1) 개인적인 측면

집단의 성격에 따라 소그룹의 목표는 다르다. 집단에 따라 일의 생산성을 높이기 위한 목적, 조직의 응집력을 강화하는 목적, 교육을 위한 목적 등이 있다. 교회 조직의 성격은 이익을 창출하기 위한 회사나 응집력과 단결을 위한 군대 조직과는 다르다. 교회는 사랑과 도덕에 의해 구성된 규범조직이기 때문에 그룹의 목표가 일보다는 인간관계에 중점을 두어야 한다. 엄격한 통제와 획일성을 강화하기 보다는 윤리와 도덕성에 기반을 둔 자발적 그룹이 되어야 한다. 여기서 교회 지도자는 그룹이 활성화 되도록 지원하는 안내자요, 촉진자로서의 역할을 갖고 있다.

교회의 소그룹이 지향하는 목표는 크게 개인적인 측면과 집단적인 측면, 그리고 개인적이고 집단적인 양면성의 등, 세 가지로 나눌 수 있다. 먼저 집단의 개인적인 목표에 대하여 진술하겠다.

소그룹은 개체의 심리적 촉진을 위한 그룹이 있다. 개체의 심리적 촉진 그룹에는 인지적, 정서적, 행동적 측면의 그룹이 있다. 인지적 측면 그룹이란 이해와 개달음과 같은 인지적 능력을 개발하여 사물을 보는 관점, 삶에 대한 신념체계, 문제에 대한 대처 능력 등을 향상시키는 것을 말한다.

정서적 측면 그룹은 마음의 안녕과 평안을 고양시키기 위한 기능에 초점을 둔다. 인간의 정서발달에 장애 요인이 되는 불안, 우울, 적개심, 자존감 상실 등의 부정적 정서를 해소하고 평안과 안녕감, 자신감 등의 정서 개발과 정서의 균형 상태를 유지하기 위한 그룹이라고 할 수 있다.

행동적 측면의 그룹은 인간의 잘못된 습관과 학습에 의해 형성된 부정적 행동이나 부적응적 행동을 교정하여 바람직한 사회인으로서의 성장을 돕는 것을 목표로 한다. 인간의 성격과 그 성격에 의해서 나타나는 인간의 행동은 주로 개인의 경험과 환경과의 상호작용, 학습 등에 의하여 형성된다. 그룹 안에서 자신의 부정적이고 부적응적 행동을 발견하고 바람직한 행동을 학습하도록 하는 목적을 가지고 있다.

물론 그룹에 따라 인지적, 정서적, 행동적 측면의 목표를 각각 추구하는 것은 아니다. 그룹은 개인의 심리적 성장이나 인간관계 발전이란 목표를 달성하기 위해 위와 같은 접근 방법을 선택 혹은 통합하여 사용하게 된다.

2) 집단적, 환경적 측면

집단에는 그 집단이 성취해야 할 목적이 있다. 소그룹은 이 목적을 달성하기 위해 조직 환경을 개선하는 목적이 있다. 즉 인간관계 개선, 문제의 진단과 해결, 리더십과 멤버십 개선 등을 통하여 효율적으로 조직의 목표를 성취하도록 한다.

조직의 구조와 기능을 개선하고 강화하기 위하여 개인의 의식이 바뀌는 것도 중요하지만 구성원 간에 협동심, 친화력 등 조직의 응집력도 중요하다. 전체의 조직 안에 소그룹을 활성화 시키므로 구성원의 협동심. 친화력, 조직의 응집력 등을 향상시킬 수 있다. 이러한 것들의 향상을 통하여 조직 구성원들의 사기를 높이고 생산성을 향상시킬 수 있다. 소그룹 활동은 조직문화를 계획적으로 변혁하기 위한 것이다.

특히 조직의 리더십과 멤버십 고양을 위한 소그룹 활동은 조직의 기능을 강화하고 조직이 목표하는 일을 효율적으로 달성하게 하는데 중요한 역할을 한다. 조직 안에서 리더와 멤버, 멤버와 멤버 간의 의사소통을 원활하게 해주며, 조직 안에서 자신의 문제점을 깨닫고 개선하는데 중요한 역할을 한다.

3) 개체적이고 환경적인 측면

소그룹의 목표를 개체적인 것과 집단적인 것으로 명확하게 구분한다는 것은 쉽지 않다. 소그룹 활동을 통해 개체의 변화가 곧 집단에 영향을 미치게 되고, 집단의 변화가 개체에 영향을 미치기 때문이다.

이를테면 어떤 개인이 인간관계 훈련 집단을 통해 대인관계 발전과 개선이 이루어졌다면 그는 집단의 의사소통을 원활하게 하며 상호신뢰감을 구축하게 될 것이다. 물론 그룹의 성격에 따라 개인의 성장을 강조하는 집단이 있고, 그룹의 활성화를 강조하는 집단이 있지만 이 두 요인은 상호보완적인 것이다.

4. 소그룹의 주요 개념

소그룹을 이해하는데 소그룹을 구성하는 주요 개념을 이해하는 일은 중요한 일이다. 소그룹의 정의, 특성, 과정을 말할 때 사용되는 주요 개념을 설명하겠다.

1) 소집단(Small Group)

보통 3명에서 12명 정도의 인원으로 구성된 집단이다. 소그룹 연구자들은 구성원들의 충분한 자기표현과 친밀감을 극대화 할 수 있는 인원을 6명 내외로 본다. 구성원 모두가 참여하고, 구성원 모두에게 관심을 가질 수 있는 장점이 있다.

2) 경험학습(Experimental Learning)

소그룹은 지식중심의 학습이 아니고 경험학습이다. 경험학습은 학생이 직접 참여하여 교육적 주제를 느끼고 이해하는 학습방법의 하나로 학생중심이고 경험중심의 학습이다. 경험중심 학습은 학생의 참여를 통해 감정과 느낌으로 배우는 특징이 있다.

3) 피이드백(Feed Back)

우리말로 정확한 표현을 하기 어려우나 회신반응이라고 번역할 수 있다. 그룹 구성원들 간에 상호관찰을 통해 서로에 대한 느낌을 주고받는다. 소그룹에서 피드백은 과거의 경험이나 자기의 지식에 의해 생각을 표현하는 것이 아니라 상대의 언행에 대한 느낌을 주고받는 것이다.

4) 구조와 비구조(Structure & Nonstructural)

구조란 소그룹 진행과정에서 어떤 형식에 따라 과정을 진행하는 것을 말한다. 이를테면 의사소통 개발을 위한 소그룹에서 토론 방식이나 토론 과정을 제시하고 그 틀에 맞추어 그룹과정을 진행하는 것을 말한다. 비구조 그룹은 아무런 형식이나 짜인 과정 없이 소그룹 현장에서 학습의 주제나 학습과정이 정해지고 진행되는 것을 말한다.

5) 지금 여기서(Here & Now)

소그룹은 교사중심의 주입식 교육과 다르게 사전에 만들어진 강의 계획서에 의하여 진행되는 과정이 아니다. 구성원들과 그룹 환경에 따라 그 소그룹 활동의 목적과 과정이 정해진다. 즉 지금 여기서 이루어지는 구성원의 말과 행동이 교육훈련의 자료가 된다. 물론 사전에 그룹 활동의 목표가 정해지겠지만 그룹과정에서 일어나는 일을 중심으로 문제를 진단하고 문제에 대한 해결을 해나간다.

6) 그룹 리더십(Group Leadership)

그룹 훈련의 리더를 지도자나 교사로 부르지 않는다. 소그룹 리더는 그룹의 모든 운영과 그룹의 과정을 이끌어 가지 않는다. 그는 멤버이며 리더이고 리더이며 멤버가 된다. 따라서 그룹 활동이 원활하게 진행될 수 있도록 안내하는 안내자요, 그룹 과정이 활성화 될 수 있도록 돕는 촉진자다.

7) 대결(Confrontation)

소그룹에서 그 그룹이 활성화 되고 그룹 구성원의 변화와 성장이 이루어지기 위해서는 그룹 참여자들의 자세와 역할이 중요하다. 참여자는 솔직하게 자신을 표현해야 하며 그룹의 과정의 활성화를 위해 적극적으로 협조해야 한다. 그룹 훈련자는 구성원 가운데 자기를 열어놓지 않고 그룹 과정에 방관자로 있는 구성원과 대결(Confrontation)할 필요가 있다.

5. 효율적 그룹

그룹은 살아있는 유기체이며 개인의 실체가 모인 살아있는 집합체다. 살아있는 집합체로서 성장과 목표를 성취할 수 있다. 그룹에는 생산성 있는 건강한 그룹이 있고 건강하지 못한 그룹이 있다. 건강한 그룹인가 그렇지 못한 그룹인가에 대한 평가 지표는 다음과 같다.

1) 목적에 대한 이해와 달성의 가능성

그룹이 형성되면서 그 그룹의 목적을 가지고 있을 뿐만 아니라 그 그룹이 모임을 가질 때마다 달성하고자 하는 과제를 갖는다. 그룹이 효율적인 그룹인가 비효율적인 그룹인가의 판단은 그 그룹이 설정한 목적과 과제에 대한 분명한 인식과 그것을 성취할 수 있는 능력이 있는가에 따라 판단할 수 있다.

2) 전체목적과 개인목적의 조화

건강하지 못한 그룹은 그룹 구성원이 전체목적을 위해서 희생하고 봉사해야 한다는 생각을 갖는다. 그러나 그룹은 전체목적과 개체의 목적을 동시에 성취해야 하는 이중목적을 지향해야 한다. 구성원들 개인의 성장과 발전을 도와야 하며 개인은 그룹이 생산적인 그룹이 될 수 있도록 도와야 한다.

3) 문제와 갈등 해결의 능력

인간이 모이는 곳에는 문제와 갈등이 없을 수 없다. 건강하지 못한 그룹은 이 문제와 갈등을 무시하거나 피해 가려고 하지만 건강한 그룹은 이 문제와 갈등에 직면해서 생산적으로 해결할 수 있다. 건강한 그룹은 문제와 갈등 해결을 위한 민주적인 의사소통의 구조를 가지고 있는 그룹이다.

4) 그룹의 응집력과 동화력

그룹의 목적을 달성하기 위하여 구성원들의 응집력은 건강한 그룹의 척도가 된다. 구성원들의 협동에 의하여 그룹이 활성화 되고 구성원들의 변화에 영향을 미칠 수 있어야 한다. 그룹의 응집력은 구성원들의 동화(同化)에도 영향을 미친다. 그룹 구성원들이 집단의 문화에 익숙해지고 그룹에서 자기 변화에 대한 욕구가 강한 것을 동화라고 한다.

5) 상호영향력

그룹은 상호의존과 상호협력에 의해 활성화 될 수 있다. 그룹 구성원들이 상호간에 얼마나 영향력을 미칠 수 있는가는 그 그룹의 효율성을 진단할 수 있는 기준이 된다. 그룹구성원들이 상호 피드백을 나눔으로 각자 객관적 자아를 바라볼 수 있다.

6) 의사소통결정의 효율성

조직이 합리적 조직인가를 판가름 할 수 있는 기준은 그 조직의 의사결정 형태와 양태에 있다. 의사결정과정에서 조직 구성원이 자유로이 참여할 수 있고 민주적으로 의사결정을 할 수 있다면 그 조직은 합리적인 조직이다.

7) 능동적인 참여와 권위의 분배

좋은 조직은 그룹 구성원들이 그룹과정에 능동적으로 참여 할 뿐만 아니라 그룹과정에서 방관자나 소외된 자가 없어야 한다. 그리고 그룹을 운영하는데 있어서 리더에 전적으로 의존하지 않고 그룹 구성원들에게 골고루 권한과 권위가 분배되어야 한다. 그룹 리더에게 권한과 권위가 독점되지 않고 더불어 누리는 권위와 권한을 가져야 한다.

8) 융통성과 유연성

좋은 그룹은 그룹 과정이 너무 경직되거나 획일적이어서는 안 된다. 그룹 과정에서 꼭 목표한 대로 진행될 수는 없다. 때로는 구성원의 특성과 의견에 따라 과정의 구조를 바꾸어 볼 수도 있어야 한다. 특히 소그룹의 리더는 융통성과 유연성을 가지고 그룹을 이끌어 가야 한다.

Ⅱ. 그룹방법의 역사

1. 미국에서의 그룹 운동

1900년대 이전에는 서구나 동양에서 소그룹 활동에 대한 관심이 미미한 때였다. 이때의 집단은 통제하기 위한 수단으로 모인 사람들의 집합이라고 할 수 있었다. 구성원 개개인은 전체의 목적을 달성하기 위한 한 단위에 불과할 뿐이다. 이 시기 학교교육 방법은 교육자에 의해 학생들이 배울 내용을 결정하여 교사는 말하고 학생은 듣는 형태였다. 직장에서의 조직은 대부분 계층에 의한 조직으로 상사는 말하고 부하는 들어야 하는 일방적 의사소통이었다.

1900년대에 들어와서 점차로 개인의 권리와 자유의 존엄성이 인식되었고 개인이 중요하게 생각되기 시작하였다. 조직의 구성원들이 점차적으로 의사결정에 참여할 수 있는 기회를 갖게 되었다. 집단에서의 구성원은 단지 생산을 위한 수단으로 취급되다가 개인의 자유와 권리를 존중하게 되었다. 이때부터 조직에서 생산성 향상을 위하여 대인관계를 중요시하게 된 것이다. 이처럼 조직에서 대인관계의 중요성을 인식하게 된 동기는 인간의 심리적 행위 발달에 인간관계가 미치는 비중이 높다는 이해에서 비롯되었다. 1900년대 초 듀이(John Dewey)의 경험학습 즉 "행위에 의한 배움"이 새로운 교육의 과정으로 등장하면서 인간관계와 그에 따른 그룹방법을 통한 학습이 중요시 되었다.

1930년대 이후 고전 심리학자 Freud, Adler 등의 심층심리 이론과 그에 따른 심리요법이 등장하면서 집단 심리요법이 등장하게 되었다. 즉 그룹에서 개인의 심리 이해와 심리치유를 위해서 그룹방법이 사용되었다. 산업사회의 등장으로 비인간화가 만연되고 있을 때 개인의 인격을 중시하는 칼 로저스(Carl Rogers)의 내담자 중심의 비지시적 상담의 주창은 소그룹의 중요성에 대한 인식과 소그룹 방법이 활성화 될 수 있는 계기를 만들었다.

인간관계 개선을 위해서 그룹의 유용성과 힘이 절대적이라는 것을 이해하면서부터 학교, 산업현장, 교회, 사업장 등에서 소그룹운동이 활성화되기 시작하였다. 이 때 소그룹의 활용은 대부분 조직의 생산성을 높이기 위한 환경개선의 차원에서 이루어졌다. 즉 구성원들의 인간관계 개선이 조직의 생산성을 높일 수 있다는 생각으로 그룹방법이 활용되었다.

1950년대 들어서서 미국에서 그룹운동의 양대 산맥이라고 할 수 있는 T-Group과 B.E.G(Basic Encounter Group)이 발족되면 그룹 활동이 활성화되기 시작하였다. 미국 MIT공대를 중심으로 T-Group이, 시카코대학을 중심으로 B.E.G 그룹이 발족되어 활성화되기 시작하였다.

T-Group은 훈련집단의 아버지라고 불리는 커트 레윈(Kurt Lewen)에 의해 1964년 코네티컷 주 New Britain Teacher College 에서 발생하였

고 이후 MIT공대에서 활성화 되었다. T-group은 주로 그룹방법을 통한 산업계에서 관리자나 간부 리더십, 인간관계의 기술과 방법, 직무상 자기 기능의 위치, 타인에 주는 영향 등의 상호이해와 훈련을 위한 집단이다.

T-Group이 인간관계 개선을 통하여 조직의 생산성을 높이기 위한 조직 개선을 강조한 그룹이라면 만남의 그룹(Encounter Group)은 인간관계 개선을 통한 개인의 성장, 개인의 의사소통, 대인관계 발전 등 그룹 안에서 개인의 치료를 위한 그룹이라고 할 수 있다. 만남의 그룹은 칼 로저스(Carl Rogers)에 의하여 창시된 그룹으로 실험적 집단과정을 경유해서 대인관계 발전과 개선에 의해 이루어지는 개인적 성장을 강조한다.

1960년대 들어와서 미국의 그룹 활동이 상당히 활발하게 진행되고 각계에서 폭넓게 활용되었다. 이 때 인간관계 훈련의 집약이라고 할 수 있는 마틴 레킨(Martin Lakin)의 『Interpersonal Encounter』(한국에서는 『부드러운 혁명』으로 번역되어 출판됨)가 출판되어 그룹의 이론과 실제를 소개함으로 그룹방법을 체계화 하고 확산하는데 이바지 하게 되었다.

1960년대 초까지 T-그룹과 E.G그룹은 각각 서부와 동부에서 활발하게 활용되었으나 그 후 T-Group과 E.G그룹의 경계가 무너지고 두 그룹의 통합으로 나타난 여러 그룹운동들 즉 감수성 훈련, 과제그룹, 조직개발 그룹, Gestalt Group, 창조적 Workshop 등이 활발하게 전개되었다.

2. 한국에서의 그룹 운동

1960년까지 한국은 정치, 경제, 사회적으로 안정되지 못하였고 미국과의 문화적 교류가 활발하지 못한 시기이기 때문에 교육과 치료 목적으로 사용된 체계적인 그룹을 찾아보기 어려웠다. 1970년대 들어와 해외교류가 활발하게 이루어지고 학문적으로나 문화적으로 미국의 영향을 많이 받게 되면서부터 각계에서 그룹방법이 소개되었다.

만남의 그룹으로서 최초 한국에서 시작된 그룹은 빈센트 신부를 중심으로 왜관에서 출발한 그룹이다. 이 때 차풍로, 이우정, 문동환 등 대학이나 교회에서 일하는 지도자들이 이 그룹운동에 참여하여 그룹을 이끌어 가게 되었다.

1970년대 이후 그룹운동이 우후죽순처럼 일어나 전개되었다. 1971년도 유엔에서 파견된 데니는 주로 몸(Body Work)을 사용한 그룹을 소개하였고, 차풍로, 박근원 교수는 주로 T-Group을, 빈센트 신부는 E.G그룹을 이끌어 갔다. 감수성 훈련(Sensitivity Training) 계통으로는 김태묵 목사, 이장호 교수 등을 중심으로 전개되었으며, 감신대학의 이기춘 교수는 교류분석, 이종헌 목사는 성장상담 그룹을 이끌어 나갔다.

그리고 최근에는 동양의 명상과 심리치료 기법을 접목시킨 심리치료 그룹들이 많이 세워졌다. 이를 테면 아바타, 불교의 동사섭등과 같은 영성과 의식의 변화를 위한 그룹, 가족치료, 가족 세우기 등 가족 치료그룹, 미네사에서 실시하고 있는 영성과 의식 개발 그룹 등과 같은 그룹이 있다.

3. 한국 기독교회에서의 소그룹 운동

한국교회는 오래전부터 구역예배, 속회 등의 소그룹 모임이 있었지만 성경공부나 예배를 위한 집단이었지 진정한 형태의 소그룹 모임은 아니었다. 진정한 소그룹 모임은 멤버 중심이며, 수평적 의사소통구조을 가진 그룹중심 모임을 말한다.

교회에서 소그룹에 대해 관심을 갖고 소그룹 목회가 활성화 된 역사는 그렇게 길지 않다. 교회가 소그룹 목회에 대한 관심을 갖기 시작한 것은 1980년대 이후 교회 발전의 정체와 교회에 대한 사회적 평판이 떨어지기 시작하면서부터이다. 건강한 교회, 성숙한 교인에 대한 내외적인 요구에 소그룹에 관심이 고조되기 시작하였다.

1980년 대 말까지 주로 UBF, CCC 등 선교단체에서 소그룹 성경공부가 이루어졌고, 일부 교회의 대학부나 청년부에서 이들 선교단체에서 사용한 성경공부 교재를 가지고 소그룹 성서공부를 하였다. 1990년대 들어와 사랑의 교회, 성도교회 등이 소그룹 성경공부에 의해 교회 대학부, 청년부가 괄목할 만한 성장을 이루게 되자 많은 교회에서 소그룹 성성공부가 활성화되기 시작하였다.

1990년대 중반부터 목회자들은 지금까지 목사 중심, 설교 중심의 사역으로 교인을 성장시키는 데는 한계가 있음을 자각하기 시작하였다. 교인들의 성장을 위해서 교인들 스스로 말씀공부에 참여하여 말씀의 화육이 이루어지도록 하는 과정이 필요하다고 인식한 것이다. 소그룹 성경공부는 교인들이 참여하고 대화하는 장이다. 목회자와 교인들이 교인들 스스로 깨닫고 의식화 되는 과정을 위해 소그룹 활동이 필요하다고 인식한 것이다.

소그룹 목회에 대한 관심의 고조와 때를 맞추어 미국의 윌로우크릭 소그룹, 새들백 교회 소그룹 등의 성공 사례와 세렌디파티 모델, 셀처치, 알파코스, G12 등의 소그룹목회 이론들이 봇물처럼 밀려들어오기 시작하였다. 특히 2001년에 셀 처치의 아버지라고 불리는 랄프 네이버 목사의 한국 셀처치 워크샵은 한국 교회에서 셀처치에 대한 관심과 의식을 고양시키는 도화선이었다고 할 수 있다.

Ⅲ. 그룹 방법의 응용

그룹 방법은 학교, 교회, 회사, 기관, 사회단체 등에서 광범위하게 활용하고 있다. 이들 단체에서 활용하고 있는 그룹방법은 크게 심리치유, 인간관계 훈련, 사회적 행동 개선 분야에서 활용한다.

1. 집단의 분류

1) 치유 그룹(Group Therapy)

집단치유는 심리적 갈등이나 장애가 있는 내담자를 임상치료 원리에 의해 정상적인 생활을 할 수 있도록 도와주는 것이다. 집단치유 그룹에는 그룹상담, 성장상담 그룹(Group Counselling), 부부 프로그램 등이 있다.

2) 인간관계 훈련 그룹

인간관계 훈련은 인간관계 기법을 이용하여 대인관계, 의사소통 방법, 자기표현 훈련 등 인간관계 기술과 방법을 훈련하는 그룹이다. 여기에 속하는 그룹 방법은 T-Group, 잠재력 개발, Gestalt Group 등이 있다.

3) 사회적 행동 개선 그룹

사회적 행동 개선 그룹은 조직의 의사소통, 조직의 응집력, 조직의 효율성 등을 위한 그룹으로 멤버십 훈련, 리더십 훈련, 경영 개발 훈련, 지역사회 개발 훈련 등을 위한 그룹이 있다.

4) 치유 - 인간관계 훈련 그룹

개인의 심리 치유가 인간관계 개선을 가져올 수 있고, 인간관계 개선이 개인의 심리치유 효과를 수 있기 때문에 집단 내에서 개인의 심리적 치유와 더불어 인간관계 훈련의 양면의 개선을 위한 그룹이 있다. 여기에는 감수성 훈련 그룹, 명상훈련 그룹, 마라톤 그룹 등이 있다.

5) 인간관계 - 사회적 행동 개선 그룹

인간관계 개선과 사회적 행동 개선은 상호 보완적이고 상호 보충적이다. 인간관계 개선은 사회적 행동에 개선에 영향을 미칠 수 있고, 사회적 행동의 개선은 인간관계 개선에 영향을 미칠 수 있다. 여기에는 대표적으로 만남의 그룹(Encounter Group), 갈등 처리 훈련 그룹이 있다.

2. 집단지도, 집단상담, 집단치료

1) 집단지도

집단지도는 심리적 문제를 갖지 않은 일반사람들을 대상으로 바람직한 생활태도를 촉진하여 보다 성장할 수 있도록 돕는 그룹방법이다. 주로 교육과 예방적 차원에서 정보와 자료를 제공하는 그룹방법을 통한 교육과정이다. 그 특징은 다음과 같다.

(1) 집단지도는 체험학습을 통한 교육적 접근이다. 그룹이 바로 교육 현장이며 그룹 내에서 벌어지는 언행이 학습내용이고 자료다.
(2) 교육적 접근이기 때문에 토의되는 주제에 초점을 맞추어 주제를 이해하고 체험할 수 있는 그룹과정이다.
(3) 집단지도는 구성원들의 공통의 목표와 관심사가 있다. 즉 구성원들의 변화하고자 하는 공통된 욕구와 변화되어야 할 과제가 같다.
(4) 집단지도는 그룹방법을 통한 학습방법이고 그룹 안에서의 교육적 경험이다. 진로결정, 가치관의 변화, 의사소통의 개선 등 그룹을 통해 학습 한다.

2) 집단상담

집단 상담은 주로 구성원의 대인 관계적 감정과 반응에 대한 통찰력을 개발하여 바람직한 자기관리, 사회적 태도의 개선, 대인관계의 이해와 개선을 위한 그룹과정이다. 그 특징을 보면 다음과 같다.

(1) 비교적 정상적인 사람들을 대상으로 주로 삶에서 일어나는 문제를 해결하기 위한 그룹이다.
(2) 대인 관계적 차원에서 사회적 기술과 대인관계 능력을 발달시키는 그룹이다.
(3) 개인의 심리적 발달과 개선을 통해 자기통제, 문제해결, 의사결정 능력을 개발하여 생활의 적응과 인격성장에 초점을 둔다.

(4) 구체적 행동 목표를 달성하기 위하여 상호교류의 역동성과 생산적 실천 과정이다.

(5) 상담자는 그룹과정에 그룹지도보다 덜 개입한다. 교육자, 훈련자라기보다는 안내자, 촉진자로서의 역할을 한다.

3) 집단치료

집단치료는 개인의 인지적, 정서적 , 행동적인 차원에서 장애나 갈등이 있는 사람들을 대상으로 심리치료의 원리에 의해 정상적인 생활을 할 수 있도록 도와주는 그룹과정이다. 그 특징은 다음과 같다.

(1) 주로 비정상적인 내담자를 대상으로 한다.

(2) 교육적 접근이라기보다는 교정적 접근이다.

(3) 주로 신경증이나 심리적 갈등을 가진 사람을 대상으로 한다.

(4) 집단치료의 인도자는 치료를 위한 전문성이 요구된다.

4) 집단 상담의 장단점

장점

(1) 일시에 많은 내담자를 접할 수 있다.

(2) 내담자가 접근하기 쉽다.

(3) 타인과의 상호교수를 할 수 있다.

(4) 집단이 개인의 거울이 되어 줄 수 있다.

(5) 실제 생활에서 필요한 인간관계 기법을 배울 수 있다.

(6) 구체적 실천과 적용이 용이하다.

(7) 많은 사회적 교류를 경험할 수 있다.

단점

(1) 구성원의 특성에 따라 그룹의 역동성이 달라진다.

(2) 개인의 특정한 문제를 깊이 있게 다룰 수 없다.

(3) 집단에 적극 참여하고 자기를 개방해야 하는 압력을 받는다.

(4) 지도자의 경험과 전문성에 따라 그룹 방식이 달라진다.

Ⅳ. 그룹의 진행과정

1. 집단의 특성과 집단의 과정

그룹이 시작하면서부터 과정을 마칠 때까지 똑같은 현상과 변화가 나타나는 것은 아니다. 그룹 모임의 목적과 성격에 따라 그룹과정이 다양하게 나타난다. 어떤 그룹은 같은 패턴으로 진행 되지만 어떤 그룹은 예상되는 패턴과 관계없이 나타난다. 어떤 그룹에서는 뒤에 나타날 현상이 먼저 나타나고, 어떤 그룹에서는 그룹 초기에 나타날 현상이 뒤에 나타나기도 한다. 그러나 일반적으로 그룹의 과정에서 공통적인 흐름은 다음과 같다.[1)]

---

1) Denny Rydberg, *Building Community in Youth Group*, Colorado: Group Books, 1985. pp. 18-21.

1) 친밀감 형성(Bond Building)

구성원들의 신뢰관계가 형성되기 위해서 배타성과 장애를 깨는 단계다. 이 배타성과 장애를 깨기 위해서는 그룹 구성원들이 함께 풀어나가야 할 주어진 과제를 해결하는 과정에서 이루어진다. 문제 해결을 위한 토론이나 어떤 과제를 풀기 위한 신체적 도움 등에 의하여 다양한 배경을 갖고 모인 사람들이 서로 친밀감을 가질 수 있다. 이 과정에서는 협동심을 갖도록 하는 것이 주목적이다.

2) 그룹 열기(Opening up)

어떤 개인에게 호감을 보이기 시작하면서 그룹과정이 열리기 시작한다. 사람들은 자기 자신들에 대하여 이야길 하기를 좋아한다. 만약 어떤 사람이 자기에게 진심으로 관심을 보이기 시작하면 자신의 동료에게 자신에 관하여 말하게 되고 그룹과정에 대한 신뢰를 갖기 시작한다. 그러나 만약 어떤 사람이 자신의 말을 잘 들어주지 않으면 그룹에 대한 신뢰는 열리지 않는다. 그룹 구성원들이 공감적으로 들으면 들을수록 말하는 사람은 자신의 갈등을 나누게 되며 안정감을 느끼게 된다.

3) 신뢰(Affirming)

그룹과정에서 가장 중요한 것은 믿음과 신뢰를 가지고 서로에게 용기를 주는 언행이다. 한 멤버가 그의 동료로부터 칭찬을 듣는다면 그는 그룹에 즐거운 마음으로 참여하고 점점 더 그룹에서 자기의 깊은 감정을 나누게 된다. 그리고 그의 친구로부터 감사하다는 말을 듣게 되면 그의 자존감이 급속도록 향상된다. 이러한 과정에서 대다수 관망하던 구성원들이 자신을 도우려고 한다는 것을 느끼게 된다.

4) 확장(Stretching)

그룹에서 갈등과 고통의 과정이 있다. 그룹은 이 단계에서 진정으로 성장한다. 사람들은 이 단계에서 서로의 고통을 받아들이고 다른 사람을 위하고자 하는 분위기가 조성된다. 그룹 구성원들이 갈등에 직면하게 될 때 적극적으로 서로 돌보게 된다. 사람들은 단순히 확장된 경험에서 다른 사람을 사랑하는 것이 아니라 그들의 행위로 사랑한다는 것을 보여주려고 한다. 이러한 과정은 비교적 오랜 기간 같이 하는 그룹에서 일어난다. 단기간의 그룹에서는 그냥 자기의 확장된 경험으로 만족하고 안락한 그룹 분위기를 유지하려고 한다.

5) 행동(Action)

이 단계는 구성원 각자 그룹 구성원들과 기꺼이 자기의 감정을 나누려고 하며 그룹의 목표가 성취된 단계다. 구성원들이 자신의 내적 상처, 비전, 갈등 등을 표현한다. 이 단계에서는 다른 사람들로부터의 피드백을 기꺼이 받아들이며 구성원 중에 자기의 문제를 내놓게 될 때 구성원들은 공감을 하며 지원해주고 용기를 준다. 그룹과정은 구성원들이 그룹의 성과나 가능한 해결 방법 등을 서로 이야기 하는 것을 돕기 위한 과정이다. 그룹과정에서 개인적으로 성과를 거두지 못한 사람에 대하여도 다음 그룹을 위해서 평가해야 한다.

2. 만남 집단의 그룹과정

아래 진술하는 그룹의 과정은 하루 이상 일주일 정도의 긴 시간 연속적으로 진행되는 만남의 그룹(Encounter Group), 감수성 훈련(Sensitivity Training Group), 인간관계 훈련 집단에서 일반적으로 나타나는 과정이다.[2)]

1) 탐색

교육적 그룹이나 과제 그룹과 다르게 만남 그룹에서의 그룹 리더는 멤버이면서 촉진자, 안내자이다. 그룹의 목표나 과정이 미리 계획되어 그룹이 시작되지 않기 때문에 그룹은 침묵, 당황, 좌절, 체면치레, 관망 등의 어색한 분위기를 갖는다. 이 때 그룹을 어떻게 해보자고 하는 적극적인 사람, 과연 이래가지고 우리는 무엇을 얻어갈 것인가를 생각하는 사람, 어색함을 깨려고 무엇인가 말거리를 만드는 사람 등이 나타나며 토론으로 점점 그룹의 열기를 띠는 현상이 나타난다.

2) 개인의 노출에 대한 저항

탐색의 단계가 진행되면서 점점 어색한 분위기가 사라지고 어느 정도 친밀감이 조성되면 구성원들 가운데 개인적인 사항에 대하여 노출하거나 자기감정을 표명하게 된다. 그러나 이 단계에서는 자신의 태도나 감정에 대하여 솔직한 표명보다는 자신의 과시나 장점만을 드러내려고 하는 경향이 있다. 구성원들은 체면치레나 자신의 껍질을 깨기 두려워하며 자기노출에 대한 압박감과 저항을 느끼게 된다. 이러한 감정 상태에서 자기를

---

2) Carl R. Rogers, *Encounter Group*, New York: Harper & Row, 1970, pp. 15-37.

노출하더라도 보이기 위한 자기(public Self)를 표현하며 가장된 자기를 표현한다.

3) 과거에 대한 관심

아직 그룹에 대한 신뢰가 부족하기 때문에 자신의 솔직한 감정을 표현하는 것을 꺼려한다. 그러나 그룹에서 비교적 객관적 자기 즉 출생, 학교, 직업 등을 노출하면서 자연스럽게 자신의 과거와 감정을 꺼내놓기 시작한다. 이 때 과거의 표명이 서로를 이해하고 약간의 피드백이 오고 갈 수 있도록 한다.

4) 부정적 감정의 표현

자기를 소개하거나 '우리가 왜 이 자리에 있는가?' 등을 표명하면서 그룹에 임하는 태도나 말에 대한 부정적 감정을 표현한다. 솔직하지 못한 표명, 관찰자의 자세, 말의 독점 등에 대한 부정적 감정을 노출한다. 그리고 이러한 부정적 감정은 그룹을 이끌어 가는 리더를 향한 공격이 된다. 리더가 그룹 과정에 적극적으로 개입하지 않는 것에 대한 불만을 털어놓게 된다.

5) 개인의 탐구

그룹에서 자유로운 자기표현이 이루어지면서 그룹에 대한 신뢰가 싹트기 시작한다. 자기 그룹이라는 인식과 자기가 바라는 것을 그룹에서 얻을 수 있다는 생각을 갖게 된다. 이 때 멤버들 가운데 자신의 문제를 그룹에 내놓기 시작하며 그룹은 적극적으로 그 문제를 수용하거나 거부의 현상이 나타난다.

6) 대인감정의 교환

상호신뢰가 증가 되면서 멤버들 간에 자기 경험과 감정을 솔직하게 표명한다. 즉 적극적인 자기표현과 상대의 표현에 대한 피드백이 오고가면서 그룹은 활성화 되고 그룹에 대한 신뢰가 깊어지기 시작한다. 그룹에 대한 애정기가 돌입되었다고 볼 수 있다.

7) 집단치료의 능력

그룹과정이 점점 활성화 되면서 집단의 멤버들은 고통과 고민을 가지고 있는 사람에 대한 관심과 애정을 보인다. 멤버들은 자발적으로 상처를 가지고 있는 사람을 도와 그의 치유와 성장을 도우려고 한다. 상처받은 한 사람에 집중하여 그에 대한 감정을 솔직하게 표현하거나 지기의 경험을 나누는 등의 각자 방식대로 원조적인 태도를 보인다.

8) 수용과 변화

그룹의 과정에 피드백이 활성화 되고 멤버들은 이 피드백을 수용하게 된다. 자기에 대해 솔직한 표현을 한다는 것은 자기수용이 이루어지고 있음을 말한다. 이 자기수용이 변화를 위해 중요한 역할을 한다고 생각하며 자신의 감정에 대한 솔직한 표현과 다른 사람의 표현을 받아들인다.

9) 가면 벗기

그룹과정에서 가면을 벗는 단계는 개인에 따라 보다 앞의 단계에서 이루어질 수도 있고 뒤에 나타날 수도 있다. 멤버들로부터 솔직하게 자신을 열어놓으라는 압력을 받거나 그룹에 대한 신뢰가 깊어져서 서서히 자신의 탈을 벗는다. 이 때 어떤 구성원은 그룹 초기의 단계에서 보여주었던 태도가 극적으로 바뀌는 사례를 볼 수 있다.

10) 피드백(feedback)

그룹과정에서 솔직한 자지표현과 멤버들이 주는 피드백이 자기의 객관적 모습이라는 사실을 이해한다. 그룹은 나를 비추어주는 거울이며, 그룹은 나를 품는 엄마와 같다는 사실을 깨달으며 자신의 의미 있는 변화를 위해 그룹이 자기에게 솔직하게 반영해 줄 것을 요구하기도 한다.

11) 대결(Confrontation)

멤버 가운데 자기를 솔직하게 열어놓지 않고 그룹과정에 성실하지 못할 때 그룹 리더나 멤버는 그에게 부정적 감정을 격렬하게 드러낼 수 있다. 이 때 상대는 이 격렬한 피드백에 대해 긍정적일 반응을 보일 수도 있고 부정적일 반응을 보일수도 있다. 이러한 반응 가운데서 숨겨졌던 감정이 드러날 수 있다.

12) 참만남

비교적 장시간 집중그룹에서 피드백을 주고받게 되면 자연적으로 그룹에 대한 애정과 어떤 상대에 대한 이해, 공감, 동정심 등이 나타난다. 처음에 부정적 감정을 주고받았던 사람을 더 수용하며 친밀감을 갖기도 한다. 이 과정에서 그룹이 개인을 변화시키는 힘을 경험하게 된다.

13) 애정과 신뢰

그룹과정의 말기에 관계의 끈끈함, 그룹의 따뜻함, 헤어짐의 아쉬움 등이 필연적으로 나타난다. 그룹에 대한 신뢰감, 멤버들과의 일체감, 인간에 대한 소중함 등을 체험하면서 이러한 분위기에 계속 머물고 싶은 감정을 갖는다. 그리고 어떤 사람과의 밀접한 인간관계를 맺기도 한다.

14) 행동의 변화

사람에 따라 그룹과정을 통해 변화의 정도, 변화된 태도 등이 다르겠지만 분명한 것은 인간관계의 태도 변화와 인간관계의 기술을 갖게 되었다는 점이다. 자신에 대한 자유로운 표현, 상대방에 대한 자신의 솔직한 감정 표현, 관계에의 몰입 등을 통해 의사소통 기술이 향상되고 인간관계에 직접 영향을 주게 된다.

15) 그룹경험의 위험성

집중 그룹에서 꼭 긍정적인 행동변화와 인간관계 개선의 결과만을 산출하는 것은 아니다. 대부분 긍정적 변화와 성장의 결과를 가져오지만 일부 사람들에게는 부정적 결과를 가져올 수도 있다. 그룹 경험의 약점은 첫째, 그룹에 대한 애정과 신뢰가 그룹 밖에서의 삶의 적용에 부정적 영향을 미칠 수 있다. 그룹에 대한 환상에 사로잡혀 현실을 수용하지 못하는 경우가 있다.

둘째 그룹에서 이루어진 행동의 변화가 오래 지속되지 못한다는 점이다. 훈련된 멤버들 간에 소통하였던 것들이 일상생활 가운데서 적용되지 않는 면도 있고 그룹과정에서 습득한 인간관계의 경험과 기술이 사장되어버리는 경우가 있다.

셋째, 그룹의 경험이 다른 그룹과정 적응에 방해 될 수도 있다. 자기를 표현하는 일이 습관적으로 이루어 질 수 있으며 그룹과정에 참여하면서 방관자나 관찰자 입장에서 즐길 수 있다. 때로는 구성원들을 가르치려고 할 수도 있고 그룹과정에서 지나치게 개입할 수도 있다. 넷째, 그룹과정에서 맺은 인간관계 때문에 사회생활의 대인관계가 멀어질 수 있다. 특히 그룹에서 만난 이성과의 밀접한 관계는 가정에서 가족관계를 소원하게 만들 수도 있다.

Ⅳ. 그룹 촉진자

1. 소그룹 촉진자

소그룹 리더를 단순히 지도자라고 부르지 않는다. 촉진자(facilitator), 훈련자(trainer) 등으로 부른다. 소그룹 지도자는 다른 조직과 달리 참여자이며 훈련자의 위치에 있기 때문이다. 소그룹은 한 사람의 지도자에 의해 이끌어 가는 것이 아니라 그룹 구성원 전체가 이끌어 가는 것이다. 소그룹 지도자는 촉진자로서 그룹을 활성화시키기 위한 조정자, 협조자, 모범자로서의 역할을 한다.

그룹의 목적, 그룹의 규모, 그룹의 특성 등에 따라 그룹을 이끌어 가는 리더의 리더십 형태가 달라질 것이다. 리더십의 형태가 달라진다는 것은 리더의 그룹에 개입하는 정도와 개입의 형태가 다름을 의미한다. 즉 적극적 개입의 형태가 있을 것이고 관찰자 입장에서 소극적 개입의 형태가 있을 것이다.

소그룹에서의 리더는 지도자 혹은 교사로서의 역할보다는 안내자, 도우미, 촉진자로서의 역할을 가지고 있다. 그룹에 앞장서서 그룹을 이끌어 가기보다는 멤버이면서 리더로서 그룹의 원조자, 촉진자, 중재자 등의 역할을 해야 한다.

그룹은 자연적으로 어떤 목표를 향해서 흘러가고 성장하려는 경향성이 있기 때문에 소그룹의 촉진자는 관찰자의 입장에 서서 그룹을 지켜보며 그룹과정이 정체되거나 문제가 발생 했을 때 그룹을 촉진 및 활성화 시키는 역할을 한다.

2. 소그룹 리더의 역할

소그룹 리더는 훈련의 관찰자 역할을 하면서 그룹 전체의 운용과 그룹과정을 관리해야 한다. 그는 소그룹 구성과 과정을 디자인해야 하며 그룹 스케줄을 관리해야 한다. 소그룹의 리더는 그룹의 참여자이면서 그룹 전체를 관찰하고 그룹과정이 원활하게 진행될 수 있도록 원조자의 역할을 해야 한다.

소그룹 리더는 그룹에 대한 지식과 경험을 가지고 있으면서 그룹 과정에 대한 감수성을 갖고 관찰해야 한다. 그룹과정에서 리더로서 개입해야 할 적당한 시점을 알고 피드백을 주어야 하며, 때로는 대면을 통해 그룹이 정체되거나 긴장되었을 때 촉진자로서의 역할을 해야 한다.

소그룹 리더가 그룹과정에서 역할은 다음과 같다.

1) co-worker, 구성원들에 대한 책임과 역할 지도
2) 도움이 되는 행동을 지적해서 지도
3) 방관자에 대한 감정표현 요구
4) 그룹과정에 도움이 되거나 장애가 되는 것을 지적
5) 창조적이고 생산적인 활동을 촉진할 수 있는 수단과 방법 제시
6) 그룹에서 무엇이, 왜 일어났는가를 관찰
7) 구성원들 간에 커뮤니케이션이 잘 이루어질 수 있도록 도움
8) 그룹과정에서 필요한 자세 및 행동을 스스로 시범
9) 여러 가지 자료를 준비해서 제공하거나 적당한 이론 제시

3. 소그룹 촉진자의 자세

소그룹 지도자는 그룹의 멤버이면서 리더다. 따라서 그룹 전체를 혼자 이끌어가겠다는 생각을 가져도 안 되고, 먼저 앞서 나가도 안 된다. 소그룹 리더는 구성원들 스스로가 참여하고 가장의 역할과 책임을 할 수 있도록 도와야 한다. 소그룹 리더가 가져야 할 자세는 다음과 같다.

첫째, 원조적이어야 한다. 소그룹 리더는 지나친 권위나 자기주장을 갖고 그룹을 일방적으로 이끌어가서는 안 된다. 그룹과정이 원활하게 진행되지 못할 때 도움이 되는 원조를 주어야 한다. 원조를 주되 구성원들이 리더에게 기대지 않고 구성원들 스스로 문제를 풀어갈 수 있도록 도와야 한다.

둘째, '지금 여기서'에 대한 감수성이 민감해야 한다. 지도자는 자기 자신에 대한 감수성과 그룹과정에 대한 감수성을 가져야 한다. 자기 자신에

대한 깊은 통찰력을 가지고 자신의 부족함과 한계를 알아야 하며, 그룹과정에 대하여 직관력을 가지고 문제의 진단과 문제를 해결할 수 있는 능력을 가져야 한다.

셋째, 그룹 구성원들과 '함께 있다', '함께 산다'는 자각에 철저해야 한다. 구성원들에 대한 이해와 믿음을 통한 수용성과 공감성을 가져야 한다. 구성원들의 개인 차이를 인정하고 존중하며 개성을 건전하게 발달시킬 수 있도록 도와야 한다.

넷째, 대결형식으로 도움을 줄 수 있어야 한다. 소그룹 지도자는 지나친 보호와 애정으로 구성원들이 리더에게 의존하고 지나친 호감만 갖도록 해서는 안 된다. 때로는 대결 형식으로 대결(confrontation) 할 수 있어야 한다. 그룹 과정에서 대결이 있게 될 때 구성원들이 솔직한 감정을 표출할 수 있다.

다섯째, 실패를 두려워해서는 안 된다. 소그룹 리더는 구성원들이 실수를 범할 수 있는 자유까지도 허용해야 하며 그룹과정이 목적한 대로 진행되지 않는다고 하여 좌절해서는 안 된다. 그룹과정에서 일어나는 일은 어떤 상황도 다 학습의 자료가 되기 때문에 리더나 구성원들이 실패를 통해서 배우고 대처할 수 있는 능력을 길러주어야 한다.

촉진자의 주의 사항은 다음과 같다.

1) 평가적 언어나 태도는 삼간다.
2) 고집을 부리지 말아야 한다.
3) 유도심문을 하지 말자.
4) 구성원들의 행동에 대하여 주관적 해석을 하지 말자.

5) 구성원들이 리더에게 지나치게 의존하지 않도록 한다.

6) 그룹 과정에서 방향감각을 잃지 않게 한다.

4. 리더의 자질

리더십에서 리더의 자질을 논할 때 자질론과 상황론 입장에서 접근하는데 자질론 입장은 리더십은 개인의 자질에서 나온다는 것이고, 상황론 입장은 리더십은 상황에서 나온다는 입장이다. 소그룹에서 리더의 자질론을 말할 때 자질론과 상황론 두 입장을 고려해야 한다.

개인의 가치관, 성품, 지식수준 등은 그룹을 이끌어 가는 형태에 영향을 미친다. 지도자의 자질은 그룹을 활성화 시킬 수도 있고 침체시킬 수도 있다. 그룹을 민주적으로 유연하게 이끌어 가기 위해서는 개인의 자질이 지도자로서의 필수 요건이다.

그룹의 상황 즉 그룹의 목적, 그룹 구성원의 욕구, 그룹 구성원의 수준 등은 그룹을 이끌어 가는 방향을 결정한다. 그룹의 상황에 따라 그룹 리더의 권위 개입 정도, 의사소통의 방향 등을 결정한다.

1) 감수성(Sensitivity)

○ 인식의 깊이와 방식에서 영향을 받는다.

○ 리더의 선입견, 그의 의지, 아이디어 등에 따라 영향을 받는다.

○ 환경에 대한 감수성보다 사람 중심의 감수성이 있어야 한다.

○ 리더의 감수성은 자기 이해와 수용성으로부터 영향을 받는다.

○ 멤버에 대한 이해, 관심, 배려 등이 감수성에서 온다.
○ 감수성은 리더가 멤버를 변화시키려고 하기보다는 이해하려는 데서 온다.

2) 동정심
○ 이해와 관심이 아닌 동정심은 바람직하지 않다.
○ 존경심이 수반된 동정심이어야 한다.
○ 리더의 자기만족을 위한 동정심은 바람직하지 않다.
○ 공감성, 동정심에 기반을 둔 감수성을 가져야 한다.
○ 배려와 관심이 따르는 동정심이어야 한다.

3) 무형적 자질
○ 리더의 인생관, 신앙, 삶의 목표 등은 리더십에 영향을 미친다.
○ 리더가 가지고 있는 개념에 대한 이미지는 리더십에 영향을 미친다.
○ 리더십 형성에 영향을 미치는 학문적 배경, 조직 구성원으로서의 경험 등은 리더십에 영향을 미친다.
○ 리더는 그룹 과정에서 자기 이해나 자기 방식을 고집해서는 안 된다.
○ 때로는 실패도 두려워하지 않고 새로운 과정을 전환하는 용기가 있어야 한다.

4) 유형적 자질
○ 의사소통 기술 - 경청의 기술, 응답하는 기술, 표현력, 인터뷰 능력, 대결능력

○ 지적인 면 - 그룹다이내믹스, 조직 행동력, 심리학, 행동과학, 사회학

5. 소그룹에서 리더의 기능

소그룹의 규모, 구성 목적, 구성원의 특성 등에 따라 리더의 기능은 달라진다. 즉 이러한 차이에서 리더의 그룹 개입의 정도, 리더십의 유형 등이 달라진다. 일반적으로 민주적 그룹, 그룹중심 그룹 등에서 리더는 특별 멤버로서 그룹에 참여하게 되고, T-그룹, 감수성 그룹, 만남의 그룹 등에서는 그룹의 리더로서의 위치에 선다.

소그룹에서의 리더는 상호의존관계에 있다. 리더는 소그룹 과정에 사전계획, 구성원이 더 만족할 수 있는 관계 형성 등을 주도적으로 이끌어가야 한다. 멤버들은 마음을 열어 경험을 공유할 수 있어야 하며, 그룹 안에서의 갈등, 모호성 등에서 인내와 관용으로 극복해 나갈 수 있어야 한다.

1) 중요한 결정

리더는 그룹이 출발하기 전부터 그룹과정이 진행되는 과정에서 결정해야 할 사항들이 많다. 물론 리더가 결정권을 가지고 있다고 하더라도 혼자 결정하여 지시하고 명령하는 것은 아니다. 멤버와 토론, 협의 등을 통하여 최선의 길을 선택하는 것이다. 리더가 결정해야 할 사항들은 다음과 같은 것들이 있다.

○ 그룹과정 스케줄

○ 구조 사용의 양과 종류 결정

○ 그룹 멤버들의 반응에 따른 진단

○ 그룹 작업의 특별한 방법

2) 조직과 조직의 활성화

소그룹 리더는 그룹을 구성하면서, 구성원의 특성, 구성원의 배경, 그들의 욕구 등을 조사하여 전체그룹을 구성할 뿐만 아니라 전체그룹 속의 소그룹(sub-group)을 어떻게 구성할 것인가에 대한 고려를 해야 한다. 전체 속의 소그룹의 특성과 분위기는 그룹과정에 중요한 영향을 미치기 때문이다.

그룹 리더는 그룹을 활성화시켜야 할 책임이 있다. 그룹과정에서 그룹이 발전하도록 하는 촉진자로서의 역할과 그룹이 구성원들에게 적극 참여할 수 있도록 동기 유발과 용기를 주어야 할 역할이 있다. 그룹의 활성화를 위해 리더는 때에 따라 시범을 보이거나 강의를 통해 그룹을 발전시켜야 한다.

3) 참여자이며 리더

소그룹 리더는 멤버이며 리더로서의 역할을 해야 한다. 멤버로서 그룹의 분위기를 조성해야 하며 그룹에서 모범을 보여 주거나 그룹이 목적지를 향해 갈 수 있도록 인도해야 한다. 그룹을 인도하면서 멤버들이 너무 리더에게 의존하지 않도록 해야 하며 그룹과정에 적당한 개입을 해야 한다.

특히 T-Group, 감수성 훈련, Encounter 그룹 등에서는 리더로서 개입하고 싶은 욕구를 절제해야 한다. 그룹과정에서의 모호성, 구성원의 실망, 갈등 등에서도 많은 의사소통이 이루어지는 과정이므로 리더는 관찰자로서 과정을 지켜보아야 한다.

<참고문헌>

Ron Nicholas & Steve Baker, *Good Things Come in Small Group*, 신재국 역, 소그룹 운동과 교회 성장』, 서울: 한국기독학생회 출판부, 1986.

송호범 엮음, 『소모임 활동 입문』, 서울: 도서출판 풀빛. 1983,

유동수, 『감수성훈련』, 서울: 학지사, 2000.

Pfeiffer, William J., ed. *A Handbook of Structured Experience for Human Relations Training*, Volume I-IV, San Diego: University Associates, 1974.

Rogers, Carl R. *Encounter Group*, New York: Harper & Row Publisher, 1970.

Trudinger, Ron, *Cells for Life*, 장도수 역, 『가정소그룹 모임』, 1991.

Eskew, lane ed., *Group Growers*, Colorado: Thom Schultz Publication Inc, 1988.

Oden Thomas C., *The Intensive Group Experience-The New Pietism*, Philadelphia: The Westminster Press, 1975.

Rosenbaum, Max & Alvin, Snadowsky, *The Intensive Group Experience*, New York: The Free Press, 1976.

Dow, Robert Arthur. *Learning through Encounter*. Pa.: Judson Press, 1971.

Little, Sara. *Learning Together in the Christian Fellowship*, Virginia: John Knox Press, 1973.

O'Halloran James. *Small Christian Communities*. Ireland: The Columbia Press, 1996.

Sikora, Pat J. *Small Group Bible Studies-How to read them*. 한국소그룹목회연구원 역, 서울: 소그룹하우스.

Search Bill. *Simple Small Group*. Grand Rapids: Baker Books, 2008.

Webb Heather P.. *Small Group Leadership as Spiritual Direction*, Grand Rapids: Zondervan. 2005.

Fujishin, Randy. *Creating Effective Groups - The Art of Small Group Communication*, New York: Rowman & Littlefield Publishers, Inc. 2007.

Easum, Bill & Atkinson, John. *Go Big with Small Group*, Tennessee: Abingdon Press, 2007.

통합 종교교육론

초판1쇄발행 | 2010년 5월 2일

지은이 | 이재영
발행인 | 김봉태
편집인 | 유지연
발행처 | 선문대학교 출판부

등록번호 | 제9호
등록일 | 1998년 9월 25일
주소 | 충남 아산시 탕정면 갈산리 100번지(336-708)
전화 | 041-530-2827 팩시밀리 | 041-530-2979
판매가 | 15,000원

ISBN 978-89-8423-675-2(93290)